J'INTÈGRE
LA FONCTION PUBLIQUE

Cat. A et B
2018-2019

DROIT PUBLIC

DROIT CONSTITUTIONNEL
DROIT ADMINISTRATIF

L'ESSENTIEL POUR RÉUSSIR

J'INTÈGRE
LA FONCTION PUBLIQUE

Cat. A et B
2018-2019

DROIT PUBLIC

DROIT CONSTITUTIONNEL
DROIT ADMINISTRATIF

L'ESSENTIEL POUR RÉUSSIR

Raphaël Piastra

DUNOD

Mise en page : Belle page

11 rue Paul Bert, 92240 Malakoff
www.dunod.com
ISBN : 978-2-10-077607-8

TABLE DES MATIÈRES

Présentation de l'ouvrage 1

Conseils méthodologiques 3

Partie 1 – Notions essentielles de droit constitutionnel 9

1. L'État 11

1 Éléments constitutifs de l'État 12

2 Les différentes formes d'État 15

3 La notion de Constitution 18

Entraînement 20

2. La démocratie 23

4 Aux origines de la démocratie 24

5 Souveraineté et représentativité 27

6 Les libertés publiques 32

Entraînement 34

3. Les régimes étrangers 37

7 Le régime britannique : le régime parlementaire 38

8 Le régime présidentiel américain 44

9 Le régime chinois 51

Entraînement 56

4. Les institutions françaises de 1789 à 1958 59

10 La période 1789-1870 : vers l'implantation de la démocratie et du régime parlementaire 60

11 La période 1870-1958 : l'avènement de la république parlementaire 66

Entraînement 79

5. Les institutions de la Vᵉ République 83

12 Les caractères généraux de la Constitution du 4 octobre 1958 84

13 Le président de la République 88

14 Le Gouvernement 97

15 Le Parlement 102

16 Les autres institutions de la Vᵉ République 112

Entraînement 117

Partie 2 – Notions essentielles de droit administratif 123

6. L'organisation administrative 125

17 L'administration d'État 126

18 L'administration territoriale 129

Entraînement 132

7. Les collectivités territoriales 135

19 Les collectivités territoriales à statut général 136

20 Les collectivités à statut particulier 143

Entraînement 148

8. Les actes administratifs 151

21 Les actes administratifs unilatéraux (AAU) 152

22 Les contrats administratifs 159

Entraînement 167

9. L'action de l'administration 169

23 Le service public (SP) 170

24 La police administrative 175

Entraînement 178

10. La responsabilité administrative 179

25 La responsabilité des fonctionnaires 180

26 La responsabilité de l'administration 183

Entraînement 187

11. La justice administrative 189

27 Les juridictions administratives 190

28 Les grands principes du contentieux administratif 193

Entraînement 197

12. Éléments principaux sur la fonction publique française 199

29 Éléments généraux 200

30 Les structures 202

31 La carrière dans la fonction publique 204

32 Droits et obligations 206

Entraînement 208

Présentation de l'ouvrage

La majeure partie des concours de la fonction publique (A et B) comporte une épreuve relative au droit public, principalement à l'écrit, plus secondairement à l'oral. Il s'agit le plus souvent des deux principales matières que sont le droit constitutionnel et le droit administratif.

Il convient, pour le candidat, de posséder les connaissances nécessaires sur ces deux matières et d'être capable de les développer soit sur un sujet de type dissertatif, soit sur un commentaire de document, soit sur une note de synthèse, soit même sur un QCM (questionnaire à choix multiples), voire des QRC (questions à réponses courtes).

S'il analyse, de façon synthétique, les données théoriques, cet ouvrage développe aussi des aspects sur la pratique institutionnelle et administrative et propose bien sûr, des références jurisprudentielles du Conseil Constitutionnel et du Conseil d'État.

Seront donc développés dans ce livre successivement, le droit constitutionnel puis le droit administratif, sur la base des programmes développés dans les Facultés et Écoles de Droit.

Pour le droit constitutionnel il s'agira d'étudier : l'État, la démocratie, quelques régimes étrangers, l'histoire institutionnelle et les institutions de la Ve République.

Pour le droit administratif seront analysés : l'organisation administrative, le principe de légalité, les actes administratifs, l'activité, la responsabilité, la justice administrative et des éléments sur la fonction publique.

Cet ouvrage présentera à l'issue de chaque sous-partie des exercices d'entraînement avec un exemple de corrigé. Il donnera aussi des conseils bibliographiques (le contenu de ceux-ci, notamment les références anciennes, se retrouve aisément dans les bibliothèques universitaires en particulier celles des Facultés de Droit). Sauf pour les ouvrages plus anciens ou non réédités, il conviendra toujours de se référer à l'édition la plus récente.

Conseils méthodologiques

Pour une mise en pratique des connaissances présentées, nous délivrerons quelques conseils sur les trois principaux exercices présentés aux concours c'est-à-dire la dissertation, le commentaire de textes et le QCM, les QRC. Pour la note de synthèse, nous renverrons à l'ouvrage de P. Lièvre, *L'épreuve de synthèse,* Dunod, « Je prépare », 3e édition, 2015.

1 La dissertation

C'est l'exercice académique par définition où il est demandé de mettre ses connaissances au service d'un sujet général. Plusieurs étapes sont à respecter.

– Lecture/compréhension du sujet (phase non écrite)

Il existe deux types de lecture.

Celle que l'on appelle d'abord la **lecture passive**. Cela signifie qu'une fois le sujet découvert, il faut le lire sans prendre de note, ni l'annoter. L'objectif ici est de « s'imprégner » dudit sujet, c'est-à-dire mobiliser (intellectuellement) ses connaissances.

> **Exemple**
> Un sujet sur « le rôle du président sous la Ve République », nécessite de voir d'emblée qu'il s'agit bien du rôle et nullement de l'élection.

C'est aussi ce que l'on appelle le ciblage du sujet. Ensuite, il faut brièvement mobiliser ses connaissances. Le sujet dissertatif étant bref par définition, cette lecture le sera aussi.

Il y a ensuite la **lecture active**. Elle permet d'annoter (« stabyloter », souligner...) le sujet, c'est-à-dire repérer le ou les mots clefs. Le rôle du président de la République implique de surligner « rôle » (mot-clef ici), « président » et « Ve République ». On peut aussi inscrire des notions qui s'y rattachent. Mais il est plus opportun de passer alors à la phase suivante.

– Brouillon (phase écrite)

Il faut à présent poser par écrit les connaissances que l'on a sur le sujet. C'est la mobilisation des idées et notions.

> **Exemple**
> Dans notre exemple relatif au président de la République, il faut donc écrire ce que l'on sait sur ses missions (art. 5 de la Constitution) et ses pouvoirs (art. 19 de la Constitution).

Cela amène ensuite le candidat à trouver un **plan** qui sera en principe en deux parties comme toute composition juridique.

Exemple
Pour le sujet proposé ici, il serait tentant d'opter pour : partie I missions et partie II pouvoirs. Ce n'est pas souhaitable (en particulier pour les concours catégorie A ; pour la catégorie B ce serait toléré, faute de mieux, à titre de plan bateau !). Les pouvoirs étant au service des missions et celles-ci ne pouvant s'exprimer sans les premiers, il est préférable de centrer son analyse sur les pouvoirs. Selon l'art. 19 C., on sait qu'il en est de deux catégories : pouvoirs propres et pouvoirs partagés. Dès lors la démarche la plus opérationnelle sera : partie I les pouvoirs propres et partie II les pouvoirs partagés. Il faut, dès lors, au brouillon, arriver à un plan détaillé.

À ce stade, il convient (toujours au brouillon) de rédiger l'**introduction**. Celle-ci va du contexte général du sujet à l'annonce explicite du plan selon lequel le sujet va être traité. C'est l'introduction dite « en entonnoir ».

Exemple
Sur le rôle du président, on commencera par une phrase du style : « Premier élément du pouvoir exécutif, le président de la Ve République est "la clef de voûte des institutions" énonçait M. Debré en 1958 ». Puis on peut poursuivre en évoquant brièvement l'élection présidentielle (quinquennat, mode de scrutin) qui lui donne sa légitimité. Puis deux ou trois mots sur la responsabilité (art. 67 C.). On peut ensuite mentionner que la Constitution lui donne aussi un rôle essentiel qui repose d'abord sur les missions définies à l'art. 5 C. (gardien, arbitre, garant) mais surtout sur des pouvoirs propres et partagés définis à l'art. 19 C. (dire alors quelques mots sur le contreseing). Puis annoncer le plan par une phrase qui peut être ainsi formulée : « Nous étudierons dans un premier temps les pouvoirs propres (I) puis dans un second temps les pouvoirs partagés (II) ».

– Rédaction (sur la copie)
Si une bonne architecture a été posée au brouillon (plan détaillé), ce n'est quasiment que du recopiage et de la mise en forme. Il ne faut pas oublier de faire ressortir le plan (1° les pouvoirs propres puis 2° les pouvoirs partagés) et de faire des transitions entre les parties et sous-parties (a, b, c). Il est nécessaire de soigner l'écriture et la présentation (une copie doit être agréable à lire sur la forme !). Il ne faut jamais craindre d'exprimer opinion ou critiques. À condition d'être objectif et d'argumenter. Plus le niveau du concours est haut, plus le jury s'attend à cette démarche. Par exemple si vous estimez que le président a un rôle trop important, dites-le en argumentant. L'usage des citations est recommandé dès lors qu'elles sont pertinentes, avérées et que vous citez votre source. Mais privilégiez toujours la qualité sur la quantité.

– Conclusion
En droit, le principe est de ne pas conclure car, le plus souvent, cela risque de constituer une paraphrase ou un résumé de ce qui précède. Le plus grand travers est aussi de mettre dans la conclusion des éléments oubliés précédemment !

Si cela s'y prête, on peut élargir un peu le sujet en le rattachant à une problématique plus générale ou en posant une question.

En tout état de cause, si conclusion il y a, elle doit être brève (2 ou 3 phrases).

– Relecture

Elle pourra paraître superfétatoire mais elle est pourtant essentielle ! C'est elle qui permet de gommer les éventuelles « coquilles » de forme (orthographe notamment) ou de combler les vides laissés par le « blanco » ou autres effaceurs. Une ou deux minutes sont toujours nécessaires à cet égard. Ne jamais revoir quelque chose touchant au fond, c'est trop tard !

– Timing

Pas plus pour la dissertation que pour les autres exercices, il n'existe de timing idéal. Tout dépend du temps de l'épreuve, du type d'exercice demandé, de ses propres capacités. Ne jamais faire l'intégralité de son exercice au brouillon. Celui-ci doit simplement contenir : quelques éléments d'analyse, introduction et plan détaillé. C'est certainement, avec la lecture du sujet, la phase qui demande le plus de temps.

C'est au candidat de s'adapter au sujet et de respecter les conditions imparties. Bref de bien gérer son temps. Bien évidemment si par malheur on n'a pu achever sa copie, il faut s'abstenir de joindre le brouillon ou même de mentionner que l'on n'a pas fini sur la copie que l'on rend.

D'où l'intérêt, durant la préparation d'un concours, de faire des **galops d'essai** si possible dans les conditions du concours (durée, pas de document...).

Tant pour la dissertation que pour les autres exercices (sauf QCM), de très nombreux candidats s'interrogent sur l'aspect quantitatif de leur copie. Il faut d'abord se dire que la qualité doit l'emporter sur la quantité. Ce n'est pas au nombre de pages que se mesure la première ! Et, le plus souvent, quantité ne rime pas avec qualité.

« Ce que l'on conçoit bien s'énonce clairement et les mots pour le dire viennent aisément » selon Boileau. On conseillera aussi aux candidats de rajouter à ce précepte, l'art de la synthèse. La qualité d'une copie se mesure à la pertinence du fond développé et non à sa longueur !

2 Le commentaire de texte

Le but du commentaire est de montrer sa compréhension d'un texte en mobilisant les connaissances induites par celui-ci. Ce peut être tout texte : extrait de Constitution, de discours, d'article, d'ouvrages... Ce peut être un texte long ou court, ancien ou nouveau. Là encore plusieurs étapes sont à respecter dont certaines ont déjà été vues plus haut :

Lecture du texte

Elle sera là aussi d'abord **passive**, sans prise de note, ni annotation. Il s'agira donc de mesurer sa taille, de repérer de quel type de texte il s'agit, qui le signe, quelle est sa date... Ensuite il conviendra de remarquer les principaux problèmes soulevés par le texte.

Puis le candidat passera à la **lecture active**. Elle sera plus conséquente que pour la dissertation étant donné qu'il s'agit d'un texte. Là encore on retrouve les techniques habituelles : soulignage, surlignage... Le candidat devra privilégier les annotations sur l'énoncé lui-même.

– Brouillon

Il s'agit de mettre ses connaissances au service du texte en y restant fidèle. Il faut donc proscrire le commentaire dissertatif et la paraphrase. Cela implique de mobiliser lesdites connaissances sur chaque grand problème soulevé par le texte. Il faut ensuite regrouper idées et connaissances en plusieurs catégories puis en deux qui seront la base du plan. Le but, là encore, est de parvenir à un plan détaillé (toujours en deux parties en principe).

Au brouillon il faut, comme pour la dissertation, rédiger l'introduction. Elle sera en général plus dense que celle de la dissertation car il y a des données explicites incontournables : auteur, date, titre, type de texte... Il faut aller, là aussi, du contexte général du texte à l'annonce du plan suivi (« entonnoir »).

– Rédaction

Elle se fait aussi à partir du brouillon. Ne jamais oublier de citer les extraits du texte sur lesquels on s'appuie (avec des « ... »). Mais il faut éviter de tomber, redisons-le, dans le piège de la paraphrase qui est un défaut trop souvent rencontré dans ce type d'épreuve. Cela étant, plus un texte est court, plus il est nécessaire d'étayer son commentaire avec des connaissances directement ou indirectement liées au texte. Pour un texte long, cela ne s'y prête pas ou beaucoup moins.

Il ne faut jamais oublier aussi d'avoir une dimension critique dès l'instant qu'elle est objective, justifiée et surtout argumentée. On peut être d'accord ou pas avec tout ou partie d'un texte car, quel qu'il soit, il n'est pas « parole d'Évangile » ! Il faut seulement ne jamais le dénaturer. Quand on se présente à un concours, notamment de haut niveau (catégorie A), le jury attend un commentaire critique (ce qu'il ne faut pas négliger pour les autres niveaux). Les mêmes conseils que pour la dissertation peuvent s'appliquer quant à la rédaction (écriture, transitions, sous-parties...).

– Relecture

Comme pour la dissertation il faut ménager quelques minutes pour la relecture. Elle permet notamment de veiller à l'orthographe. Plus le concours est de haut niveau, plus les exigences sont importantes en la matière.

– Conclusion

On renverra aux indications données sur la dissertation.

3 Le QCM

Cet exercice se retrouve de plus en plus dans les concours à vocation juridique. En général il existe deux types de QCM : ceux généraux par matière (ex : droit constitutionnel) et ceux plus thématiques et spécialisés (ex : en matière administrative le régime de la responsabilité). On peut parfois en trouver aussi des transversaux (touchant plusieurs matières ou thèmes).

Conseils principaux :

- **Lecture** intégrale et attentive des consignes et du QCM avant d'y répondre. But : repérer de quel type de QCM il s'agit et commencer à mobiliser ses connaissances. Une possession complète de ces dernières est, dans ce type d'épreuve, la condition sine qua non de la réussite.
- Répondre à la ou aux questions posées (ni plus, ni moins !) ; voire cocher (ou entourer) la ou les bonnes cases.

- Utiliser une encre effaçable.
- Répondre d'abord aux questions les plus faciles (en se méfiant des évidences !) et bien analyser celles plus difficiles ou « pièges ».
- Maîtriser son temps.
- Se relire (proscrire, bien entendu, toute rature ou surcharge si les réponses sont manuscrites).
- Ne pas avoir recours au brouillon.

– Ultimes conseils :

Cela va sans le dire, mais il nous apparaît utile de le rappeler. Il se peut qu'un candidat soit mal à l'aise sur le sujet, ou ait un trou de mémoire, des doutes. La peur de la page blanche aussi. Il faut s'abstenir, coûte que coûte, de céder à la tentation du copiage ou à la demande de renseignements. Certes, **pas vu, pas pris** ! Mais **pris, pendu** ! En d'autres termes tricher à un concours peut coûter très cher : « toute fraude commise dans les examens et les concours publics qui ont pour objet l'entrée dans une administration publique ou l'acquisition d'un diplôme délivré par l'État constitue un délit » (art. 1 de la loi du 23 décembre 1901 réprimant les fraudes dans les examens et concours publics, modifié au 1er janvier 2002). Et ledit délit est passible de 3 ans de prison et/ou de 9 000 euros d'amende.

« L'honnêteté est au-dessus des lois mêmes » *(Ménandre).*

Depuis quelques années dans certains concours s'est développé un nouvel exercice : **la question à réponse courte (QRC)**. En principe, le candidat répond directement sur la feuille de sujet qui présente les questions. Il s'agit d'une série de questions auxquelles il faut répondre de façon synthétique. Les connaissances doivent être solides et mobilisées au mieux afin de répondre rapidement mais sûrement. On ne détaille donc pas mais on va à l'essentiel. Il s'agira, là encore, de bien lire les questions avant d'y répondre. En principe, on ne doit pas avoir recours au brouillon.

PARTIE 1

Notions essentielles de droit constitutionnel

1. L'État 11

2. La démocratie 23

3. Les régimes étrangers 37

4. Les institutions françaises de 1789 à 1958 59

5. Les institutions de la Ve République 83

Le professeur Prélot estimait que le droit constitutionnel définit l'ensemble des « institutions grâce auxquelles l'autorité s'établit, se transmet ou s'exerce dans l'État ». En général ce droit est défini dans une Constitution.

Il s'agira d'étudier ici des notions telles que : l'État, la démocratie, des régimes étrangers (britannique, nord-américain et chinois), les institutions françaises de 1789 à 1958, les institutions de la Ve République.

SOUS-PARTIE 1

L'État

Au célèbre cri de Louis XIV « l'État, c'est moi ! », la Révolution de 1789 permet désormais de répondre « l'État, c'est nous » (Marc Ulmann).

L'État est une vaste notion qui peut s'aborder du point de vue sociologique (nation), juridique (pouvoirs publics), politique (gouvernants/gouvernés) voire même international (ONU).

On s'attachera ici d'abord à ses éléments constitutifs, puis aux différentes formes d'États et enfin à la notion de Constitution.

1. Éléments constitutifs de l'État 12

2. Les différentes formes d'État 15

3. La notion de Constitution 18

1 FICHE

Éléments constitutifs de l'État

1 La notion d'État

D'abord, il faut donner une définition de l'État : « organisation politique et juridique de la nation ou sa personnification. L'État est une personne morale caractérisée par la détention de prérogatives de puissance publique et par sa soumission aux sujétions correspondantes. Sujet du droit international public caractérisé par un territoire, une population et l'existence d'un ordre juridique souverain » (P. Avril et J. Gicquel, *Lexique de droit constitutionnel*, « Que sais-je ? », PUF, 2016. Cet ouvrage nous servira de référence pour les principales définitions données ici).

1. Origines

Aux origines de l'État il peut y avoir ce que l'on appelle **la théorie naturelle** selon laquelle l'État est le produit d'un processus naturel de l'évolution des sociétés humaines. Cette approche, essentiellement sociologique, considère que c'est un événement ou une succession d'événements voire de transformations (conquêtes, guerre, fin d'empire) et non la volonté humaine, qui génèrent l'État. Les cités grecques ont mis en place les premiers embryons d'État. Quant à la théorie marxiste elle part du postulat de l'origine naturelle de l'État qui, devenu prolétarien, sera chargé de mettre fin aux conflits induits par le système capitaliste. Les théoriciens naturalistes sont essentiellement Aristote (l'homme est un *animal politique),* Épicure, Thomas d'Aquin. Certains ont analysé *Le contrat naturel* (1990) de Michel Serres comme un retour à cette théorie naturelle.

Mais c'est surtout la **théorie du contrat social** qui est ici essentielle. Selon elle la formation de l'État est le fruit de la volonté humaine. Les principaux théoriciens contractualistes, comme on les appelle, sont d'abord Thomas Hobbes (*Le Léviathan,* 1651), John Locke (*Essai sur le gouvernement civil,* 1690) et, bien sûr, Jean-Jacques Rousseau (*Du contrat social,* 1762). De l'état de nature, où il est utopiste de pouvoir rester, l'homme va évoluer vers une organisation sociale, sociétale même. Une communauté (la société) va se mettre ainsi en place sous l'autorité d'une volonté générale (celle des individus ainsi réunis). C'est cette volonté qui est la clef de voûte du pacte social ainsi que le fondement de l'État et de la souveraineté de celui-ci.

2. Définition et conceptions

Il existe, pour résumer, **deux principales conceptions de l'État**.

Celle, **marxiste-léniniste voire socialiste**, qui n'a plus cours depuis la chute du mur de Berlin. Elle reposait sur trois phases. D'abord la lutte des classes dans laquelle l'État, essentiellement bourgeois, oppresse les prolétaires. Ensuite la révolution prolétarienne doit assurer la dictature du prolétariat et l'élimination de la classe dominante. Enfin, l'établissement d'un régime communiste doit faire cesser la lutte des classes et amener le dépérissement de l'État. On retrouve une organisation voisine dans le régime chinois, d'inspiration maoïste, que l'on étudiera plus loin. Également en Corée du Nord.

La seconde conception de l'État est celle que l'on qualifiera de **libérale** ou **pluraliste**. L'État y est au service de tous (de l'intérêt général) et se veut à la fois créateur et acteur de consensus social. Il est censé intervenir seulement sur les domaines régaliens et de protection sociétale (police, justice par exemple). C'est ce que l'on appelle **l'État gendarme** analysé par Locke et Constant. Mais certaines circonstances (guerre, nationalisations par exemple) peuvent amener l'État à intervenir plus (*État Léviathan*). Le schéma étatique libéral est celui que pratique la majorité des États démocratiques de la planète.

2 Éléments constitutifs proprement dits

L'État est classiquement constitué de trois éléments fondateurs : un territoire, une population, un pouvoir.

1. Un territoire

C'est ce que l'on appelle aussi l'élément matériel. Le territoire c'est l'« élément constitutif de l'État, formé par les espaces terrestres, aérien et maritime, le cas échéant, qui délimite la sphère des compétences *ratione loci* des autorités publiques » (*Lexique*, *ibid.*). Dès lors un État ne peut exister sans territoire. L'État a des frontières terrestres, aériennes et parfois maritimes.

La Palestine a longtemps posé problème à cet égard. L'Autorité palestinienne mise en place en 1994 (Accords d'Oslo) exerce son autorité sur les Territoires palestiniens de Cisjordanie, tandis que la Bande de Gaza est sous le contrôle du Hamas depuis 2006. Aujourd'hui si 94 % des États reconnaissent un « État de Palestine », 11 % ne lui confèrent qu'un statut diplomatique. La Palestine a été admise au statut d'observateur à l'ONU en novembre 2012. Cela lui a permis de signer le traité sur la Cour pénale internationale en avril 2015. C'est aussi et surtout un pas de plus vers le statut d'État.

Un État peut subir (annexion en cas de guerre, ex : Alsace-Lorraine en 1870) ou consentir (Hong-Kong concédé par la Chine au Royaume-Uni jusqu'en 1997) des atteintes à son territoire.

2. Une population

C'est l'élément personnel de l'État. Une population rassemble les habitants d'un pays qui forment aussi une nation (ex : la nation française, la nation allemande). Selon Renan c'est un « groupement humain dont les membres sont unis par les liens matériels et spirituels ». Un « vouloir-vivre collectif ». Plusieurs éléments peuvent unir un peuple ou une nation : origine ethnique, langue, religion, mode de vie, coutume, culture, vivre ensemble. Une nationalité va unir la population. Mais sur un même territoire et au sein de cette population, mondialisation oblige, vont se trouver aussi des étrangers. L'autorité de l'État ne va pas s'appliquer de la même façon aux nationaux et aux étrangers.

Ces derniers relèvent soit du droit européen, soit du droit international et bénéficient de protections spécifiques. Mais ils n'ont pas les mêmes droits que les nationaux (ex : vote).

Le concept classique d'État-nation, basé sur une population homogène au sein d'une nation dirigée par l'État, a beaucoup évolué notamment depuis la décolonisation entamée dans les années cinquante. D'une cinquantaine d'États en 1945, on est passé à 194 aujourd'hui dont 192 membres de l'ONU. Un certain nombre de pays, notamment ceux en voie de développement ou d'ex-pays de l'Est, connaissent souvent une dissociation entre la nation et l'État (ce dernier ayant été en général imposé par les États colonisateurs). Beaucoup de pays dans le monde connaissent ce que l'on appelle la montée des communautarismes (ex-Yougoslavie, certains pays d'Afrique, Inde par exemple). Enfin, l'État islamique n'a quant à lui pas véritablement de population.

3. Un pouvoir étatique

On peut aussi parler d'autorité étatique. C'est l'État en quelque sorte.

Le pouvoir est la « **force qualifiée par le droit** » selon Passerin d'Entrêves, philosophe italien antifasciste. L'État détient une autorité exclusive qui lui permet d'exercer, de façon continue, souveraine et indépendante, les trois pouvoirs souverains : exécutif, législatif et judiciaire. L'État est une personne morale, une organisation, une institution. C'est « **le pouvoir institutionnalisé** » selon G. Burdeau. L'État démocratique a, selon Max Weber, **le monopole de la contrainte légale** ou légitime. C'est-à-dire qu'il est seul apte à maintenir ou rétablir l'ordre public (avec la police ou l'armée) mais dans le respect des droits et des libertés publics (ce qui le distingue des États totalitaires).

La souveraineté d'un État est limitée par l'obligation de respecter la souveraineté des autres États ainsi que les règles de droit international ou européen auxquelles il a pu souscrire (ONU, FMI, Union européenne par exemple).

C'est au pouvoir étatique, et notamment exécutif, de protéger le territoire et la population.

Depuis peu, les sociétés occidentales sont confrontées au terrorisme de DAECH qui se dit État islamique. Au sens du droit, ce n'est en aucun cas un État. En effet, il n'a ni territoire ni population véritables. C'est un groupe terroriste de type dictatorial.

FICHE 2

Les différentes formes d'État

On compte deux principales formes d'État : État unitaire et État fédéral.

1 L'État unitaire

Il est basé sur les principes d'unité et de centralisation. C'est le cas de pays comme la France, le Royaume-Uni, la Pologne.

1. L'unité

Un État unitaire est en principe un État centralisé. Une seule volonté s'exprime que ce soit du point de vue de son agencement politique ou de son ordonnancement juridique. Cela signifie que le pouvoir sur le pays est exercé par un seul pouvoir politique, un seul centre de décision, en général situé dans la capitale dudit pays. Mais les systèmes centralisés dérivent le plus souvent vers un déséquilibre entre l'État central et la périphérie (province). Ce fut le cas de l'ex-URSS. Ce fut aussi, dans une certaine mesure, le cas de la France jusqu'en 1982 (« Paris et le désert français » disait-on), année de la mise en place de la première décentralisation. Dès lors, pour éviter l'hypertrophie et mieux prendre en compte le reste du territoire, l'État centralisé doit évoluer vers la déconcentration et/ou la décentralisation.

2. La déconcentration

« Modalité d'exercice de la centralisation consistant dans le transfert de compétences d'ordre administratif du pouvoir central au plan local, au bénéfice de l'un de ses agents. Le préfet dans le cadre du département et de la région, le recteur dans celui de l'académie, incarnent cette technique d'autorité, à l'opposé de la décentralisation qui confie à des élus des responsabilités administratives. La déconcentration a pour corollaire le pouvoir hiérarchique » (*Lexique, ibid.*).

La déconcentration c'est donc la mise en place de relais territoriaux de l'État central au niveau territorial. Mais elle se situe uniquement au niveau administratif et ne modifie pas la nature des relations entre l'État et les administrés. O. Barrot, (homme politique et juriste 1791-1873), pourfendeur de la centralisation, estimait que « c'est le même marteau qui frappe mais on en a raccourci le manche ». Mais il n'y a toujours pas de prise en compte politique du territoire puisque la déconcentration est soumise au principe hiérarchique. Il faut pour cela la décentralisation.

3. La décentralisation

« Application de la démocratie, au plan local, consistant dans le transfert de compétences d'ordre administratif du pouvoir central à des collectivités territoriales dont les instances dirigeantes sont élues par les citoyens concernés (décentralisation territoriale). L'autonomie peut se concevoir aussi au profit d'un établissement public, c'est-à-dire d'un service public doté de la personnalité morale (décentralisation fonctionnelle). L'autonomie des collectivités territoriales a pour corollaire le contrôle administratif assumé par le préfet, représentant de l'État, qui a la charge des intérêts nationaux et du respect des lois (art. 72 C.) » (*Lexique*, *ibid.*).

En s'appuyant notamment sur un système électif, la décentralisation permet la mise en place d'une démocratie locale ou territoriale, incarnée en France, par les conseils municipaux, départementaux et régionaux. Selon les pays, la décentralisation est plus ou moins poussée.

La France a connu deux vagues principales de décentralisation, d'abord législative avec la loi du 2 mars 1982 puis constitutionnelle avec celle du 28 mars 2003 :

- En 1982, sous l'impulsion de F. Mitterrand, sont instaurés deux éléments principaux :
  - reconnaissance de la région comme collectivité locale décentralisée (à l'instar de la commune et du département) ;
  - transferts de compétences de l'État vers ces collectivités.
- Une nouvelle étape est franchie avec la révision constitutionnelle de 2003, initiée par J.-P. Raffarin alors à Matignon, qui va constitutionnaliser la décentralisation sur quatre points principaux :
  - nouvelle architecture des collectivités territoriales avec l'apparition des collectivités d'outre-mer (art. 72 al. 1er C.) ;
  - organisation décentralisée de la République (art. 1er C.) avec un pouvoir réglementaire et un droit d'expérimentation accordé aux collectivités (art. 72 al. et 4 C.) ;
  - démocratie locale directe (référendum local et droit de pétition, art. 72-1 C.) ;
  - autonomie financière des collectivités (art. 72-2 C.).
- La seconde partie de cet ouvrage permettra de développer les collectivités territoriales et les lois Maptam et NOTRe (2014-2015).

2 L'État composé

Jusqu'au XIXe, siècle on trouvait deux modèles d'États composés : la confédération et l'État fédéral.

1. La confédération

Elle est tombée, depuis le XIXe siècle, en désuétude. Au sens du droit international c'était un groupement d'États reposant sur un traité, qui, tout en conservant à titre principal leur souveraineté, coopéraient dans certains domaines (défense, économie, monnaie). Cette alliance structurée n'emportait pas cependant création d'une structure étatique. La dynamique de la confédération la conduisit dans la plupart des cas à se transformer en fédération. La Confédération helvétique (Suisse) se présente, depuis 1848, comme un

État fédéral. Le plus souvent la confédération a été le moyen d'accéder à la fédération (ex : États-Unis en 1787). On peut estimer que l'Union européenne se présente, à l'origine, sur une base confédérative. Mais l'évolution récente, et notamment les nouveaux traités (Lisbonne), la fait tendre vers une forme fédérative.

2. L'État fédéral

C'est certainement la forme d'État la plus répandue dans le monde : États-Unis, Canada, Mexique, Brésil, Allemagne, Belgique, Suisse, Russie, Australie, Inde...

L'État fédéral repose sur une union d'états au sein de laquelle une nouvelle collectivité étatique se superpose à ces derniers. Il s'agit d'une technique d'intégration des souverainetés qui, pour l'essentiel, repose sur une Constitution et concilie l'unité et la diversité. Autrement dit « le nouvel État se superpose aux États membres sans les absorber pour autant [...] » (*Lexique, ibid.*).

Dans un État fédéral la répartition des compétences est assurée par la Constitution, qui distingue **compétences de droit commun** et **compétences d'exception**. Le principe est basé sur la **subsidiarité** : les compétences fédérales sont celles qu'il est plus opérationnel d'exercer à ce niveau. Par exemple l'État fédéral détient l'exclusivité de la compétence en matière de politique extérieure, de défense, économique et monétaire. Le reste est assuré au niveau de chaque État.

Le respect de la répartition des compétences est assuré par un organe régulateur et protecteur du fédéralisme : la Cour suprême aux États-Unis, la Cour constitutionnelle en Allemagne.

Le fédéralisme repose sur trois principes de base :

- **la superposition** (deux niveaux d'organisation politique et juridique, l'ordre fédéral se superposant à celui des entités fédérées. Mais le droit fédéral a la primauté sur le droit fédéré et s'applique directement aux citoyens) ;
- **l'autonomie** (liberté d'organisation institutionnelle pour les États fédérés avec pouvoir exécutif, législatif et judiciaire) ;
- **la participation** (existence, au sein du Parlement bicaméral, d'une chambre représentant les entités fédérées, ex : Sénat américain ; participation aux questions d'organisation de l'État fédéral).

3 FICHE

La notion de Constitution

Chaque État est, en principe, basé sur un texte, plus ou moins détaillé, qui est une sorte de loi fondamentale à laquelle tous les autres textes sont soumis et qui s'impose à tous. Son objet est d'organiser les pouvoirs publics et de déterminer leurs rapports. Une Constitution contient aussi, en principe, des dispositions relatives aux libertés publiques ainsi qu'à l'organisation territoriale. On distingue plusieurs types de Constitutions. Enfin la Constitution est un texte protégé.

1 Matérielle et formelle

Au niveau matériel, la Constitution s'analyse selon son objet comme l'ensemble des règles juridiques essentielles de l'État. C'est le contenu qui est ici important, que les règles soient écrites ou non. Cela concerne donc : la définition de l'État, les rapports interinstitutionnels, la définition et la répartition des pouvoirs...

Au niveau formel, il s'agit du régime juridique et donc de l'ensemble des règles élaborées et révisées selon une procédure différente de celle de la loi ordinaire. Ce n'est plus le contenu qui importe ici mais le mode d'adoption de la Constitution.

2 Écrite et coutumière

C'est sous la Grèce antique que l'on trouve les premières Constitutions écrites. Plus près de nous, c'est le 17 septembre 1787 que les pères de la Constitution américaine adoptent un texte écrit, dite « loi supérieure du pays ». Cette Constitution est entrée en application le 4 mars 1789. Une Constitution écrite permet d'« inscrire dans le marbre » le contrat social et aussi de formaliser des règles essentielles en matière de droits et de libertés constitutionnels. Elle définit aussi les rôles de chaque institution.

Une Constitution coutumière est l'ensemble des règles non écrites concernant l'organisation et le fonctionnement de l'État. Cela renvoie à la notion de coutume. Celle-ci suppose, pour être reconnue, « la répétition d'une pratique et [...] le sentiment d'obligation » (*Lexique, ibid.*) tant chez les auteurs que chez les acteurs de celle-ci. Les pays à Constitution coutumière sont rares. Au sein des grandes démocraties occidentales, on connaît surtout le Royaume-Uni et, par contagion, la Nouvelle-Zélande. Notons que la coutume peut aussi exister dans les pays de droit écrit. Classiquement on distingue la coutume *secundum legem* (qui précise la Constitution), *praeter legem* (qui dépasse la Constitution) et *contra legem* (qui s'oppose à la Constitution).

3 Souple et rigide

Une Constitution est dite souple lorsque sa révision s'effectue selon une procédure identique (ou inférieure) à celle existante pour la loi. C'était le cas des chartes de 1814 et 1830. C'est le cas de la Constitution (ensemble de règles basées sur la loi, la jurisprudence et les usages) britannique actuelle. On identifie parfois la Constitution souple à celle coutumière.

Une Constitution rigide est celle dont la révision s'opère selon une procédure différente (ou supérieure) de celle utilisée pour la loi. C'est le cas de la Constitution de 1958. On identifie parfois la Constitution rigide à celle écrite.

Puisque l'on a parlé de révision, il faut préciser ce qu'elle est : « modification apportée à une Constitution ». En principe c'est l'œuvre du pouvoir constituant dérivé qui est « institué (c'est-à-dire organisé à l'avance) et autolimité. Il est exercé soit par une assemblée, soit par le peuple ». C'est ce qui est organisé par l'art. 89 C. consacré à la révision. Le pouvoir constituant originaire étant le « pouvoir d'élaboration d'une Constitution. Il est inconditionné et confié, en principe, à une assemblée constituante (Constitution de 1946). Dans cette circonstance, le peuple est appelé à se prononcer par référendum » (*Lexique, ibid.*).

4 La protection de la Constitution

Texte fondamental dans l'organisation d'un État, la Constitution bénéficie d'une protection politique et juridique spécifique.

1. Protection politique

C'est en principe le chef de l'État, le Gouvernement ou le peuple qui se mobilisent quand il y a menace sur le bon fonctionnement des institutions. Dans la Constitution de 1958 le président de la République a, on le verra, des moyens spécifiques en tant que gardien de la Constitution (art. 5) sur la base notamment de l'art. 16 C. Le Gouvernement a d'autres moyens comme l'état d'urgence ou de siège. Le peuple dispose, de par la Déclaration de 1789, du droit de « résistance à l'oppression ».

On peut aussi considérer que dans la procédure législative, que l'on reverra, les irrecevabilités gouvernementales s'équilibrent avec les rappels au règlement ou motion de procédure parlementaires.

2. Protection juridique

Il s'agit de ce que l'on appelle le contrôle de constitutionnalité. Celui-ci repose sur l'ensemble des moyens, essentiellement juridiques, instaurés pour contrôler la régularité interne et externe des normes juridiques par rapport à la Constitution. Ainsi le décret et le règlement sont examinés par le juge administratif. La loi (ordinaire) l'est par le juge constitutionnel, soit directement (art. 61 C.), soit indirectement par tout juge ordinaire devant lequel un justiciable soulève, au cours d'un procès, une question prioritaire de constitutionnalité (art. 61-1 C.). Nous y reviendrons.

ENTRAÎNEMENT

ENTRAÎNEMENT

LES NOTIONS CLÉS

- État
- Nation
- Territoire
- Population
- Pouvoir étatique
- États unitaires
- États fédéraux
- Déconcentration
- Décentralisation
- Constitution
- Révision

CONSEILS BIBLIOGRAPHIQUES

- Ernest Renan, *Qu'est-ce qu'une nation ?*, Les Classiques des Sciences Sociales.
- D. Schnapper, *La Communauté des citoyens. Sur l'idée moderne de nation,* Gallimard.
- G. Burdeau, *L'État,* préface de P. Braud, Points-Essais.
- P. Rosanvallon, *L'État en France de 1789 à nos jours,* Seuil.
- M. Ulmann, *L'État c'est nous,* Calmann-Lévy.
- R. Denoix de St Marc, *L'État,* Que sais-je ?, PUF.
- *La souveraineté,* Revue *Pouvoirs,* n° 67.
- A. de Tocqueville, *De la démocratie en Amérique.*
- C. Leclerc, *L'État fédéral,* Dalloz.
- F. Delpérée, *Le Fédéralisme en Europe*, Que sais-je ?, PUF.
- P. Bastid, *L'Idée de Constitution,* Economica.
- M. Verpeaux, *La Constitution,* Dalloz ; *L'Histoire de la décentralisation,* Que-sais-je ?, PUF (avec P. Bodineau).

Commentaire de texte

L'État de droit au quotidien

« C'est la tradition de notre droit public – reconnu bien au-delà de nos frontières – celle d'un équilibre subtil entre les impératifs du service public et les droits des personnes, entre l'intérêt général et la liberté individuelle.

Cette philosophie est parfois critiquée ici et là, et aujourd'hui notamment par ceux pour qui il y aurait antinomie entre État et état de droit. Dans cette ligne de pensée, tout ce qui affaiblit l'État et conforte les personnes dans leurs droits individuels, fût-ce au détriment de l'intérêt général, renforcerait l'État de droit [...].

Dans une société démocratique c'est [...] l'État qui est garant de l'État de droit. Il n'en est pas le seul garant bien sûr : sans la conscience civique des citoyens, sans l'action des associations, des partis politiques, sans la vigilance de la presse, il n'est pas d'État de droit possible.

Mais l'État est le principal garant de l'État de droit : c'est lui qui assure la sécurité des personnes et des biens-condition de l'exercice de toutes les libertés publiques et de la cohésion sociale et c'est à son représentant dans le département, le préfet, que revient la charge de faire respecter la loi, au besoin par cet ultime recours que constitue la force publique. C'est aussi l'État qui, par le vote de la qui, par le vote de la loi [...], par la ratification des engagements internationaux, est la source du droit.

S'il appartient au juge de veiller au respect de ces normes, de les interpréter, et parfois de combler leurs lacunes voire de suppléer leur absence, il ne saurait le faire qu'avec discernement, modestie et pondération [...]. L'exercice par les assemblées élues de la souveraineté nationale, la séparation des pouvoirs impliquent qu'un large pouvoir d'interprétation de ces principes soit reconnu au législateur. Face aux représentants de la nation le juge quel qu'il soit [...] ne saurait en effet s'ériger ni en législateur ni en constituant. C'est la conception même de la République, telle que l'histoire l'a instauré dans notre pays, telle qu'il nous appartient de la préserver ».

(Discours d'Édouard Balladur au colloque « Conseil d'État et corps préfectoral », Conseil d'État, 11 octobre 1993).

CORRIGÉ

Il est nécessaire de se reporter ici aux conseils méthodologiques donnés en début d'ouvrage.

Introduction

Le texte proposé est un discours d'Édouard Balladur, alors Premier ministre sous la seconde cohabitation de la Ve République, prononcé au CE le 11 octobre 1993. Le thème général est l'État. L'auteur analyse aussi la notion d'état de droit. Il rappelle « l'équilibre subtil » que le droit mais aussi les pouvoirs publics et les citoyens doivent trouver entre intérêt général et intérêt particulier. Selon lui il doit aussi y avoir une interdépendance entre État et état de droit.

Afin d'analyser ce texte il faut d'abord étudier comment l'auteur conçoit l'État « garant de l'état de droit » (1). Puis il convient de montrer que, selon lui, l'État est « la source du droit » (2).

1. L'État « garant de l'état de droit »

Si l'État n'en est pas le garant exclusif (A), il en est le garant essentiel (B).

A – Les autres garants de l'état de droit : citoyens, associations, partis, presse.

B – L'État garant essentiel de l'état de droit : missions régaliennes de l'État, rôle du préfet.

Après avoir décrit ainsi l'État, l'auteur l'érige en « source du droit ».

2. L'État « source du droit »

Cette activité relève du pouvoir législatif (A) auquel le juge ne doit pas se substituer (B).

A – L'activité du pouvoir législatif comme source du droit : loi, ratification des traités, interprétation, pouvoir constituant.

B – L'activité du juge : respect de la loi, interprétation, suppléance ; non pas faire ou refaire la loi.

SOUS-PARTIE 2

La démocratie

« La démocratie est le pire des systèmes à l'exclusion de tous les autres » opinait Churchill.

Rappelons qu'étymologiquement la démocratie provient de ***demokratia*** : **souveraineté du peuple (*demos*: peuple; *kratos*: pouvoir, souveraineté).** C'est donc, comme l'exposait Abraham Lincoln, **le gouvernement du peuple, par le peuple, pour le peuple**. Cela conduit à la distinction fondamentale entre gouvernants et gouvernés.

De façon plus concrète, c'est le régime dans lequel le peuple, souverain, participe au pouvoir essentiellement par le vote et détient un certain nombre de droits et libertés.

La démocratie s'oppose aux systèmes oligarchiques ou autoritaires. Elle peut désigner aussi le fonctionnement de tout corps ou organisation basé sur des règles démocratiques (égalité, concertation, vote...).

Nous envisagerons d'abord les origines de la notion, puis les notions de souveraineté et de représentativité qu'elle engendre et enfin les libertés publiques qui la sous-tendent.

4. Aux origines de la démocratie **24**

5. Souveraineté et représentativité **27**

6. Les libertés publiques **32**

4 FICHE

Aux origines de la démocratie

1 De Sumer à la république romaine

1. Sumer

C'est une civilisation mais aussi une région historique située dans le nord de l'Irak (Mésopotamie). Elle dure de la 1re colonie d'Eridu dans la période d'Obéid (fin du VIe millénaire av. J.-C.), les périodes d'Uruk (IVe millénaire av. J.-C.) et les périodes dynastiques (IIIe millénaire av. J.-C.) jusqu'à la montée de Babylone au début du IIe millénaire av. J.-C. C'est le sumérologue T. Jacobsen qui théorisa l'État sumérien, monarchique et sacerdotal, l'idée selon laquelle Sumer était la première démocratie primitive (épopée de *Gilgamesh*). En effet originellement cet État aurait été dirigé par la première assemblée d'hommes libres, ayant à sa tête des Anciens (sortes de sages) qui déléguaient en cas d'urgence à des autorités religieuses. Celles-ci auraient accaparé, petit à petit, le pouvoir.

2. L'Inde ancienne

C'est dans les républiques d'Inde qu'ont été identifiées les premières civilisations démocratiques, vers le VIe av. J.-C. L'État de Vaishali fut la première de ces républiques. Ce sont les Grecs qui, sous Alexandre le Grand, ont énoncé que certains États indiens (Sabarcae et Sambasrai : ancêtres du Pakistan et de l'Afghanistan) avaient des gouvernements de forme démocratique. Il y eut même les premières élections.

3. La Grèce ancienne

Elle est le berceau d'un régime politique né à Athènes, durant l'Antiquité, et qui est l'ancêtre direct des démocraties modernes.

On parle de la Constitution d'Athènes, attribuée à Aristote et ses disciples du *Lycée* (moins 330 av. J.-C.). Mais le régime athénien n'a jamais eu de Constitution officielle. En revanche il a été le premier dans l'histoire à procéder à une répartition du rôle des institutions aussi claire qu'opérationnelle avec pour principaux piliers :

- l'**Ecclésia** (assemblée des citoyens) ;
- la **Boulé** (réunissant des conseils exécutifs) ;
- les magistrats ;
- l'Aréopage (sorte de juge constitutionnel) ;
- l'**Héliée** (tribunaux populaires).

4. La République romaine

Elle commence en 509 av. J.-C. et chute entre 44 (assassinat de César) et 27 av. J.-C. (Octave devient Auguste). Si elle a hérité d'Athènes, la République romaine a aussi ses spécificités. À Rome non plus il n'y a pas de Constitution formelle mais des *mos maiorum* (coutumes ancestrales).

Il existe aussi trois pouvoirs :

- les assemblées (comices) qui sont l'élément démocratique ;
- le sénat (institution mi-politique mi-religieuse) ;
- les magistrats (élément exécutif avec les consuls).

2 La naissance de la démocratie dans les gouvernements modernes

Deux périodes peuvent être distinguées.

1. Avant le XVIIIe siècle

C'est en Italie, et plus spécialement à Florence (Dante en littérature, Giotto en peinture), que débute aux XVe et XVIe siècles, le mouvement de la **Renaissance** qui va devenir un mouvement d'abord culturel dans toute l'Europe.

C'est aussi à cette époque que le travail érudit des **humanistes** comme Érasme, Étienne, Lefèvre d'Étaples, permet de redécouvrir ou faire connaître les textes de l'Antiquité et de la Bible dans leurs langues originales. Ils sont encouragés par la découverte de l'imprimerie par Gutenberg. Ce dernier en favorisant la diffusion des textes (les premiers livres imprimés circulent) va contribuer à une véritable révolution de pensées des temps modernes.

C'est aussi la **Réforme** qui, vers 1530, menée par Luther et Calvin, permet un recul critique envers l'Église romaine. En France des écrivains tels Rabelais, Montaigne, Ronsard, invitent à la curiosité, à la prise en compte d'idées nouvelles et de valeurs humaines. Cette Renaissance c'est l'avènement des Temps Modernes.

Mais on commence à s'interroger aussi sur la légitimité de la concentration des pouvoirs par l'église ou les monarques. L'Angleterre sera parmi les premiers pays à le faire (**Magna Carta ou Charte des libertés** en 1215 ; premières élections, en 1265, du ***Montfort's Parliament***).

2. À partir du XVIIIe siècle

En Europe l'essentiel est ici basé sur ce qu'on appelle les **Lumières**. C'est un mouvement d'idées né plus spécialement en France, grâce à un quatuor de philosophes constitué de Rousseau, Montesquieu, Voltaire et Diderot. Ils furent aussi des militants qui ont participé de la mise en place d'une conscience européenne. Ils ont influencé quelques despotes « éclairés » (Catherine la Grande en Russie et Frédéric II de Prusse par exemple) mais surtout les principaux idéologues de la Révolution française. Les Lumières se caractérisent, d'un point de vue politique, par une forte volonté de réformes, basée notamment sur des gouvernements nouveaux fondés sur la démocratie.

C'est bien sûr la Révolution française qui va permettre de faire tomber le système monarchique mais aussi d'imposer les premières règles démocratiques et républicaines. Puis au XIXe siècle les républiques françaises et européennes vont être en général bâties sur des bases similaires.

Le XXe siècle, notamment jusqu'à son milieu, verra les dernières grandes guerres puis une sorte de pacification générale que semble confirmer le XXIe siècle. L'idéal démocratique semblant l'avoir, tant bien que mal, emporté notamment au sein des pays occidentaux. Mais la démocratie reste fragile et sa protection doit être assurée au mieux. Depuis quelque temps les pays occidentaux sont confrontés à des périls (communautarisme, fondamentalisme islamique...). Il faut donc être vigilant. C'est l'affaire des États mais aussi de chaque citoyen.

FICHE 5

Souveraineté et représentativité

Est souverain, selon le Larousse, « ce qui est **suprême, qui s'exerce sans contrôle.** » Quant au souverain c'est « **la personne qui exerce le pouvoir suprême dans un état ; monarque ; roi.** » Mais le peuple est aussi devenu souverain en démocratie.

La représentativité est d'abord ce qui a un **caractère représentatif.** C'est-à-dire **considéré comme modèle, type de catégorie**. Le Gouvernement représentatif est celui où le peuple délègue à ses représentants le pouvoir. Mais le peuple reste le souverain suprême. Et cela est consacré par la devise : « le gouvernement du peuple, par le peuple, pour le peuple » (art. 2 C.).

1 La souveraineté

On distingue souveraineté nationale et souveraineté populaire.

1. Souveraineté nationale

L'art. 3 de la Déclaration de 1789 stipule : « le principe de toute souveraineté réside essentiellement dans la nation. Nul corps, nul individu, ne peut exercer d'autorité qui n'en émane expressément ». Cela signifie que la souveraineté réside indivisiblement dans la nation tout entière qui l'exerce par l'intermédiaire de ses représentants. Selon le Conseil constitutionnel, la souveraineté « ne peut être que nationale [...] ce qui implique que le cadre national est intangible » (décision du 30 décembre 1976).

La Nation, entité abstraite, ne peut donc s'exercer que par le biais de représentants élus au sein de chambres parlementaires. Cela implique donc un régime représentatif. Ce qui signifie encore que les élus, notamment au sein des chambres, représentent la nation dans son ensemble et non leurs électeurs. C'est la théorie selon laquelle « tout mandat impératif est nul » (art. 27 C.). Cela veut dire enfin que le vote est l'acte citoyen essentiel, fondateur même.

2. Souveraineté populaire

Elle est ancienne et fut théorisée par J.-J. Rousseau dans *Le Contrat Social.* Dès lors elle fut posée par l'art. 7 de la Constitution du 24 juin 1793 : « le peuple souverain est l'universalité des citoyens français ». Cela signifie que la souveraineté est établie indistinctement et également dans tous les citoyens. La conséquence est que le suffrage universel devient un droit fondamental, le recours ultime (ex : référendum).

Cette conception a des implications assez complexes. D'abord la souveraineté est inaliénable. Ensuite le citoyen peut être consulté à tout moment (démocratie directe ou semi-directe). Enfin le suffrage est universel et le mandat devient impératif (l'élu doit des comptes à l'électeur).

Dans la pratique des démocraties pluralistes, la souveraineté nationale, moins contraignante et plus opérationnelle, l'emporte sur celle populaire. La France n'a, quant à elle, pas vraiment tranché. Plus exactement elle a opéré une conciliation de la souveraineté nationale avec l'exercice direct en précisant à l'art. 3 C. : « La souveraineté nationale appartient au peuple qui l'exerce par ses représentants et par la voie du référendum ».

2 La représentativité

Il s'agit d'envisager ici les modalités de participation des citoyens au pouvoir. Mettons d'abord de côté la démocratie directe qui n'est plus qu'une hypothèse d'école. Elle est un ancien mode d'exercice de la souveraineté que le peuple exerce lui-même, sans intermédiaire, c'est-à-dire sans représentation (ex : démocratie athénienne, quelques cantons suisses).

Nous allons concentrer notre attention sur les modalités de participation indirecte que sont la démocratie semi-directe et celle représentative.

1. Démocratie semi-directe

C'est un « mode d'exercice de la souveraineté consistant en un partage entre les représentants du peuple et ce dernier » (*Lexique, ibid.*). Il existe plusieurs modes d'exercice.

a. Le référendum

C'est le procédé de démocratie semi-directe grâce auquel le peuple participe au pouvoir essentiellement législatif. Il existe plusieurs types de référendum.

Le référendum le plus important est celui **constituant.** C'est-à-dire que les citoyens se prononcent sur l'adoption d'une Constitution (ex : référendum du 28 septembre 1958) ou sur sa révision (ex : adoption du quinquennat en 2000).

On note aussi :

- le **référendum législatif** par lequel les électeurs se prononcent sur une loi, soit quant à son adoption (art. 11 C.), soit sur son abrogation ;
- le **référendum d'autodétermination** (art. 53-1 C.) ;
- le **référendum local :** une collectivité territoriale prend l'initiative de faire voter les électeurs sur des projets de délibération ou d'acte relevant de sa compétence (art. 72-1 C.).

Il faut enfin distinguer le référendum du **plébiscite**. Technique napoléonienne consistant à demander au peuple de se prononcer aussi sur l'action du chef de l'exécutif qui pose la question (ex : les référendums du général de Gaulle).

b. Les autres moyens

Il existe d'abord le **veto populaire** (qui n'a pas cours en France). C'est une procédure qui consiste à abroger la loi mise en œuvre par les citoyens. Le veto populaire a surtout cours en Italie et en Suisse.

La procédure consiste à ce qu'un nombre déterminé de citoyens dépose, dans un délai fixé (90 jours en Suisse), une pétition auprès du Parlement qui est suivie d'un référendum ouvert à tous. C'est avant tout une faculté d'empêcher accordée au peuple.

Il faut mentionner aussi ce que l'on appelle **l'initiative populaire**. Les citoyens ont la possibilité de proposer des textes de loi à leurs représentants ou à la collectivité tout entière. Le texte peut être entièrement rédigé ou simplement suggéré par les citoyens. On retrouve cette technique en Suisse et dans certains États américains. Par la suite il y a soit référendum, soit approbation du texte par le Parlement (si ce dernier le désapprouve, un référendum est organisé). On note ici que le principe représentatif cède le pas devant la souveraineté populaire.

Il faut signaler qu'en France, depuis la révision de 2008, un référendum d'initiative indirectement populaire peut être organisé. Selon l'art. 11 C. il faut « l'initiative d'un cinquième des membres du Parlement, soutenue par un dixième des électeurs inscrits sur les listes électorales. Cette initiative prend la forme d'une proposition de loi et ne peut avoir pour objet l'abrogation d'une disposition législative promulguée depuis moins d'un an ». Aucune initiative n'a encore été prise en ce sens.

La Constitution européenne institue un droit d'initiative populaire au profit des citoyens européens. Il faut une pétition signée par au moins un million de personnes issues d'un nombre significatif d'États membres. Le texte peut conduire à une proposition de loi. Là encore, aucune initiative n'a été prise en ce sens.

Enfin signalons l'existence de la **révocation populaire**. Apparue en 1917, à l'initiative de Lénine, en URSS, elle prévoyait une procédure de révocation d'élus par un vote du peuple. Elle n'a jamais été utilisée. Certains États américains ont adopté une procédure de *recall*. Une pétition populaire exige un référendum pour destituer un élu (ex : le gouverneur de Californie, Gray Davis, en 2003). En Colombie britannique, il existe une procédure similaire. Enfin face à l'Ukraine qui a tenté de mettre une procédure similaire en place, le Conseil de l'Europe a estimé qu'elle était contraire « à la démocratie représentative » et « aux normes européennes ».

Cela étant on peut considérer, notamment en France, qu'un élu national ou local qui est battu en se représentant, subit concrètement une révocation populaire.

2. Démocratie représentative

On envisagera d'abord sa modalité principale, le vote, avant que d'envisager les différents régimes politiques.

a. Le vote

On parle aussi du droit de suffrage. Le suffrage est d'abord une « manifestation de la volonté populaire dans le cadre d'une élection ». Maurice Hauriou parlait d'« organisation politique de l'assentiment ». L'élection est donc le mode de désignation démocratique des gouvernants par les gouvernés.

Selon l'art. 3 C. : « le suffrage peut être direct ou indirect dans les conditions prévues par la Constitution. Il est toujours universel, égal et secret ». Il existe donc plusieurs types de suffrages.

Suffrage capacitaire	mode de suffrage restreint qui conditionne la capacité d'électeur aux moyens intellectuels ou au niveau d'instruction (ainsi selon l'art. 489 du Code civil le majeur en tutelle n'a pas le droit de vote).
Suffrage censitaire	Ancien mode de suffrage restreint qui lie la qualité d'électeur à la fortune et notamment à une quotité d'impôt payée qu'on appelait le *cens*. La Constitution de 1791 distinguait entre les citoyens actifs et ceux passifs.
Suffrage direct	C'est le vote effectué directement par les citoyens eux-mêmes (ex : présidentielle ou législatives en France).
Suffrage égal	« Un homme, une voix » selon Auguste Blanqui.
Suffrage indirect	Les électeurs désignent des *grands électeurs* qui votent à leur tour pour les élus (ex : scrutin sénatorial).
Suffrage restreint	Le droit de vote est réservé aux individus remplissant certaines conditions (cf. capacitaire et censitaire). Il symbolise la théorie de l'électorat-fonction.
Suffrage secret	Le choix de l'électeur est entouré de garanties de procédures définies par le Code Électoral (isoloir, bulletin dans une enveloppe opaque par ex.).
Suffrage universel	Découlant de la théorie de l'électorat-droit, la qualité d'électeur est donnée à tous les citoyens. Le suffrage universel a été proclamé en 1848 pour les hommes et 1944 pour les femmes.
Suffrages exprimés	Nombre de votants déduction faite des bulletins blancs. En 2003 un projet de loi UDF avait proposé la prise en compte du vote blanc mais le Sénat a bloqué le texte. Il existe un *parti du Vote Blanc*. Pour la présidentielle 2012 seul F. Bayrou proposait de l'intégrer dans les suffrages exprimés. Dans l'Union européenne seule la Suède reconnaît officiellement et inconditionnellement ce vote. Une proposition de loi a été adoptée le 22/11/12 reconnaissant le vote blanc. Il est comptabilisé hors les blancs et les nuls mais pas comme suffrage exprimé.

Le droit de suffrage est soumis à des conditions définies par le Code électoral : avoir la nationalité française (les citoyens de l'Union européenne peuvent voter aux municipales et être élus conseillers municipaux), être majeur, jouir de ses droits civiques et civils, être inscrit sur les listes électorales.

Selon l'art. 4 C. « les partis et groupements politiques concourent à l'expression du suffrage. Ils se forment et exercent leur activité librement. Ils doivent respecter les principes de la souveraineté nationale et de la démocratie ». Le vote blanc a été reconnu. Il faudrait aussi rendre le vote obligatoire comme cela se fait en Belgique, en Autriche ou en Grèce. Il existe pour les élections sénatoriales (100 euros d'amende).

Ce régime a cependant des limites (surreprésentation parlementaire, surconsommation des lois, domination exécutive, technocratie, médiacratie).

b. Les différents régimes politiques

Le régime politique est le mode de gouvernement d'un État. Il existe trois principaux types de régimes politiques.

- **Le régime parlementaire :** c'est le plus ancien. Il est basé sur une collaboration équilibrée des pouvoirs (séparation souple), issue de la pratique britannique développée dès le XVIIe. Le gouvernement et le Parlement collaborent dans certains domaines (exemple : initiative des lois) et ont des moyens d'action réciproques (motion de censure, dissolution).

- **Le régime présidentiel :** il est apparu aux États-Unis en 1787. Les pouvoirs sont basés sur une séparation assez stricte (organique et fonctionnelle). Le président, élu indirectement par le peuple, détient l'essentiel du pouvoir exécutif. Et est responsable devant le Parlement. Ce dernier peut être dissous.
  À noter que la France a mis en pratique un **régime présidentialiste** qui repose sur un président fort et sur des mécanismes parlementaires. Ce régime est aussi caractérisé par le fait majoritaire : le président est élu directement par une majorité du peuple et dispose d'une majorité parlementaire. Lorsqu'il n'a pas cette dernière, il s'agit d'une cohabitation.
- **Le régime autoritaire :** il est caractérisé par plusieurs traits principaux : confusion des pouvoirs aux mains d'un chef (dictateur), existence d'un parti et d'une idéologie uniques, absence d'opposition, négation des droits et libertés, idéologie, répression, surveillance de la société. À titre d'exemple : l'Allemagne nazie, l'Espagne franquiste, l'Italie fasciste, le Portugal salazariste, l'ex-URSS, le Chili de Pinochet, la Corée du Nord.

Le modèle ancien de la démocratie représentative semble dépassé. Les citoyens revendiquent des droits nouveaux et exigent d'être entendus sur les grands problèmes du pays voire du monde. Ils s'informent de tout, partout et communiquent en temps réel, notamment grâce aux nouveaux médias et aux réseaux sociaux. Si les partis politiques et les syndicats déclinent, le phénomène associatif et les mouvements « citoyens » (altermondialistes par exemple) connaissent un net regain d'intérêt. La relation gouvernants-gouvernés est à redéfinir afin que les premiers fassent en sorte que les seconds redeviennent concernés par leur démocratie. C'est un des enjeux majeurs du XXIe siècle.

c. Le mode de scrutin

Il est constitué de l'ensemble des modalités de vote destinés à départager les candidats à une élection. Il en existe deux principaux :

- **Le scrutin majoritaire** qui privilégie l'efficacité de la gouvernance sur la justice (les sièges à pourvoir sont attribués aux candidats ayant recueilli le majorité dans une circonscription électorale). Il peut être à un ou deux tours, uninominal ou de liste.
- **La représentation proportionnelle** qui privilégie la justice de la gouvernance (toutes les formations politiques ont, sur la base d'un quotient électoral, un nombre de sièges au prorata du nombre de suffrages obtenus). Ces deux modes sont mixables.

6 FICHE

Les libertés publiques

C'est un ensemble de « droits reconnus par la Constitution, la loi ou un engagement international [...] et protégés par le juge » (*Lexique, ibid.*). Ils sont par ailleurs le « symbole de l'État de droit » et « forment un élément constitutif de la Constitution ». Le doyen Hauriou voyait en ces libertés publiques la « Constitution sociale ». On les associe souvent aux droits fondamentaux. On parle aussi de « droit des libertés fondamentales » (L. Favoreu).

On distingue essentiellement les libertés civiles et les libertés politiques.

1 Les libertés civiles

Il existe deux groupes principaux au sein desquels se déclinent d'autres libertés.

1. Libertés personnelles

Elles proviennent pour l'essentiel de la Déclaration de 1789. Elles regroupent plusieurs sous-catégories.

La liberté physique, la liberté d'aller et venir, la sûreté

Ces libertés sont protégées par le Conseil constitutionnel qui peut même leur donner valeur constitutionnelle (aller et venir par ex). La sûreté renvoie notamment aux droits de la défense (**principe fondamental reconnu par les lois de la République** selon ce même Conseil), qui sont devenus un principe général du droit s'imposant à l'administration et au législateur.

Les libertés familiales

C'est plutôt dans le Préambule de 1946 qu'elles trouvent leur origine. Parmi elles on cite avant tout le droit de mener une vie familiale, le droit au logement. Il y a aussi des libertés d'ordre plus civil : le droit au mariage, au PACS, au divorce, à la filiation, à l'adoption, la liberté de donation et de testament. La médiatisation de la société à amener aussi le Code civil à protéger l'intimité de la vie privée (art. 9).

La liberté contractuelle

Selon l'art. 1134 du Code civil : « les conventions légalement formées tiennent lieu de loi à ceux qui les ont faites. Elles ne peuvent être révoquées que de leur consentement mutuel ou pour les causes que la loi autorise ». On parle aussi de la liberté des conventions. C'est le juge civil qui en assure, pour l'essentiel, la protection.

La liberté d'entreprendre

Sa source est essentiellement la liberté du commerce et de l'industrie, reconnue par une loi de mars 1791. C'est plus exactement le célèbre **décret d'Allarde** (du nom d'un député auvergnat) qui sonne le glas des corporations. Il sera complété, en juin 1791, par la **loi Le Chapelier**, proscrivant les syndicats, les rassemblements ouvriers et paysans ainsi que le compagnonnage. Cette liberté d'entreprendre se conjugue avec la libre concurrence. C'est le juge commercial qui est principalement compétent pour protéger cette liberté.

Précisons que, selon l'art. 66 C., c'est « l'autorité judiciaire (qui est) gardienne de la liberté individuelle ».

2. Les libertés collectives

On y trouve toute une série de libertés issues là aussi, soit de la Déclaration de 1789, soit du Préambule de 1946. Parmi elles : liberté de conscience et des cultes, de l'enseignement, de réunion, de manifestation, d'association, syndicale, d'opinion, de communication des pensées et d'opinion. L'art. 11 de la Déclaration de 1789 privilégie cette dernière qui est « un des droits les plus précieux de l'homme ». Elle précise que dès lors : « tout citoyen peut donc parler, écrire, imprimer librement, sauf à répondre de l'abus de cette liberté dans les cas déterminés par la loi ». Cette liberté a débouché après sur : liberté de la presse (1881), de communication audiovisuelle (1982 ; avec le CSA en 1989).

Si elles sont protégées et que les individus peuvent en jouir librement, cette même protection est aussi là pour sanctionner les abus. C'est le rôle du Conseil constitutionnel, au niveau préventif, mais aussi du juge judiciaire au niveau répressif.

2 Libertés politiques

C'est ce que l'on appelle aussi les droits civiques et politiques attachés essentiellement à la nationalité.

1. Droits civiques

Leur origine se trouve dans la Déclaration des droits de l'homme et du citoyen de 1789 mais aussi aux États-Unis avec les *Civil Rights Act* de 1964. C'est la loi ordinaire qui, selon l'art. 34 C., en fixe les règles et en détermine les principes fondamentaux.

Des droits sont donc attachés à la qualité de citoyen afin qu'il évolue au mieux dans la société. Parmi les plus importants : droit de vote, d'élection et d'éligibilité ; droit de porter une décoration ; d'être contribuable, de devenir fonctionnaire, d'être juré, témoin, curateur, tuteur, de porter une arme (sous certaines conditions : permis...)

Ces droits, seul le juge judiciaire peut en prononcer la privation (temporaire) ou la déchéance.

2. Droits politiques

On peut dire qu'il s'agit ici des droits du citoyen politique, c'est-à-dire membre de la cité. Ce sont ces droits qui permettent de prendre part à l'exercice de la souveraineté nationale. Parmi eux figurent bien sûr le droit de vote mais aussi le droit d'adhérer ou non à un parti politique, le droit d'y militer, le droit d'exprimer librement des idées politiques dès l'instant où elles respectent l'ordre public ainsi que les principes démocratiques. Comme les droits civiques, ils sont attachés à la nationalité. Là encore le juge constitutionnel, en amont, et le juge judiciaire, en aval, en ont la garde.

Notons qu'en 1966 l'ONU a voté le Pacte international relatif aux droits civils et politiques.

ENTRAÎNEMENT

ENTRAÎNEMENT

LES NOTIONS CLÉS

- Les origines de la démocratie
- La souveraineté populaire
- La souveraineté nationale
- La représentation nationale
- Le suffrage
- La démocratie représentative
- Les libertés publiques

CONSEILS BIBLIOGRAPHIQUES

- A. Touraine, *Qu'est-ce que la démocratie ?*, Fayard.
- P. Braud, *La Démocratie politique*, Points-Essais.
- R. Aron, *Démocratie et totalitarisme*, Gallimard.
- G. Mairet, *Le Principe de souveraineté*, Folio-Essais.
- J. Bodin, *De la souveraineté* (in Les 6 livres de la République, Livre 1 chap. 8).
- B. Badie, *Un monde sans souveraineté. Les États entre ruse et responsabilité*, Fayard.
- B. Manin, *Principes du gouvernement représentatif*, Flammarion.
- P. Bourdieu, *La Représentation politique.*
- J.-M. Pontier, *Droits fondamentaux et libertés publiques*, Hachette.
- B. Stirn, *Les Libertés en question*, Montchrestien.
- D. Turpin, *Les Libertés publiques*, PUF.
- G. Kepel, *Jihad. Expansion et déclin de l'islamisme*, Gallimard, 2000.
- E. Fottorino, *Qui est Daech ?*, Philippe Rey, 2015.

Dissertation

Sujet : La participation citoyenne au pouvoir

QCM

1. On trouve les origines de la démocratie avant Athènes :

❒ Vrai ❒ Faux

2. La démocratie est toujours représentative :

❒ Vrai ❒ Faux

3. Le référendum est un procédé de démocratie directe :

❒ Vrai ❒ Faux

4. Le suffrage en France est toujours universel, égal et secret :

❒ Vrai ❒ Faux

5. Des non nationaux peuvent voter en France :
❒ Vrai ❒ Faux

6. On a le droit d'interdire un parti politique en France :
❒ Vrai ❒ Faux

7. L'essentiel des libertés publiques a pour origine :
❒ La Déclaration de 1789 ❒ Le Préambule de 1946
❒ Les deux

8. L'autorité judiciaire est seule gardienne de la liberté individuelle :
❒ Vrai ❒ Faux

9. La liberté d'entreprendre est au nombre des libertés politiques :
❒ Vrai ❒ Faux

10. La liberté de la presse a pour origine :
❒ La Déclaration de 1789 ❒ Le Préambule de 1946

CORRIGÉS

- **Dissertation**

Qu'il soit d'essence divine (monarchique) ou démocratique, le pouvoir a toujours eu quelque chose de fascinant. Tant pour ceux qui l'exercent qu'à l'égard de ceux pour qui il est exercé.

Si le pouvoir est détenu par les gouvernants, c'est en principe par délégation des gouvernés que sont les citoyens. Ces derniers ont ainsi divers moyens pour y participer.

Depuis les Lumières puis la Révolution, on sait que la source du pouvoir trouve sa source dans les citoyens. Ils incarnent la souveraineté et surtout l'exercent en participant au pouvoir par divers systèmes.

Dans un premier temps seront analysées les modes de souveraineté (I) et dans un second temps les techniques de participation (II).

Les types de souveraineté

Il en existe deux : la souveraineté populaire (A) et la souveraineté nationale (B).

A - Souveraineté populaire : théorie de Rousseau (*Contrat social),* notions de suffrage-droit, de démocratie directe, inaliénabilité de la souveraineté, mandat impératif.

B - Souveraineté nationale : notion de Nation (Renan), État, inaliénabilité mais possibilité de délégation (représentants), imprescriptibilité de la souveraineté, pas de mandat impératif, vote-fonction.

Les techniques de participation

Ce sont la démocratie directe (A) et la démocratie semi-directe (B).

A - La démocratie directe : autogestion par les citoyens (Grèce antique, cantons suisses), avantages/inconvénients, limites.

CORRIGÉS

B – La démocratie semi-directe : notion de démocratie représentative (suffrage universel ou censitaire), élections parlementaires ou présidentielles, référendum, veto, initiative et révocation populaires.

- **QCM**

1. **Vrai.** Avant Athènes il y a eu la civilisation de Sumer et l'Inde ancienne.
2. **Faux.** Elle peut être directe (ex : certains cantons suisses).
3. **Faux.** C'est un procédé de démocratie semi-directe dans lequel le peuple participe à l'élaboration de la loi par son vote.
4. **Vrai.** C'est ce qui est exposé à l'art. 3 al. 3 de la Constitution.
5. **Vrai.** Les citoyens de l'UE peuvent voter aux élections municipales. Ils peuvent aussi être élus conseillers municipaux.
6. **Vrai.** Si celui-ci ne respecte pas les principes de souveraineté nationale et de démocratie (art. 4 C.).
7. **Les deux.** Chacun de ces textes contient les droits et libertés dont chaque homme et chaque citoyen bénéficient.
8. **Faux.** Il y a aussi le Conseil constitutionnel et le Parlement.
9. **Faux.** C'est ce qu'on appelle une liberté économique.
10. **La Déclaration de 1789.** Et plus exactement son art. 11.

SOUS-PARTIE 3

Les régimes étrangers

L'Europe en général et l'Angleterre en particulier ont généré le régime parlementaire. Si ce dernier est le régime le plus pratiquée au niveau mondial, il n'est pas le seul, et surtout il n'est pas pratiqué partout de la même façon.

Il s'avère que, sur la scène internationale, la majorité des pays est démocratique. Ils se partagent en deux grands systèmes : parlementaire ou présidentiel. Il reste cependant encore des régimes autoritaires voire dictatoriaux. Les exemples que nous allons prendre illustrent ces trois régimes. On envisagera donc les régimes britannique, américain et chinois.

7. Le régime britannique : le régime parlementaire **38**

8. Le régime présidentiel américain **44**

9. Le régime chinois **51**

7 FICHE

Le régime britannique : le régime parlementaire

Si la Grande-Bretagne est « la mère du libéralisme » (J. Gicquel), elle est aussi un des pays fondateurs du droit constitutionnel et notamment du régime parlementaire. On parle du **modèle** ou du **système de Westminster** (siège du Parlement du Royaume-Uni).

Les Britanniques ont donc inventé le régime parlementaire dès 1215 (**Grande Charte** de Jean sans Terre). Puis en 1689 avec le *Bill of Rights* (**déclaration de droits** adoptée suite à la **Grande Révolution** de 1688). Au XVIIIe siècle le régime est presque définitivement posé avec la responsabilité politique du Premier ministre et de son cabinet devant la Chambre des communes.

Le régime parlementaire est appelé aussi « gouvernement de cabinet ». Étudions d'abord son socle puis ses institutions.

1 Le socle : le bipartisme

En régime parlementaire, l'essentiel du pouvoir est assuré par un parti (majoritaire) avec un autre parti (minoritaire), sous le contrôle des électeurs. Ainsi la vie politique britannique est dominée par deux grands partis : le *Labour Party* (parti travailliste) et le *British Conservative Party* (parti conservateur). Ce bipartisme est aussi favorisé par le mode de scrutin et a des effets positifs sur le système politique.

1. Les deux partis principaux

a. Le parti travailliste

Au XVIIe siècle, il s'est d'abord appelé *Whig* et devint d'inspiration libérale. Au XXe siècle, il a été supplanté par les *trade-unions* issues du mouvement syndical. C'est pour cela qu'en principe, avant d'adhérer au *Labour*, il faut être syndiqué. Ce parti rassemble environ 6 millions d'adhérents et les syndicats y jouent donc un rôle majeur. Notamment au sein du collège électoral qui désigne son leader. Si c'est le parti de la classe laborieuse (ouvrière), il est avant tout social-démocrate, respectueux des institutions et plutôt européen. Mais Tony Blair, Premier ministre travailliste de 1997 à 2007, n'a pu comme il s'y était engagé, faire entrer le Royaume-Uni dans la zone euro. Si c'est un parti social, il reste attaché au libéralisme et à la concurrence, traditions anglaises obligent. Après Ed Miliband, qui est battu aux élections de 2015, c'est dorénavant Jeremy Corbyn qui est le leader du Labour. Aux dernières élections, il a fait un bon score sur la base d'un programme anti-austérité.

b. *Le parti conservateur*

À la différence du précédent, le *British Conservative Party* ou *Tories* est structuré autour de son leader, élu par le groupe parlementaire, et qui le dirige. C'est un parti de droite modérée.

Il rassemble les couches anglaises moyennes et supérieures mais peut élargir facilement son électorat. Notamment parce qu'il est surtout basé sur des valeurs traditionnelles : libéralisme économique, non étatisme, élitisme et traditions. Il est assez divisé en revanche sur l'Europe. Ainsi, après l'anti-européanisme de Margaret Thatcher (1979-1990), John Major, qui lui succéda (1990-1997), incarna le courant européen raisonnable. Parmi les grandes figures de ce parti conservateur citons : W. Churchill, M. Thatcher, J. Major, D. Cameron ou encore Theresa May, actuel Premier ministre.

À noter l'existence de l'UKIP, parti d'extrême-droite.

2. Le mode de scrutin

Le système parlementaire anglais est basé sur un fondement historique : le scrutin majoritaire uninominal à un tour. Ce mode privilégie la décision du pouvoir de suffrage en attribuant le (les) siège(s) à pourvoir dans la circonscription électorale au(x) candidat(s) ayant recueilli la majorité des voix. On parle aussi de scrutin à la pluralité des voix. Uninominal renvoie au fait qu'il y a un siège par circonscription. Ce système favorise le bipartisme.

Le tour unique permet d'éviter les alliances électorales de circonstances et incite au vote utile. Il a aussi un effet d'amplification : le résultat en sièges est disproportionné par rapport aux résultats en voix. C'est aussi et surtout cet effet amplificateur qui empêche l'émergence durable du troisième parti, le parti libéral (*Liberal Democrats,* influent du milieu du XIXe siècle jusqu'aux années 1920) et l'écarte du pouvoir (ex : élections de 1974). Ce mode de scrutin fait aussi la part belle aussi aux indécis. En effet, les deux grands partis étant assurés d'un électorat stable, c'est la partie flottante (*floating vote)* de l'électorat qui fait souvent la différence.

Pragmatiques par nature, les Britanniques sont attachés à ce système qui privilégie l'efficacité sur la justice électorale.

3. Les conséquences

Le bipartisme britannique permet une grande stabilité exécutive et promeut l'alternance.

a. *Stabilité exécutive*

Le système anglais permet de dégager des majorités stables axées sur un seul parti. Ce dernier peut être amené à s'allier avec un plus petit pour avoir la majorité. Ce fut le cas lorsque David Cameron remporta les législatives en 2010 et fut nommé Premier ministre (à 43 ans, le plus jeune de l'histoire britannique). Il dut se coaliser avec les Libéraux Démocrates de Nick Clegg, ce dernier devenant alors vice-Premier ministre. Le leader du parti victorieux aux législatives devient automatiquement Premier ministre et son Gouvernement a alors le soutien de la majorité à la Chambre des communes. Cela lui donne une grande marge de manœuvre et assure la stabilité du Gouvernement.

Le régime anglais connaît théoriquement la responsabilité politique du Gouvernement devant la Chambre des communes. Mais en pratique le bipartisme majoritaire écarte la menace. Seuls des désaccords ponctuels et sur des sujets mineurs peuvent se produire. La motion de censure n'a connu que deux utilisations en un siècle (S. Baldwin en 1924 et J. Callaghan en 1979).

b. Alternance

La présence de deux grands partis leur permet d'être alternativement majoritaires. Depuis 1945 on note sept alternances entre travaillistes et conservateurs avec un avantage toutefois à ces derniers (environ 35 ans de pouvoir contre 25 aux seconds). Ainsi en 2010, même aidé des démocrates libéraux, D. Cameron succède à 13 ans de travaillisme.

Le *fair-play* britannique s'applique aussi en politique puisque, contrairement à la France, l'alternance est un élément essentiel du jeu institutionnel. Dès lors les partis doivent tout miser sur la crédibilité et, une fois élus, il leur faut mettre en œuvre le programme annoncé.

Le parti qui est dans l'opposition doit toujours se préparer à cette alternance. Cela veut dire avoir un programme de rechange mais aussi des hommes prêts à exercer le pouvoir. C'est le *Shadow Cabinet* (« cabinet de l'ombre ») : groupe de parlementaires regroupés autour du leader de l'opposition. Ils constituent une espèce de contre-gouvernement qui siège d'ailleurs en face du cabinet à la Chambre des communes.

2 Les institutions britanniques

On l'a dit, il n'existe pas de Constitution écrite mais seulement un ensemble de coutumes et d'usages plus ou moins ancestraux, ainsi que certains textes importants (*Magna Carta, Habeas Corpus* par exemple). Les institutions britanniques reposent sur trois institutions : la Couronne, le Gouvernement et le Parlement.

1. La Couronne

C'est une des plus anciennes monarchies d'Europe puisque la liste des monarques anglais débute avec Egbert, roi de Wessex de 802 à 839. Jusqu'à Elisabeth II, dont on a fêté le jubilé en 2012 (elle fut couronnée en 1952) et, en 2015, ses 63 ans de règne. C'est donc plus de 2000 ans de monarchie et 11 monarques depuis 1714 qui ont façonné l'histoire de la couronne britannique. Celle-ci est transmise de façon héréditaire au sein de la dynastie des Windsor.

La reine est politiquement irresponsable (« the queen can not do wrong ») et n'a aucun rôle sur la conduite des affaires. Elle doit observer une totale neutralité. Le **Discours du Trône**, qu'elle prononce chaque année, est écrit par le Premier ministre qui expose ainsi, indirectement, son programme. Toutes les **prérogatives royales** ne sont que nominales car soumises au contreseing ministériel. Le plus important, son pouvoir de nomination du Premier ministre, est conditionné par le bipartisme. Elle doit choisir le leader du parti majoritaire, et donc nommer le Gouvernement qu'il choisit. Parmi ses autres prérogatives : réglementation de la fonction publique, émission des passeports, diplomatie et défense. Selon Walter Bagehot, célèbre journaliste politique anglais au XIXe siècle, les prérogatives royales reposent sur un triple axiome : **être consulté, encourager, mettre en garde**. Il faut noter enfin que la reine est gouverneur de l'Église anglicane.

Les Anglais sont très attachés à la couronne qui, malgré quelques péripéties (Lady Di, divorce du prince Charles, frasques du prince Harry) est le symbole de l'Angleterre, de la Grande-Bretagne et du *Commonwealth* (dont la reine est le chef). Rappelons d'ailleurs que l'hymne anglais est *God save the Queen.* En principe le successeur d'Élisabeth II devrait être son fils aîné, Charles de Galles. Mais il pourrait aussi s'effacer (pour cause de divorce) au profit de son fils junior, William. À noter que l'époux de la reine (prince Philip Mountbatten) n'a aucun statut officiel.

2. Le Parlement

Il est bicamériste mais inégalitaire dans la mesure où la Chambre des communes détient des pouvoirs bien plus nombreux et importants que la Chambre des lords.

a. La Chambre des communes

Elle est composée de 659 membres élus pour cinq ans.

Le ***Speaker***, désigné d'un commun accord sans limitation de durée, est le président de la chambre. Même s'il a quelques pouvoirs législatifs (faire discuter des projets prioritaires, accepter ou refuser des amendements, fixation de l'ordre du jour par ex), il a surtout une autorité arbitrale. Il doit faire preuve d'impartialité.

Les groupes parlementaires sont encadrés par les ***leaders*** et les ***Chief Whip***. Cela permet cohésion et discipline dans l'hémicycle.

La Chambre siège 160 jours par an en quatre sessions (souvent prolongées). C'est le Gouvernement qui est le maître d'œuvre du travail parlementaire. Des questions orales ouvrent la session qui est prolongée par la discussion des textes qui font l'objet de trois lectures. Des procédures existent pour accélérer la discussion des textes (guillotine, *kangaroo*). À la différence du Parlement français, le vote est personnel et ne peut être délégué. Il fait aussi l'objet d'une forte discipline. Il existe trois types de commissions : législatives, de contrôle et permanentes.

La Chambre des communes détient l'essentiel du pouvoir législatif : vote de la loi, contrôle du Gouvernement, (*select committes,* questions), mise en jeu de la responsabilité politique du Gouvernement. Mais étant donné le bipartisme et la discipline de vote, elle est avant tout une chambre d'enregistrement.

b. La Chambre des lords

C'est l'élément assez anachronique du système démocratique anglais. Il y a 721 membres : 92 **lords héréditaires**, élus (cooptés) par leurs semblables et 603 **pairs** nommés à vie. Des **lords spirituels** (religieux) et des **lords d'appel** (magistrats) au nombre de 26, complètent la Chambre. Moins de la moitié des lords ne participent pas réellement aux travaux.

Dès le milieu du XIXe siècle, les lords commencent à perdre leur pouvoir politique. Ce sont les ***Parliament Acts*** de 1911 et 1949 qui l'ont fait disparaître. Cette Chambre a essentiellement aussi un **rôle d'enregistrement** sauf à exercer un **veto suspensif** d'un an sur certains textes. Les lords n'ont pas le pouvoir de contrôle du Gouvernement. T. Blair, après avoir réduit leur nombre, avait émis le projet de transformer cette Chambre en un sénat élu. Il n'y est pas parvenu.

3. Le Gouvernement

On dit aussi le Premier ministre et le Cabinet. Ce sont les éléments clefs du système britannique.

a. Le Premier ministre

On l'a dit c'est la reine qui nomme le leader du parti majoritaire aux Communes.

Il existe une interdépendance forte entre le Premier ministre et son parti. Dès lors si ce dernier ne fait plus confiance au premier, la démission est la seule issue (ex : M. Thatcher en 1990).

Le Premier ministre a des **pouvoirs substantiels** :

- composition et direction de son cabinet ;
- direction de l'administration, autorité sur les armées ;
- conduite de la politique internationale ;
- dissolution de la Chambre des communes (dissolution essentiellement stratégique).

Lorsque le Premier ministre démissionne, c'est à son parti de désigner son successeur (qui a été en principe pressenti). Il s'agit du nouveau leader qui est ensuite nommé Premier ministre (G. Brown en 2007, D. Cameron en 2016).

b. Le Gouvernement et le Cabinet

Les ministres sont choisis par le Premier ministre principalement au sein de la majorité aux Communes (rarement au sein des lords). Le Gouvernement anglais est composé d'une centaine de membres. Il s'agit d'un organe collégial, solidaire et hiérarchisé. Au sommet du Gouvernement, il y a le Cabinet. Le Premier ministre en choisit la vingtaine de membres parmi les « poids lourds » du Gouvernement. Si le Cabinet est théoriquement un organe délibératif, c'est en son sein que s'élabore et se définit la politique gouvernementale. C'est un peu la tête pensante de l'exécutif.

En matière législative, le Gouvernement est à l'origine de 90 % des lois anglaises. Via le *Speaker* il a la maîtrise de l'ordre du jour législatif et peut s'appuyer sur la discipline majoritaire. Il peut bénéficier aussi de délégation de pouvoir de la part du Parlement. La seule limite à l'influence du Premier ministre est sa dépendance à son parti.

Rappelons que lors des législatives de mai 2010, il s'est produit une première au Royaume-Uni. En effet, pour la première fois depuis la Seconde Guerre mondiale (Churchill entre 1940 et 1945), un Gouvernement de coalition a été mis en place. En effet les législatives de mai 2010 n'ont pas permis de dégager une majorité claire. Un pacte de Gouvernement est donc passé, on l'a dit, entre D. Cameron et N. Clegg. Ces derniers s'engageaient sur un **mandat fixe** et ont même posé (et c'est là le fait inédit) au 7 mai 2015 les futures élections. Ces dernières ont été largement remportées par D. Cameron qui n'a donc plus eu besoin d'une coalition pour gouverner. Rappelons que, le 23 juin 2016, les Britanniques ont voté non par 51,89 % au référendum leur proposant de rester ou non dans l'Union européenne, entraînant la démission de D. Cameron. Theresa May a alors entamé la procédure de retrait le 29 mars 2017 (Brexit).

Les Premiers ministres anglais sous Élisabeth II (1952)

Sir A. Eden	1955-1957	conservateur
H. Mac Millan	1957-1963	conservateur
Sir A. Douglas	1963-1962	conservateur
H. Wilson	1964-1970	travailliste
E. Heath	1970-1974	conservateur
H. Wilson	1974-1976	travailliste
J. Callaghan	1976-1979	travailliste
Mme M. Thatcher	1979-1990	conservateur
J. Major	1990-1997	conservateur
T. Blair	1997-2007	travailliste
G. Brown	2007-2010	travailliste
D. Cameron	2010-2016	conservateur
Mme T. May	2016-	conservateur

8 FICHE

Le régime présidentiel américain

Le régime nord-américain est donc le berceau du régime présidentiel. C'est un régime, théoriquement strict, de séparation des pouvoirs. Le pouvoir exécutif est détenu en intégralité par le président, élu au suffrage universel indirect et irresponsable devant le Parlement. Ce dernier détient de son côté le pouvoir législatif et ne peut être dissous par le président.

Mais le régime américain se distingue aussi par un environnement juridico-politique particulier. C'est d'abord le fédéralisme. Les 50 États américains, États fédérés, bénéficient de deux principes : égalité (juridique et politique entre eux) et autonomie (chacun a sa propre Constitution et ses institutions). Selon le 10e amendement de la Constitution de 1787, l'État fédéral a une compétence d'attribution (diplomatie, défense, économie pour l'essentiel), la compétence de droit commun relevant des États. Ensuite la démocratie américaine connaît aussi le bipartisme, essentiel pour l'élection du président.

Ce régime repose sur trois organes clefs : le Congrès, le président et la Cour suprême.

1 Le Congrès

Il est bicaméral avec la Chambre des représentants et le Sénat.

1. La Chambre des représentants (House of Representatives)

Composée de 435 membres élus (moins qu'en France) pour un mandat de 2 ans (un des plus courts au monde) au scrutin majoritaire uninominal à un tour, quasi proportionnellement au nombre d'habitants. Ce biennat amène, les années paires, un renouvellement systématique à mi-mandat présidentiel. C'est souvent un moment sensible pour ce dernier, générateur même de « cohabitation » (Clinton en 1994, Bush en 2000, Obama en 2010, 2012 et 2015).

2. Le Sénat (Senate)

Il représente les États fédérés de façon égalitaire (2 sénateurs par État) et rassemble 100 sénateurs (3 fois moins qu'en France). Le mandat est de 6 ans avec renouvellement par tiers tous les 2 ans (même jour que la Chambre des représentants). Là encore, B. Obama cohabita dès 2014 avec une majorité républicaine.

3. Organisation et fonctionnement

Le Congrès siège environ 10 mois. La Chambre est présidée par un *speaker*, chef du parti majoritaire. Au Sénat c'est le vice-président américain qui siège très rarement, remplacé le plus souvent par le chef de la majorité sénatoriale. L'organisation des débats au Congrès est basée sur la liberté. Cela débouche le plus souvent sur le « *filibustering* » (obstruction parlementaire) qui peut être levée par un vote à la majorité des 3/5e.

Deux types de commissions existent : permanentes (préparation du travail législatif) et spéciales (enquêtes). Ces dernières ont un pouvoir très important qui en fait de véritables organes judiciaires (ex : commission McCarthy en 1953 ou *Irangate* en 1986).

Il faut signaler aussi un phénomène très développé au Congrès : le *lobbying*. Près de 35 000 groupes de pression (militaro-industriels, pétroliers, religieux...) sont officiellement inscrits et agissent pour favoriser l'adoption de textes de loi en leur faveur ou en faire repousser certains. Le NRA (*National Rifle Association*) est un lobby des armes très puissant.

4. Pouvoirs

a. Les pouvoirs généraux

Le Congrès exerce le pouvoir législatif et l'initiative des lois appartient aux deux Chambres (avec une prédominance des Représentants). Les commissions permanentes ont un rôle essentiel notamment celle des règlements (*Rules Committee*). Tout projet doit avoir l'accord des deux Chambres et une commission de conciliation peut être mise en place. La procédure législative américaine est difficultueuse et, notamment à cause du *filibustering*, un nombre peu important de lois est voté chaque année (à peine 15). On appelle parfois le Congrès le *legilsative cemetery* : cimetière législatif.

En matière budgétaire si le président des États-Unis élabore le budget, c'est le Congrès qui à l'initiative des dépenses et recettes. Le *Budget Control Act*, voté en 1974 (en réaction contre l'*impoundment* = droit pour le président, très utilisé par Nixon, de ne pas exécuter certaines dépenses), donne au *congressmen* le pouvoir de bloquer la mise en œuvre de dépenses votées. Enfin il existe, depuis 1974 aussi, un *Congressional Budget Office* (bureau du budget du congrès), support logistique et technique chargé de prospectives sur les dépenses du Congrès ainsi que sur la dette du Gouvernement. On peut dire que le Congrès détient les cordons de la bourse (*power of the burse*). Certains présidents ont vu leur projet remis en cause voire stopper (ex : Reagan en matière de défense et Clinton en matière de budget des fonctionnaires bloqué en 1995).

Enfin le Congrès détient le pouvoir d'initiative en matière de révision constitutionnelle et partage certaines compétences en matière militaire avec le président (déclaration de guerre par ex).

b. Les pouvoirs spéciaux du Sénat

Ils sont de deux catégories. D'abord le Sénat doit confirmer les nominations présidentielles aux emplois fédéraux de fonctionnaires (environ 70 000 postes). Les infirmations sont rares. Ensuite c'est le Sénat qui donne son avis et son consentement (vote à la majorité des 2/3) aux traités négociés et signés par le président. Les *executive agreements* permettent toutefois au président de contourner le Sénat. Mais le *Case-Zablocki Act* de 1972 l'oblige aussi à communiquer ces *executive agreements* au Sénat pour information.

2 Le président des États-Unis

La Constitution américaine proclame que : « le pouvoir exécutif sera confié à un président des États-Unis d'Amérique ». C'est le *Chief Executive*. Il y a donc un exécutif monocéphale, c'est-à-dire sans Premier ministre ou chef du Gouvernement. Il convient d'étudier le statut et les pouvoirs du président américain.

1. Le statut

Le président, avec son vice-président est élu pour 4 ans au suffrage universel indirect. C'est le ***ticket***, renouvelable une seule fois (amendement de 1947 après les 4 mandats de Roosevelt).

Les présidentielles américaines sont un système compliqué qui dure 1 an et repose pour simplifier sur la **sélection** puis la **compétition** :

- La **sélection** des candidats des partis se décompose en deux temps :
  - D'abord le choix des délégués de chaque parti au sein des États selon la procédure des caucus et des ***primaries*** (primaires). Cela débute en janvier.
  - Puis la réunion de ces mêmes délégués en une **convention** qui désigne leur candidat. Ce dernier va alors prononcer un **discours d'acceptation** qui lui permet aussi de lancer sa campagne et de désigner son vice-président.
- La **compétition** entre les candidats des partis. C'est l'élection présidentielle proprement dite. Le président est élu (en décembre) par les grands électeurs qui ont été élus en novembre dans chaque État.

Ce système électif pose **deux problèmes** :

- D'abord il existe souvent un décalage entre le nombre de mandats recueillis par chaque candidat (= le nombre de grands électeurs) et le pourcentage de voix obtenu par leurs listes de soutien. Ainsi un candidat peut être élu même sans atteindre 50 % des voix (ex : B. Clinton en 1992).
- Second problème, le bipartisme (républicains/démocrates), même s'il est moindre qu'en Grande-Bretagne, empêche l'émergence de candidat indépendant (Ex : R. Perrot en 1992 n'a aucun mandat alors qu'il a environ 20 % des voix).

Liste des présidents américains depuis 1945

Dates du mandat	Président	Parti	Vice-président
1945-1953	H. Truman	démocrate	A. B. Barkley
1953-1961	D. Eisenhower	républicain	R. Nixon
1961-1963	J. F. Kennedy	démocrate	L. B. Johnson
1963-1969	L. B. Johnson	démocrate	H. Humphrey
1969-1974	R. Nixon	républicain	S. Agnew et G. Ford
1974-1977	G. Ford	républicain	N. Rockefeller
1977-1981	J. Carter	démocrate	W. Mondale
1981-1989	R. Reagan	républicain	G. W. Bush père
1989-1993	G. W. Bush père	républicain	D. Quayle
1993-2001	B. W. Clinton	démocrate	A. Gore
2001-2008	G. W. Bush fils	républicain	D. Cheney
2008-2017	B. Obama	démocrate	J. Biden
2017	D. Trump	républicain	M. Pence

Organisation de la présidence : aux côtés du président il y a le Cabinet qui est la « réunion des titulaires des départements ministériels auxquels s'adjoignent les personnalités appelées par le président pour y siéger » (*Lexique, ibid.*). Le nombre des *secretaries* (secrétaires d'État) varie entre 7 et 15. C'est un organe collégial, sans existence constitutionnelle, et sur lequel le président exerce une autorité exclusive. Il y a également des services autour du président des États-Unis : le *White House Office* (conseillers politiques) et *l'Executive Office* (budget, CIA). Le vice-président a surtout un rôle de suppléant.

2. Les pouvoirs

Chief executive, le président a à cet égard des pouvoirs importants dans plusieurs domaines.

- **Domaine réglementaire :** selon la Constitution, le président est en charge de l'exécution des lois (*executive orders)* avec une certaine marge d'appréciation. En 1983, la Cour suprême a mis un frein aux lois d'habilitation que pouvait lui voter le Congrès.
- **Domaine administratif :** le président a autorité sur l'administration fédérale et nomme les fonctionnaires. Les hauts postes doivent être validés, on l'a dit, par le Congrès. En revanche il a, seul, le pouvoir de révocation des fonctionnaires. La technique du *spoil system* (système des dépouilles qui consiste pour chaque nouveau président à changer les fonctionnaires nommés par son prédécesseur) ne concerne plus que les hautes fonctions (10 % des postes environ). En effet depuis la loi de 1883 (*Pendleton act)* c'est le *merit system* (concours) qui prévaut (réactualisé par une loi de 1978 dite *senior executive service).*
- **Domaine diplomatique :** le poids des États-Unis sur la scène internationale lui donne une place prépondérante dans la conduite des affaires étrangères. Le président détermine les grands axes de la politique américaine (négociations internationales, nominations des ambassadeurs, signature des traités). Mais le Congrès, on l'a vu, contrôle certains aspects de la diplomatie présidentielle et partage même certains pouvoirs. Ainsi en matière de traités, c'est le Congrès qui ratifie et peut refuser (ex : rejet du traité d'interdiction des essais nucléaires en 1999). Pour contourner ce risque, le président peut avoir recours aux *executive agreements,* tout de même contrôlés depuis 1972 (*Case acte)* par le Sénat. Le président s'appuie sur son secrétaire d'État aux affaires étrangères. Notons que depuis 1997, trois femmes ont occupé le poste le plus envié du Gouvernement américain (M. Albright, C. Rice et H. Clinton).
- **Domaine militaire :** selon la Constitution, le président dispose de l'armée et possède l'initiative et la conduite des opérations. Cela a amené chaque président à prendre des décisions fortes en la matière : bombardements de Nagasaki et Hiroshima en 1945 (Truman) ; blocus de Cuba en 1962 (Kennedy) ; envahissement du Vietnam en 1965 (Johnson) et du Cambodge en 1969 (Nixon) ; frappes sur le Liban et la Grenade en 1983 (Reagan) ; sur l'Irak en 1993 (Clinton) ; opérations en Afghanistan en 2001 et en Irak en 2003 (Bush) ; élimination de Ben Laden en 2011 (Obama). Pour limiter ce genre d'opération, a été voté le *War Powers Act* en 1973 (information du Congrès et accord de celui-ci pour prolonger l'opération au-delà de 2 mois). La guerre est en revanche déclarée par un vote du Congrès.

3 Les rapports Président/Congrès

La séparation des pouvoirs aux USA est moins rigide qu'il n'y parait. Si les deux pouvoirs sont indépendants l'un de l'autre, ils ont tout de même des rapports sans lesquels le système ne pourrait fonctionner.

1. Les moyens du président sur le Congrès

Il y a souvent communication et parfois négociation (parlementarisme de couloir). Mais surtout le président détient deux principaux pouvoirs.

a. Un droit de veto sur les lois votées par le Congrès

Le président a dix jours pour s'opposer à la promulgation d'une loi votée par le Congrès. Ce dernier peut toutefois lever le veto présidentiel par un vote à la majorité des deux tiers dans chacune des Chambres. Ce veto est aussi utilisé comme moyen de pression par le président lors de l'élaboration des lois. Les présidents américains utilisent beaucoup cette procédure.

Ils ont aussi à leur disposition le *pocket veto* qui permet de ne pas promulguer une loi transmise dans les dix derniers jours de la session du Congrès. Enfin B. Clinton avait inauguré une nouvelle procédure le « veto sélectif ». Elle permettait d'éliminer des clauses favorisant des groupes d'intérêt de certaines lois de finances. La Cour suprême a estimé en 1998 que ce veto était inconstitutionnel.

b. Une initiative législative

Elle repose essentiellement sur le droit de message. C'est celui qu'annuellement le président prononce sur **l'état de l'union**. Il lui permet non seulement d'informer le Congrès sur les grands axes de la politique menée mais aussi de présenter un programme législatif. Mais ce message est avant tout incitatif. Majoritaire, la notion d'indiscipline de vote n'assure pas au président de voir ses projets retenus. Minoritaire, il peut voir ses projets bloqués (ex : Clinton en 1994).

2. Les moyens d'action du Congrès sur le président

On a déjà envisagé les plus classiques. Il s'agit à présent d'en étudier un plus spécifique : *l'impeachment*. C'est une règle qui a été instaurée par la Constitution de 1787. Le président (ainsi d'ailleurs que les fonctionnaires civils) peut donc être mis en accusation, pour « trahison, concussion ou autre crime ou délit grave », par la Chambre des représentants qui les renvoie pour jugement devant le Sénat. Une majorité des deux-tiers du Congrès doit être obtenue.

Cette procédure, politico-judiciaire, n'a jamais abouti mais a été engagée trois fois :

- en 1868 contre A. Johnson, premier président américain à subir une procédure de destitution qui échoue à 1 voix ;
- en 1974 contre R. Nixon qui préfère démissionner avant une destitution certaine (affaire du *Watergate*) ;
- en 1999 contre B. Clinton (affaire Lewinsky), pas de majorité des deux-tiers.

4 La Cour suprême

Selon la Constitution : « le pouvoir judiciaire des États-Unis est dévolu à une Cour suprême ». Elle représente donc l'essentiel du pouvoir judiciaire américain. Il existe aussi des cours de districts et des cours d'appel fédérales. Après le président et le Congrès, c'est le « troisième pilier » du régime américain, et le gardien de la séparation des pouvoirs. Étudions sa composition et son rôle.

1. Composition

La Cour est constituée de neuf juges inamovibles, nommés à vie par le président. Seuls les démissions et les décès peuvent permettre de renouveler les juges. Le président va, en principe, nommer des personnalités, politiquement, moralement voire religieusement, proches de lui. Des présidents ont innové :

- L. Johnson nomme un noir en 1967 ;
- R. Reagan une femme en 1981 ;
- B. Obama une hispanique et une protestante en 2009.

Les nominations doivent être validées par le sénat qui procède à un examen assez poussé des candidats. Des noms ont déjà été refusés. Les juges nommés prêtent serment devant la Cour. Le *Chief justice* préside la Cour (J.-G. Roberts Jr nommé par Geoge W. Bush).

Composition de la Cour suprême américaine

	Âgé de :	Nommé par :	En place depuis :
J. G. Roberts Jr.	56 ans	G. W. Bush	6,5 ans
A. Scalia	76 ans	R. Reagan	25,5 ans
A. Kennedy	75 ans	R. Reagan	24 ans
C. Thomas	63 ans	G. H. W. Bush	20,5 ans
R. B. Ginsburg	79 ans	B. Clinton	19 ans
S. Breyer	73 ans	B. Clinton	18 ans
S. Alito	62 ans	GW Bush	6,5 ans
S. Sotomayor	57 ans	B. Obama	2,5 ans
E. Kagan	51 ans	B. Obama	1,5 an
N. Gorsuch	49 ans	D.Trump	4 mois

On note que les « républicains » sont majoritaires (6 contre 4).

2. Rôle

La Cour est d'abord un juge de constitutionnalité. Le contrôle s'exerce par voie d'exception c'est-à-dire que l'inconstitutionnalité d'une loi ou d'un règlement est soulevée devant tout tribunal fédéral ou fédéré. La décision de la Cour a l'autorité absolue de la chose jugée. Il existe aussi des procédures de contrôle préventif de constitutionnalité, déclenchées soit par un justiciable au cours d'un procès, soit par un tribunal sur procédure de jugement déclaratoire.

La jurisprudence de la Cour est essentiellement protectrice des droits individuels et notamment ceux de la personne (ex : discrimination). Elle a aussi en charge des libertés individuelles (liberté religieuse, d'expression) et des droits fondamentaux (vie humaine, euthanasie, peine de mort). Notons qu'en 2004 elle s'est prononcée sur les mesures prises par G. W. Bush Jr. en matière de terrorisme (Guantanamo), en remettant en partie en cause l'interprétation extensive des pouvoirs présidentiels. Mais la Cour reste tout de même conservatrice sur un certain nombre de points et notamment le sacro-saint droit (il est vrai constitutionnel) de chaque américain de posséder une arme à feu (2e amendement de la Constitution américaine). Assez étonnamment, la Cour suprême a validé le mariage homosexuel le 26 juin 2015. Elle avait fait de même en 2014 avec l'*ObamaCare* (réforme sociale pour les plus démunis). Le 27 juin 2016, elle réaffirme le droit à l'avortement.

La Cour est aussi juge d'appel des juridictions fédérales et aussi fédérées.

On sait que le problème majeur aux USA c'est la judiciarisation croissante de la société. Le droit est envahissant et les procès font flores. Souvent sur des motifs secondaires. Ainsi rappelons qu'un fabricant de micro-ondes fut condamné, dans les années quatre-vingt, car il n'avait pas mentionné dans son mode d'emploi de ne pas mettre d'animal vivant dedans. De même la société Mac Donald's a été condamnée à payer un million de dollars car un client s'était brûlé avec un café trop chaud.

FICHE 9

Le régime chinois

La Chine est l'État le plus peuplé au monde (environ 1,5 milliard d'habitants) qui s'étend de la mer de Chine (Pacifique) au cœur de l'Asie, soit un peu moins de 9,5 millions de km². Elle est divisée en 23 provinces (y compris Taiwan), 5 régions autonomes, 4 zones municipales (avec des « villes-pays » comme Pékin ou Shangai réunissant plus de 16 millions d'habitants) et 2 régions administratives spéciales (Hong-Kong et Macao). Son économie est basée sur l'agriculture (riz, blé, thé) et l'industrie lourde. En 2001 la Chine a accédé à l'Organisation mondiale du commerce.

La République populaire de Chine (RPC) est un État unitaire, voire jacobin, dominé par l'ethnie majoritaire (90 %) des *Han*. Le niveau local est découpé en : province, district, canton, bourg, villages (plus de 800 000). Après des siècles impériaux, c'est en 1911 que Sun Yat-Sen proclame la république en Chine. Mao Zedong fonde la RPC en 1949 qui est reconnue par les Nations unies en 1971.

L'art. 1er de la dernière Constitution chinoise (4 décembre 1982, modifiée en 1988, 1993, 1999 et 2004) définit la Chine comme : État socialiste de dictature démocratique populaire, dirigé par la classe ouvrière et basé sur l'alliance des ouvriers et des paysans. Le régime socialiste est le système fondamental de la RPC et il est interdit à toute organisation ou à tout individu de lui porter atteinte.

La RPC est institutionnellement basée sur un triptyque : parti, État, armée.

1 Le Parti communiste chinois (PCC)

Institution de sélection des élites, il a la maîtrise des règles de compétition politique. C'est le plus grand parti de masse au monde (environ 80 millions de membres). Il se décompose en 5 organes majeurs.

1. Le Congrès

Réuni tous les 5 ans, les candidats y sont d'abord « recommandés » puis choisis selon un procédé d'élection/nomination complexe mais traditionnel dans un régime autoritaire. Il est composé de plus de 2000 délégués qui se réunissent au **Grand Palais du Peuple** à Pékin au début de l'automne. C'est le lieu où se déroulent les principaux changements politiques et de dirigeants. Les délégués ont pour mission essentielle d'« élire » le Comité central.

2. Le Comité central

Composé d'environ 204 permanents (167 suppléants) représentant le parti mais aussi l'État et l'armée. Son rôle majeur est de nommer le Bureau politique mais aussi de fixer les orientations politiques nationales et de nommer le secrétaire général. Hu Jintao a innové en supprimant la réunion estivale des dirigeants à Beidaihe et en médiatisant la session plénière.

3. La Commission centrale pour l'inspection de la discipline

Elle enquête sur les suspects de corruption ou d'indiscipline au sein du PCC.

4. Le Bureau politique

Composé d'une vingtaine de membres, hauts fonctionnaires de l'État et de l'Armée, il dirige le Parti. Cela implique d'en fixer les principales orientations et de nommer les principaux hauts-fonctionnaires. De facto c'est l'organe dirigeant majeur de la RPC. Ce Bureau Politique a un comité permanent présidé, depuis 1982, par le secrétaire général. Il est le cœur du pouvoir politique et partisan (9 ou 10 membres).

5. Le Secrétaire général

Il est le plus haut dirigeant du Parti et il équivaut au chef de l'État. Ce titre est apparu en 1982 (avant il s'agissait du président du Comité central).

Présidents du Comité central puis Secrétaires généraux

Présidents du Comité (avant 1982)	Mao Zedoung	1945-1976
	Hua Guofeng	1976-1981
	Hu Yaobang	1981-1982
Secrétaires généraux (depuis 1982)	Hu Yaobang	1982-1987
	Zhao Ziyang	1987-1989
	Jiang Zemin	1989-2002
	Hu Jintao	2002-2012
	Xi Jinping	2012

6. La Commission militaire centrale

Elle assure le commandement de l'Armée populaire de libération et, avec le ministère compétent, de la police armée du peuple. Le président de cette commission est un des personnages les plus influents du régime chinois. En ayant cette seule fonction de 1981 à 1989, Deng Xiaoping fut le véritable chef du régime. Depuis 1993, les postes de président de la Commission, de président de la République populaire et de secrétaire général sont exercées par un même homme : Jiang Zemin, Hu Jintao et Xi Jinping.

Tableau de la présidence de la Commission

Mao Zedong	1943-1976
Hua Guofeng	1976-1981
Deng Xiaoping	1981-1989
Jiang Zemin	1989-2004
Hu Jintao	2004-2012
Xi Jinping	2012

À ces cinq organes centraux et essentiels au fonctionnement du régime, s'ajoutent des institutions plus secondaires : le département de Liaison international, le Front uni (rassemblant 8 pseudos petits **partis politiques démocratiques**), le Département de la propagande, l'École centrale du parti, la Ligue des jeunesses communistes. On note donc que le PCC est la clef de voûte du régime. Il est censé représenter selon la Constitution : « les forces progressistes chinoises, la culture d'avant-garde et les intérêts fondamentaux de la très grande majorité du peuple chinois ». En d'autres termes « un parti de tout le peuple » (ou « tout le peuple dans un parti »).

2 L'État

C'est une conception différente de celle connue en Occident. Par État, il faut entendre les structures institutionnelles étatiques chinoises. Elles sont de plusieurs ordres.

1. L'Assemblée nationale populaire (ANP)

Selon la Constitution chinoise elle est « *l'organe suprême de l'État* ». Elle est composée de quelque 3 000 délégués élus par les assemblées locales. Son mandat est de 5 ans et se réunit une fois par an, en mars, dans un immeuble géant Place Tiananmen. Elle exerce théoriquement les missions classiques d'un parlement : vote des lois et du budget, élection du président et du vice-président de la RPC, désignation du Premier ministre et du Gouvernement. Une dizaine de commissions la compose. L'absence d'un véritable système électif démocratique pluraliste donne à l'Assemblée nationale seulement un aspect de parlementarisme. Au surplus il n'y a aucun débat contradictoire.

2. Le Gouvernement

Il s'agit plus exactement du **Conseil des affaires de l'État**. Il est composé d'une quarantaine de ministres et vice-ministres, de 5 conseillers d'État, de 4 vice-premiers ministres et du Premier ministre. Ce dernier préside les réunions exécutives et plénières (= conseil des ministres) et a la responsabilité de la bureaucratie civile chinoise. Il n'a aucune compétence en matière militaire. Enfin le Premier ministre est en principe le n° 2 voire 3 du parti.

Premiers ministres chinois

Zhou Enlai	1949-1976
Hua Guofeng	1976-1980
Zhao Ziyang	1980-1987
Li Peng	1987-1998
Zhu Rongji	1998-2003
Wen Jiabao	2003-2013
Li Kegiang	2013

Le Gouvernement chinois a pour fonctions principales : élaboration du budget, proposition des lois, fixation des attributions ministérielles, direction des organes administratifs locaux.

3. Le Président de la République populaire de Chine (PRPC)

La fonction a eu plusieurs appellations et il serait plus exact de dire chef de l'État. C'est une fonction avant tout honorifique. Le PRPC est élu par l'Assemblée nationale pour 5 ans, renouvelable une seule fois consécutivement. Comme dans tout régime autoritaire c'est une élection avec un seul candidat, désigné préalablement par le parti. Depuis les années quatre-vingt-dix, le président cumule en principe les fonctions de chef du parti et de président de la CMC.

Chefs d'État ou présidents chinois

Mao Zedoung	1949-1959
Liu Shaoqui	1959-1968
Dong Biwu	1968-1975
Zhu De	1975-1976
vacance du poste	1976-1978
Ye Jianying	1978-1983
Li Xianniou	1983-1988
Yong Shangkun	1988-1993
Jiang Zemin	1993 2003
Hu Jintao	2003-2013
Xi Jinping	2013

3 L'armée

Il s'agit de l'**Armée populaire de Chine (APL)**. Elle est dirigée par la Commission militaire centrale de l'État (CMDE). Mais elle est subordonnée à son alter ego du parti (CMC) vue plus haut.

Le pouvoir de l'armée en Chine a changé. Notamment parce que depuis Jiang Zemin, les responsables chinois n'ont pas l'expérience militaire de leurs prédécesseurs. L'APL a désormais un rôle secondaire dans la procédure de succession au sommet de l'État et du parti. L'armée n'a pas vocation à être une alternative politique en Chine. Avec près de 2 millions de soldats actifs, elle est la plus importante au monde. Selon la Constitution elle a quatre missions principales :

- garantir la position dominante du parti ;
- garantir la « période d'opportunité stratégique pour le développement national » ;
- garantir un « soutien stratégique pour la défense des intérêts nationaux » ;
- jouer « un rôle important dans la sauvegarde de la paix mondiale et la promotion du développement mutuel ».

Si le régime chinois reste un système autoritaire, la Constitution de 1982 a laissé tomber une partie de sa rhétorique révolutionnaire. Elle a reconnu certains droits et principes méconnus jusqu'à là :

- diversité des droits de propriété (1988) ;
- passage à l'économie socialiste de marché (1993) ;
- notion d'État de droit (1999) ;
- respect du droit de propriété privée (2004).

4 Le système judiciaire

Le 18e Congrès du PCC aura renouvelé environ 60 % de l'élite politique chinoise. La nouvelle fera-t-elle évoluer le régime ? Pour la première fois de son histoire moderne, la Chine connaît des tensions sociales fortes qui pourraient accélérer les choses.

Il reste que la Chine ne connaît pas vraiment de **pouvoir judiciaire**. Le système judiciaire chinois repose sur la défense de l'ordre public et non sur les droits des individus. La Constitution de 1982 a posé certains principes du droit à la défense judiciaire et en 1994 la loi de Procédure administrative permet théoriquement aux citoyens de poursuivre les autorités publiques. Il existe trois institutions judiciaires :

- les tribunaux populaires locaux ;
- la sécurité publique (police) ;
- le Parquet populaire.

Le tout est soumis à la Cour populaire suprême (dont le rôle est essentiellement d'approuver les condamnations à mort). La Chine est le seul pays de cette envergure à n'avoir aucune justice constitutionnelle. Même si un amendement de 2004 énonce que l'État doit protéger les droits de l'homme, Amnesty International recense chaque année des milliers de prisonniers politiques, des centaines d'exécution et des dizaines de cas de torture. La Cour elle-même a indiqué que pour 2014 le taux de condamnations était de 99,93 % (record du monde).

À noter que le président Xi Jinping a débuté une croisade anti-corruption au sein du PCC.

ENTRAÎNEMENT

ENTRAÎNEMENT

LES NOTIONS CLÉS

Le régime britannique

- Régime parlementaire
- Bipartisme
- Couronne
- Cabinet
- Chambre des communes
- Chambre des lords

Le régime américain

- Régime présidentiel
- Primaires
- *Impeachment*
- Congrès américain
- Cour suprême
- Fédéralisme

Le régime chinois

- Dictature démocratique populaire
- Parti communiste chinois
- Assemblée nationale populaire
- Président de la république populaire chinoise
- Armée populaire de Chine
- Commission militaire centrale de l'État

CONSEILS BIBLIOGRAPHIQUES

Le régime britannique

- B. Cottret, *Histoire de l'Angleterre de Guillaume le Conquérant à nos jours,* Tallandier.
- P. Kinder-Gest, *Les Institutions britanniques,* Que-sais-je ?, PUF.
- D. Frison, *Introduction au droit anglais et aux institutions britanniques,* Ellipses.
- S. Halimi, *Les Institutions politiques au Royaume-Uni. Hommage à Monica Charlot,* Presses Sorbonne Nouvelle (Monica Charlot était l'un des meilleurs spécialistes français du R.-U.).
- S. Pierré-Caps, *Les Institutions du Royaume-Uni,* La Documentation française.
- D. Turpin, *Le Régime parlementaire,* Dalloz.

Le régime américain

- Les ouvrages d'A. Kaspi (un des meilleurs spécialistes français des États-Unis). notamment *La Vie politique aux États-Unis,* A. Colin et *Les Présidents américains,* Taillandier.
- M.-F. Toinet, *Le Système politique des États-Unis,* PUF ; *La Présidence américaine,* Montchrestien.
- R. Rémond, *Histoire des États-Unis,* Que sais-je ?, PUF.
- B. Cottret, *La Révolution américaine,* Perrin.
- Revue *Pouvoirs,* n° 59, « La Cour suprême ».
- P. Boniface et C. Lepri, *50 Idées reçues sur les États-Unis,* Hachette Littérature.
- N. Bacharan, *Faut-il avoir peur de l'Amérique ?,* Perrin ; *Le Petit Livre des élections américaines,* Ed. du Panama.
- E. Zoller, *Histoire du gouvernement présidentiel des États-Unis,* Dalloz.

Le régime chinois

- J.-L. Domenach, *Chine : l'archipel oublié,* Fayard ; *La Chine m'inquiète*, Perrin ; *Comprendre la Chine*, Tempus.
- A. Peyrefitte, *Quand la Chine s'éveillera, le monde tremblera,* Fayard (1973); *La Chine s'est éveillée,* Fayard (1997).
- S. Balme, *La Chine. Idées reçues,* Le Cavalier Bleu ; *Entre soi. L'élite des pouvoirs de la Chine contemporaine,* Fayard.
- A. Chieng et J.-P. Betbèze, *Les 100 Mots de la Chine,* Que-sais-je ?, PUF.
- A. Roux, *La Chine du XXe siècle,* A. Colin.
- P. Gentelle, *Chine. Un continent... et au-delà ?,* La Documentation française.
- E. Izraelewicz, *L'Arrogance chinoise,* Grasset.

Dissertation

Sujet : Le président des États-Unis

QCM

1. Le Royaume-Uni a développé un système parlementaire dès :
❒ 1215 ❒ 1415 ❒ 1555

2. La monarchie britannique est incarnée par Élisabeth II qui a accédé au trône en :
❒ 1942 ❒ 1952 ❒ 1962

3. Quand la reine lit le discours du trône c'est :
❒ Son discours ❒ Celui du Premier ministre ❒ Celui du Speaker

4. Le bipartisme britannique interdit toute coalition au pouvoir :
❒ Vrai ❒ Faux

5. Dans la liste proposée, qui n'a jamais été Premier ministre d'Élisabeth II :
❒ Churchill ❒ Eden ❒ Mc Millan ❒ Major

6. Le Premier ministre anglais est élu par la Chambre des lords :
❒ Vrai ❒ Faux

7. La Chine est constitutionnellement une dictature :
❒ Vrai ❒ Faux

8. Parmi les organes de l'État chinois quel est l'intrus :
❒ PRPC ❒ Gouvernement ❒ PCC ❒ ANP

9. L'actuel président de la Chine est :
❒ Wen Jibaou ❒ Xi Jinping ❒ Hu Jintao

10. La Constitution de la Chine date de :
❒ 1936 ❒ 1954 ❒ 1982

ENTRAÎNEMENT

CORRIGÉS

- **Dissertation**

Introduction

Le président américain est, avec le Congrès, l'institution majeure du régime des États-Unis. Son importance est telle qu'il a inspiré directement le nom du régime : **présidentiel**. Ce dernier applique une séparation assez stricte des pouvoirs, entre le Congrès et le Président, arbitrée par la Cour suprême. Le président des États-Unis est chargé par la Constitution de l'exercice du pouvoir exécutif dont il est l'élément clef. On parle d'ailleurs d'un exécutif monocéphale.

Le poids du président américain se mesure par son statut (I) mais aussi par ses pouvoirs (II).

Le statut présidentiel

A – Électoral : élection présidentielle, caucus, primaires...

B – Organisation et fonctionnement de la présidence : vice-président, *cabinet*

Un certain nombre de pouvoirs sont au service de ce statut.

Les pouvoirs présidentiels

A – En matière intérieure : pouvoir réglementaire, chef de l'administration

B – En matière extérieure et de défense : traités, engagement de troupes...

Conclusion

Si B. Obama a été réélu, il doit toujours cohabiter avec une majorité républicaine à la Chambre des représentants et au Sénat.

- **QCM**

1. **1215.** C'est la plus ancienne monarchie parlementaire du monde.
2. **1958.** La reine entre en fonction, à la suite du décès de son père Georges VI, le 6 février 1952. Elle fut couronnée le 2 juin 1953.
3. **Premier ministre.** C'est le seul discours public que prononce la reine et il est écrit par le Premier ministre.
4. **Faux.** En 2010 D. Cameron a « cohabité » avec Nick Clegg (démocrate libéral), vice-Premier ministre jusqu'en 2015.
5. **Chruchill.** Attlee qui a été Premier ministre de 1947 à 1951. Tous les autres ont œuvré sous Élisabeth II.
6. **Faux.** La reine choisit le leader de la Chambre des communes.
7. **Vrai.** L'art. 1 de la Constitution de 1982 présente la Chine comme un état socialiste de dictature démocratique.
8. **Parti communiste chinois.** Le PCC est l'organe suprême qui sélectionne les élites. Les autres sont des organes de gouvernement.
9. **Xi Jinping.** Il a succédé à Hu Jintao (2003-2013).
10. **1982.** Par la suite elle a été révisée en 1988, 1993, 1999 et 2004.

SOUS-PARTIE 4

Les institutions françaises de 1789 à 1958

Nous aborderons ici une période essentielle de l'histoire de France, celle de l'implantation, progressive, de la République et de la démocratie.

À la suite de la Révolution, cinq Républiques vont se succéder. La Révolution est cette période clef qui a permis à la France de **passer de l'ombre à la lumière**. Elle a aboli la monarchie absolue, la société d'ordres et de privilèges. Elle a ouvert la voie aux principes démocratiques et républicains.

Qu'est-ce qu'une Révolution ? Selon le philosophe Lévy-Bruhl, c'est un « brusque mouvement social sans observer les formes légales, ayant pour but et pour résultat la substitution d'un régime légal à un autre ». C'est, en d'autres termes, le peuple qui se soulève contre l'oppression du pouvoir en place pour le remplacer par un autre. Les révolutions du **Printemps arabe**, débutées durant l'hiver 2010, en sont un autre exemple.

Nous étudierons ici deux périodes : 1789-1870 : période d'implantation de la démocratie et du parlementarisme ; 1870-1958 : avènement de la République parlementaire.

10. La période 1789-1870 : vers l'implantation de la démocratie et du régime parlementaire 60

11. La période 1870-1958 : l'avènement de la république parlementaire 66

10 FICHE

La période 1789-1870 : vers l'implantation de la démocratie et du régime parlementaire

Cette période se décompose en quatre époques qui préfigurent la République.

1 1789-1795

C'est la période dite « révolutionnaire », inspirée des idées des **Lumières** et notamment de Montesquieu et Rousseau. Parmi les nombreux événements générés par la Révolution, on en retiendra deux principaux : une Constitution et une République.

1. La première Constitution française du 14 septembre 1791

Précédée de la Déclaration des droits de l'homme de 1789, elle est la première Constitution française écrite transférant la souveraineté du roi à la nation qui seule détient la souveraineté nationale. Assez largement inspirée de la déclaration de Philadelphie, elle consacre une monarchie constitutionnelle limitée avec une organisation des pouvoirs basée sur le **Corps législatif** et sur un **roi des Français** (et non plus **de France**).

Ce **Corps**, véritable assemblée nationale, est nommé (sur la base d'un suffrage censitaire) pour 2 ans, siège en permanence et ne peut être dissous par le roi. La séparation entre les deux pouvoirs est très stricte. C'est donc vers une sorte de régime présidentiel que l'on s'oriente. Mais le roi utilise assez souvent son droit de veto suspensif sur la loi. La pratique s'oriente vers un régime d'assemblée.

Le 10 août 1792, en réaction, l'assemblée décide de s'attribuer tous les pouvoirs et de rédiger une nouvelle Constitution. Le 20 septembre est un tournant historique : la **Convention** (nouveau nom de l'assemblée) abolit la monarchie et établit la République. Quatre mois plus tard Louis XVI est guillotiné « pour que la patrie vive » (Robespierre).

2. La Première République française

Elle est basée sur deux éléments.

a. La période montagnarde

Le **24 juin 1793** la Convention vote une nouvelle Constitution : celle de l'an I de la République dite **Constitution montagnarde.** Largement inspirée par Robespierre, elle est précédée d'une déclaration de droits sociaux. La souveraineté y est **populaire** d'où le recours à un régime d'assemblée et à la démocratie semi-directe. Une assemblée unique, le Corps législatif, est élue pour un an au suffrage universel (pour la première fois en France) et détient l'essentiel des pouvoirs. À ses côtés il y a un Conseil exécutif qu'elle nomme pour deux ans (et révoque à sa guise) et qui est constitué de ministres. Il est chargé exclusivement de faire exécuter les lois. Cette Constitution de 1793 instaure un mécanisme de démocratie semi-directe par le biais du veto populaire sur les lois. Un référendum peut compléter l'opération.

b. Le gouvernement révolutionnaire

Des menaces extérieures (Angleterre, Autriche) et intérieures (guerre de Vendée) visent la France. Le 17 octobre 1793 la Convention déclare « le gouvernement sera révolutionnaire jusqu'à la paix ». Mais sous l'impulsion notamment de Robespierre, ce Gouvernement devient une dictature incarnée par le **Comité de salut public**, le 6 avril 1793. La Convention est débordée et la **Terreur** est déclenchée contre les ennemis de la Révolution. Le 10 juin 1794 Robespierre fait voter la loi du 22 Prairial An II, dite **Grande Terreur**, qui théorise la dictature. Cette dernière prend fin avec la réaction de la Convention qui, le 27 juillet (9 Thermidor An II) vote l'exécution de Robespierre, de ses derniers fidèles et démantèle le Comité de salut public.

2 1795-1814

Deux temps sont à analyser ici.

1. La Constitution du 22 août 1795 (5 fructidor An II)

En réaction à la **Terreur,** elle met en place un système de séparation très stricte des pouvoirs, de bicamérisme et d'encadrement de l'exécutif. Elle est une des plus longues de notre histoire (377 articles). Deux organes majeurs sont à relever.

a. Les Conseils

Symboles du bicamérisme, ils sont au nombre de deux. D'abord le **Conseil des Cinq-Cents** puis le **Conseil des Anciens** (150 membres). Élus au suffrage censitaire et indirect, ils sont renouvelables annuellement par tiers. Seul l'exécutif (le Directoire) peut les dissoudre. Le Conseil des Cinq-Cents vote la loi que le Conseil des Anciens ne peut qu'approuver ou rejeter sans l'amender.

b. Le Directoire

C'est un organe collégial de 5 membres, élu par le Conseil des Anciens sur proposition de celui des Cinq-Cents, et qui détient le pouvoir exécutif. Un nouveau membre est renouvelé annuellement. La présidence du directoire se fait à tour de rôle tous les trois mois. Le directoire nomme et révoque les ministres qui sont irresponsables devant les conseils.

Ce système, rigide, fonctionne cinq ans. Les élections de l'an V, amenant une majorité modérée au Conseil des Cinq-Cents, vont attiser des tensions entre les pouvoirs. C'est alors le coup d'État du 9 novembre 1799 (18 Brumaire) déclenché par Bonaparte qui prend le pouvoir. On estime que l'avènement de ce dernier clôt la Révolution.

2. La Constitution du 13 décembre 1799 (22 Frimaire an VIII)

Les institutions ne convenant pas au dessein autoritaire de Bonaparte, celui-ci met en place de nouvelles institutions. Rédigée essentiellement par Sieyès, c'est une des plus brèves constitutions que la France ait connue (95 articles). Elle ne contient aucune déclaration de droit. Plusieurs éléments sont à retenir.

a. Le pouvoir de suffrage relégué

C'est un système de « **listes de confiance** » (désignées par des notables et au sein desquelles l'exécutif choisit ceux aptes à exercer des fonctions représentatives) qui est instauré. Napoléon fait aussi mettre en place un système de plébiscite visant à faire parfois approuver par le corps électoral ses décisions.

b. Une autorité législative quadricaméral

Refusant tout pouvoir susceptible de contester son autorité, les institutions napoléoniennes ont mis en place quatre organes : le **Corps législatif** (300 membres), le **Tribunat** (100 membres) choisis par le Sénat, le **Conseil d'État** et ledit **Sénat** (ce dernier dit **conservateur** a pour rôle de préserver la Constitution et d'assister le premier consul). L'unique mission des assemblées (Corps législatif et Tribunat) est d'être une machine à voter. En effet l'initiative des lois relève du Gouvernement qui prépare aussi les textes (avec le relais technique du Conseil d'État).

c. La dictature de l'exécutif

L'exécutif est dans un premier temps confié à trois consuls nommés pour dix ans par le Sénat et rééligibles : Bonaparte, Cambacérès et Lebrun. Mais la réalité du pouvoir est aux mains de Bonaparte, les deux autres se contentant d'émettre des avis. Il gouverne essentiellement avec l'aide du Conseil d'État et du Sénat. Deux axes majeurs fondent sa politique : guerre à l'extérieur et dictature exécutive à l'intérieur (suppression des principales libertés : presse, réunion...). Il y a cependant une importante œuvre codificatrice entre 1804 et 1810 (codes civil, de procédure civile, pénal, d'instruction criminelle et de commerce). Ces codes, actualisés depuis, ont toujours cours.

Le 2 août 1802 (14 Thermidor an X) un sénatus-consulte (sorte de décret-loi) nomme Bonaparte consul à vie et celui du 18 mai 1804 (28 Floréal an XII) proclame l'Empire. Seule la défaite militaire d'avril 1814 contraindra l'empereur à une abdication provisoire, le 6 avril.

3 1814-1848

Ce sont deux périodes qui se succèdent et qui vont poser les bases du régime parlementaire en France : Restauration et Monarchie de Juillet. On parle aussi du « temps des chartes ».

1. La charte constitutionnelle du 4 juin 1814

On évoque parfois la première restauration. Cette charte, **octroyée** par le roi Louis XVIII qui a succédé à Napoléon Ier, définit deux organes principaux.

a. Le roi

Selon la charte, **le pouvoir exécutif lui appartient.** Mais le monarque est inviolable et irresponsable politiquement. Il a toutefois une série de pouvoirs théoriquement importants (choix et démission des ministres, force armée, message aux Chambres, proposition, veto, exécution des lois, dissolution, ordonnances). Mais le contreseing ministériel sur tous ses actes leur enlève toute effectivité. C'est un monarque parlementaire.

Les ministres, pour l'essentiel, assistent le roi et ne sont pas politiquement responsables devant les Chambres. Ils peuvent être membres de ces dernières.

b. Un parlement bicaméral

Inspiré du système britannique (où Louis XVIII a été en exil) il comprend donc deux organes. D'abord la **Chambre des pairs** dont les membres, héréditaires ou à vie, sont nommés par le roi. Ensuite la **Chambre des députés** élue pour cinq ans au suffrage censitaire et renouvelable annuellement par cinquième. Ce parlement vote la loi et notamment l'impôt. Une ébauche de contrôle parlementaire voit le jour : vote annuel de l'**Adresse** en réplique au discours du Trône, enquêtes, questions aux ministres.

Cette charte, équilibrée, fonctionne assez bien jusqu'au retour de Napoléon de l'Île d'Elbe avec les **100 jours** et l'acte additionnel du 22 avril 1815 écrit par Benjamin Constant. C'est **l'empire selon la charte** car elle est très inspirée de celle de 1814. Son application est courte et cesse avec la seconde abdication définitive de l'empereur suite à la défaite de Waterloo le 18 juin 1815. Il est exilé à l'île d'Elbe.

En 1824 Louis XVIII décède et c'est son frère Charles X qui lui succède. Il est antiparlementaire et va tenter un coup de force en 1830. Cela déclenche les « Trois Glorieuses » (journées révolutionnaires des 27, 28 et 29 juillet 1830). Charles X est contraint à l'exil et c'est une nouvelle charte qui est adoptée.

2. La charte du 4 août 1830 : monarchie de Juillet

Le nouveau **roi des Français** est Louis-Philippe Ier qui fut un partisan des idées révolutionnaires. La charte est un pacte entre le monarque et le Parlement et elle ressemble à celle de 1814.

Dans l'ensemble les pouvoirs royaux sont similaires à ceux d'avant. Deux différences : le roi ne nomme plus le président de l'assemblée et son droit d'ordonnances est limité. Louis-Philippe symbolise le personnalisme royal et va régner 18 ans. Il crée dans la pratique la fonction de chef de Gouvernement (confiée à Laffitte, Casimir-Perrier, Soult, Thiers, Molé). Louis-Philippe va s'occuper essentiellement de politique étrangère. Mais il va aussi, dès 1840, se montrer habile à constituer des ministères de cohabitation qui empêchent le bon fonctionnement du régime. Il sera le dernier monarque à régner en France.

Quant aux Chambres elles héritent d'un droit d'initiative législative et le droit d'interpellation des ministres est officialisé. La question de confiance commence à se développer et elle génère, en pratique, une responsabilité gouvernementale (6 Gouvernements sur 16 ont été censurés).

Mais, notamment en raison de la politique trop libérale de Guizot, une crise économique et sociale éclate qui déclenche la révolution de février 1848.

4 1848-1870

La révolution de 1848 est essentiellement parisienne et ouvrière mais elle va, paradoxalement, amener à la Deuxième République. Et cela en deux temps.

1. La Constitution du 4 novembre 1848

Inspirée de la Constitution américaine, elle est précédée d'une liste de droits et devoirs (avec notamment le **droit au travail**). Mais surtout elle propose, voire oppose, deux pouvoirs strictement séparés.

a. Le pouvoir législatif

Il est exercé par une assemblée unique regroupant 750 membres (record républicain), élus pour 3 ans au suffrage universel direct masculin. La fonction parlementaire est incompatible avec toute activité publique et, pour la première fois, rétribuée. L'assemblée siège en permanence pour voter les lois mais elle ne peut renverser le Gouvernement.

b. Le pouvoir exécutif

Il est confié, pour la première fois, à un **président de la République**, élu au suffrage universel direct, pour 4 ans, rééligible non consécutivement. Parmi ses principaux pouvoirs il y a le choix et la révocation des ministres. Il n'a pas le droit de dissolution. Un vice-président est prévu avec un rôle exclusif d'intérimaire (M. Boulay de la Meuthe). C'est Louis-Napoléon Bonaparte qui est largement élu le 4 novembre 1848.

Cette Constitution fait la part trop belle au président de la République qui, bonapartisme oblige, va faire un coup de force et rétablir l'empire.

2. Le Second Empire

Le 2 décembre 1851 voit éclater un coup d'État fomenté par Louis-Napoléon Bonaparte qui, avec l'aval populaire, met fin à la Deuxième République et rétablit le césarisme. Une **Constitution nouvelle** est mise en **place le 14 janvier 1852.** D'inspiration parlementaire, elle définit trois types de pouvoirs.

a. L'exécutif

Il s'agit essentiellement du président de la République qui « gouverne au moyen de ses ministres, du Conseil d'État, du Sénat et du Corps législatif ». Curieusement « la puissance législative s'exerce collectivement par le président de la République ». Élu pour dix ans, le président est responsable devant le peuple auquel il peut toujours faire appel (plébiscite). Il a une série de pouvoirs importants : chef de l'État, des armées, nomination à tous les hauts emplois publics, diplomatie, initiative et promulgation et exécution des lois. Hormis la nomination et la révocation des ministres, tous les actes présidentiels sont contresignés par un ministre.

b. Le législatif

Ce sont deux organes. D'abord le Sénat, choisi par l'exécutif (parmi des notables), qui est « le gardien du pacte fondamental et des libertés publiques ». Aucune loi ne peut être promulguée sans qu'il l'ait avalisé. Il peut prendre des ***sénatus-consultes*** pour compléter ou interpréter la Constitution. Il peut aussi proposer des révisions de cette dernière. Le Sénat est donc chargé, pour la première fois en France, d'un contrôle de constitutionnalité.

Le second élément du législatif est le **Corps législatif**. Composé de 261 membres, élus pour 6 ans, il discute et vote les lois ainsi que le budget. Son droit d'amendement est restreint.

c. Le Conseil d'État

Présidé par le chef de l'État qui en nomme les membres, il a pour rôle essentiel de rédiger les projets de loi et de les soutenir devant le législatif.

Ce schéma ne dure pas puisque l'Empire est rétabli par le ***sénatus-consulte*** (Constitution-bis) **du 7 novembre 1852.** Louis-Napoléon Bonaparte devient Napoléon III. Le régime posé est autoritaire. C'est le Second Empire. Mais à partir de 1860, on assiste à une « reparlementarisation » progressive du régime. Le **Corps législatif** retrouve des prérogatives (questions, droit d'amendement, interpellation). Sentant monter la contestation sociale, Napoléon III appelle au pouvoir Émile Ollivier, comme président du Conseil, le 2 janvier 1870. Sous son impulsion, le *sénatus-consulte* du 21 mai 1870 donne au régime une orientation libérale et parlementaire. Mais la défaite militaire de Sedan, le 1er septembre 1870, met fin à l'Empire. Napoléon III part en exil en Angleterre où il décède en 1873.

À partir de cette date, la France va devenir une république parlementaire.

11 FICHE

La période 1870-1958 : l'avènement de la république parlementaire

Dans le sillage de la défaite militaire, la République est proclamée le 4 septembre 1870 par le **Gouvernement de la Défense nationale** présidé par le général Trochu. Mais la défense du territoire contre les troupes prussiennes est inefficace et la reddition du maréchal Bazaine, le 27 octobre, annihile la résistance organisée par Léon Gambetta. Le 28 janvier 1871 c'est la signature de l'armistice. **Dans celui-ci est aussi prévue une assemblée** qui doit d'abord conclure la paix puis avoir vocation constituante. Avant d'avoir une Constitution en 1875, cette république naissante va reposer sur plusieurs textes essentiels. Nonobstant la période dite « de Vichy », elle durera jusqu'en 1946.

1 La préparation des lois constitutionnelles de 1875

Plusieurs lois « préparatoires » vont se succéder formant un corpus constitutionnel.

1. La résolution du 17 février 1871 : le Gouvernement de Thiers

Thiers est le leader de la majorité parlementaire, conservatrice, ayant gagné les élections. Le 17 février 1871 l'Assemblée vote donc une résolution lui conférant le titre de chef du pouvoir exécutif. Il est censé gouverner « sous l'autorité de l'Assemblée » avec des ministres qu'il choisit. Ayant mis fin à la **Commune de Paris**, Thiers jouit d'un grand prestige, d'une forte autorité et s'approprie l'essentiel de l'exécutif. C'est un régime de confusion des pouvoirs. Dans l'espoir d'une restauration monarchique, l'assemblée organise un régime provisoire basé sur 4 lois constitutionnelles en préparation et un amendement.

2. La loi du 31 août 1871 ou Constitution Rivet

À l'initiative du député Rivet, elle prévoit essentiellement que le chef de l'exécutif prend le titre de « président de la République française ». Le pouvoir souverain est censé appartenir à l'Assemblée. Thiers est le président en exercice à titre provisoire car l'Assemblée, monarchiste, ne veut pas garder le modèle républicain. Il est dépendant de l'Assemblée et responsable, comme ses ministres, devant elle. Mais Thiers, converti à la République, y impose le plus souvent ses vues, notamment par ses talents oratoires. Ce qui génère des conflits. En tout état de cause, Thiers est la premier président de la IIIe République française.

3. La loi du 13 mars 1873 ou Constitution de Broglie

Afin de contrer la prééminence de Thiers, l'Assemblée vote une loi pour le « soumettre ». Sous l'impulsion du député de Broglie, ce texte interdit au président de la République d'intervenir directement devant l'Assemblée en matière de politique étrangère. Pour le reste il doit faire lire un message par un ministre. C'est ce que l'intéressé appellera « le cérémonial chinois ». Cette procédure perdurera jusqu'en 2008 date de la révision constitutionnelle qui permettra à N. Sarkozy de venir prononcer un discours devant le Congrès du Parlement le 22 juin 2009. Tout comme F. Hollande le 16 novembre 2015 et E. Macron le 3 juin 2017.

À l'occasion d'une nouvelle mise en jeu de sa responsabilité, Thiers est censuré par la majorité monarchiste le 24 mai 1873. Il démissionne et est remplacé par le maréchal de Mac-Mahon.

4. La loi du septennat du 20 novembre 1873

Via Mac-Mahon, peu influent, la majorité veut réinstaurer la monarchie et préparer l'avènement du comte de Chambord. Faute d'y parvenir elle décide de prolonger le régime provisoire en votant le septennat personnel pour Mac-Mahon : « le pouvoir exécutif est confié pour sept ans au maréchal Mac-Mahon, duc de Magenta ». Ce septennat restera en place jusqu'en 2000 puis sera remplacé par le quinquennat. Cette loi de 1873 mit aussi en place une commission chargée d'étudier une Constitution pour la France.

5. L'amendement Wallon du 30 janvier 1875

La commission a établi un projet de lois constitutionnelles. Le député Wallon fait adopter à une voix de majorité que : « le président de la République [...] est élu à la majorité absolue des suffrages par le Sénat et la Chambre des députés réunis en Assemblée nationale ». Le septennat devient donc impersonnel et le régime républicain est pérennisé.

2 Les lois constitutionnelles de 1875

Ce sont trois lois qui vont fonder le corpus constitutionnel de la IIIe République : la loi du 24 février 1875 relative à l'organisation du Sénat (condition du ralliement des monarchistes à la république) ; la loi du 25 février 1875 sur l'organisation des pouvoirs publics ; la loi du 16 juillet 1875 sur les rapports des pouvoirs publics. Ces lois, brèves, définissent un régime parlementaire assez équilibré. Elles ne contiennent aucune déclaration de droits ou de libertés. Elles ont un mode de révision souple. Étudions d'abord l'organisation de ce régime de 1875, puis sa pratique et, enfin, sa chute.

1. L'organisation du régime

Elle repose sur un pouvoir exécutif et un pouvoir législatif.

a. Le pouvoir exécutif

Il est bicéphale avec le président de la République et le cabinet.

Le **président** est élu pour sept ans sur la base de l'amendement Wallon. Théoriquement il a des pouvoirs importants : nomination des ministres ; initiative, promulgation, nouvelle délibération, exécution des lois ; message ; dissolution de la Chambre des députés, pouvoirs militaire et diplomatique pour l'essentiel. Mais, dans la pratique, ces compétences sont neutralisées d'abord par le contreseing ministériel sur tous ses actes puis par son irresponsabilité politique. Dès lors, le président de la IIIe République ne peut prendre seul aucune décision sauf sa démission. Le Gouvernement doit donc endosser et assumer la responsabilité exécutive devant les Chambres. Le pouvoir présidentiel le plus significatif devient, dès l'élection de Grévy en 1879, la nomination du président du Conseil.

Le **cabinet** regroupe l'ensemble des ministres formant un organe collégial et solidaire, notamment devant la Chambre. Ils sont aussi responsables individuellement de leurs actes personnels. Chaque ministre dirige donc son ministère et applique la politique définie le plus souvent par le chef du Gouvernement puis le président du Conseil. La présidence du Conseil n'était pas prévue par les textes. Elle s'est imposée dans les faits. C'est suite aux élections parlementaires de 1876 que Dufaure, alors chef du Gouvernement, reçoit le titre de président du Conseil. C'est un exemple d'institution coutumière.

b. Le Parlement

Il est basé sur un bicaméralisme dit « parfait », reposant sur la Chambre des députés et le Sénat.

La **Chambres des députés** : élue pour 4 ans au suffrage universel direct sur la base d'un scrutin uninominal majoritaire à deux tours. C'est le multipartisme qui prévaut au sein des 520 à 600 députés selon les législatures (il y en aura 17).

Le **Sénat** : élu au suffrage indirect à plusieurs degrés sur la base d'un scrutin de liste et par un collège électoral (députés, conseillers généraux, d'arrondissement, délégués des conseils municipaux). Composé de 225 membres (plus 75 membres inamovibles nommés par l'Assemblée constituante qui seront supprimés en 1884). Il est d'essence conservatrice mais garant des valeurs républicaines et du régime.

L'égalité entre les Chambres signifie qu'elles ont chacune une compétence législative pleine et entière : initiative des lois, vote en termes identiques (au besoin avec la navette), révision des lois constitutionnelles. De même, les deux Chambres ont la capacité de censurer le Gouvernement. Il n'y a qu'en matière budgétaire qu'une inégalité existe : les textes doivent d'abord être examinés et votés par la Chambre des députés.

On note que les institutions de la IIIe République ne consacrent pas de pouvoir judiciaire. Cependant en 1872 le Tribunal des conflits est créé et le rôle juridictionnel du Conseil d'État est reconnu.

2. L'application du régime

Elle s'illustre surtout par la crise de 1877, les révisions et l'instabilité gouvernementale.

a. La crise de 1877 et ses conséquences

Le **16 mai 1877** une crise survient qui va marquer et surtout dénaturer le régime. En 1876 les républicains ont gagné les législatives. Le président Mac-Mahon refuse d'appeler un des leurs à la tête du Conseil, préférant pendant un an appeler des « centristes ». Le 16 mai Mac-Mahon met en cause J. Simon, président du Conseil. Celui-ci démissionne et est remplacé par le monarchiste A. de Broglie. La Chambre s'insurge et, le 21 juin, refuse la confiance à ce dernier. En riposte Mac-Mahon dissout la Chambre des députés 4 jours après. La campagne législative d'octobre 1877 est tendue entre conservateurs et républicains, notamment sur le régime à appliquer. Comme prévu, ces derniers l'emportent. Mac-Mahon, dans un premier temps, ne se soumet pas et refuse de nommer des républicains. Il consent tout de même à appeler Dufaure et cohabite avec un Gouvernement dit « républicain ». Lorsque les républicains l'emportent au Sénat en 1879, Mac-Mahon démissionne et est remplacé par J. Grévy.

Les **conséquences** de la crise sont de plusieurs ordres. D'abord elle consacre la primauté de l'Assemblée face à l'exécutif (on évolue vers un parlementarisme moniste). De même toute tentative de restauration monarchique est annihilée et la république est durablement installée. Ensuite le rôle du président de la République est amoindri au profit du cabinet et surtout du président du Conseil. Enfin le mécanisme de dissolution est enterré pour un long moment car attentatoire aux droits du Parlement. Mais sans dissolution, c'est un régime d'assemblée (assujettissement de l'exécutif au législatif) qui est aussi consacré. D'ailleurs quand Grévy est élu le 6 février 1879, il déclare sa soumission à « la volonté nationale » incarnée par les assemblées. L'hégémonie parlementaire débute pour de très nombreuses années au détriment de l'exécutif (président en tête).

b. Les révisions des lois de 1875

Il y a d'abord celle, symbolique, du **22 juillet 1879** qui transfère les pouvoirs publics de Versailles à Paris.

Il y a ensuite celle du **14 août 1884** qui est la plus importante de la IIIe. Elle vient parachever la victoire des républicains. Elle contient quatre nouveautés :

- laïcisation des travaux parlementaires (suppression des prières publiques à la rentrée des assemblées) ;
- pas de révision de la forme républicaine du Gouvernement (impossibilité pour des membres de famille ayant régné sur la France de se présenter à la présidence) ;
- raccourcissement du délai d'organisation d'élections suite à une dissolution, démocratisation du Sénat (suppression des sénateurs inamovibles et modification du collège électoral) ;
- il existe aussi ce que l'on appellera les **tentatives de ressaisissement de l'exécutif.**

D'abord en structurant la présidence du Conseil. Le président de ce dernier est l'élément fort et stable de l'exécutif. Jusqu'en 1914 un certain nombre de personnalités vont essayer de s'imposer (Clemenceau, Briand, Poincaré par ex). C'est lors de la première guerre que l'on voit les limites de la présidence du Conseil. Il lui faut une organisation administrative adéquate. Un chef de cabinet apparaît de même qu'un sous-secrétaire d'État. Mais c'est surtout l'apparition d'un secrétariat général qui importe (ancêtre de l'actuel secrétariat général du gouvernement). En 1934 est nommé un ministre chargé de la présidence du Conseil qui hérite même de locaux : l'hôtel de Matignon.

Enfin dès 1918 la reconstruction du pays amène les Chambres à autoriser le Gouvernement à recourir aux décrets-lois. Poincaré puis Doumergue vont beaucoup utiliser ce procédé de délégation législative. Mais si le rôle du Gouvernement est un peu renforcé, cela n'empêche pas le régime d'assemblée de sévir et de provoquer l'instabilité gouvernementale.

c. L'instabilité gouvernementale

En soumettant l'exécutif, la IIIe République a généré le régime d'assemblée appelé aussi parlementarisme absolu. Les Gouvernements sont donc assujettis politiquement aux Chambres qui les font et les défont. Mal codifiée, la responsabilité gouvernementale (devant les deux Chambres) est utilisée abusivement. De plus les gouvernements sont souvent le fruit d'alliances fragiles entre les partis. Les majorités parlementaires sont trop souvent de circonstance. C'est donc « **la valse des Gouvernements** ».

Présidents et chefs du Gouvernement de la IIIe République

Présidents de la République			Chefs du Gouvernement	
Nom	**Naissance/ Mort**	**Mandat**	**Nom**	**Mandat**
Adolphe Thiers	15/04/1797 03/09/1877	31/08/1871 24/05/1873	Dufaure (1 et 2)	1871-1873
Patrice de Mac-Mahon	13/07/1808 17/10/1893	24/05/1873 30/01/1879	de Broglie (1 et 2)	1873-1874
			Courtot de Cissey	1874-1875
			Buffet	1875-1876
			Dufaure (3 et 4)	1876
			de Broglie (3)	1877
			de Rochebouet	1877
			Dufaure (5)	1877-1879
Jules Grevy	15/08/1807 09/09/1891	30/01/1879 02/12/1887	Wadington	1879
			de Freycinet (1)	1879-1880
			Ferry (1)	1880-1881
			L. Gambetta	1881-1882
			de Freycinet (2)	1882
			Duclerc	1882-1882
			Fallières	1883
			Ferry (2)	1883-1885
			Brisson (1)	1885-1886
			de Freycinet (3)	1886
			Goblet	1886-1887
			Rouvier (1)	1887

Présidents de la République			Chefs du Gouvernement	
Nom	**Naissance/ Mort**	**Mandat**	**Nom**	**Mandat**
Marie-François Sadi Carnot	11/08/1837 25/06/1894	02/12/1887 24/06/1894	Tirard (1)	1887-1888
			Floquet	1888-1889
			Tirard (2)	1889-1890
			de Freycinet (4)	1890-1892
			Loubet	1892
			Ribot (1 et 2)	1892-1893
			Dupuy	1893
			Casimir-Perrier	1893-1894
Jean Casimir-Perier	08/11/1847 11/03/1907	27/06/1894 16/01/1895	Dupuy (2 et 3)	1894-1895
Félix Faure	30/01/1841 16/02/1899	17/01/1895 16/02/1899	Ribot (3)	1895
			Bourgeois	1895-1896
			Méline	1896-1898
			Dupuy (4 et 5)	1899-1899
Émile Loubet	30/12/1838 20/12/1929	18/02/1899 18/01/1906	Waldeck-Rousseau	1899-1902
			Combes	1902-1905
			Rouvier (2 et 3)	1905-1906
Armand Fallières	06/11/1841 22/06/1931	18/01/1906 17/01/1913	Sarrien	1906
			Clemenceau (1)	1906
			Briand (1 et 2)	1909-1911
			Monis	1911
			Caillaux	1911-1912
			Poincaré (1)	1912-1913
			Briand (3 et 4)	1913

Présidents de la République			Chefs du Gouvernement	
Nom	**Naissance/ Mort**	**Mandat**	**Nom**	**Mandat**
Raymond Poincaré	20/08/1860 15/10/1934	17/01/1913 17/01/1920	Barthou	1913
			Doumergue (1)	1913-1914
			Ribot (4)	1914
			Viviani (1 et 2)	1912-1915
			Briand (5 et 6)	1915-1917
			Ribot (5)	1917
			Painlevé	1917
			Clemenceau (2)	1917-1920
Paul Deschanel	13/02/1855 28/04/1922	18/02/1920 21/09/1920	Millerand (1 et 2)	1920
Alexandre Millerand	10/02/1859 06/04/1943	24/09/1920 11/06/1924	Leygues	1920-1921
			Briand (7)	1921-1922
			Poincaré (2 et 3)	1922-1924
			Marsal	1924
Gaston Doumergue	01/08/1863 18/06/1937	13/06/1924 13/06/1931	Herriot (1)	1924-1926
			Poincaré (4 et 5)	1926-1929
			Briand (8)	1929
			Tardieu	1929-1930
			Chautemps (1)	1930
			Tardieu (2)	1930
			Steeg	1930-1931
			Laval (1, 2 et 3)	1931-1932
Paul Doumer	22/03/1857 07/05/1932	13/06/1931 6/05/1932	Tardieu (3)	1932

Présidents de la République			Chefs du Gouvernement	
Nom	Naissance/ Mort	Mandat	Nom	Mandat
Albert Lebrun	29/08/1871 06/03/1950	10/05/1932 09/08/1944	Herriot (3)	1932
			Boncour	1932-1933
			Daladier (1)	1933
			Sarraut	1933
			Chautemps (2)	1933-1934
			Daladier (2)	1934
			Doumergue (2)	1934
			Flandin	1934-1935
			Bouisson	1935
			Laval (4)	1935-1936
			Sarraut (2)	1936
			Blum (1)	1936-1937
			Chautemps (3)	1937-1938
			Blum (2)	1938
			Daladier (3)	1938-1940
			Reynaud	1940

Le « parlementarisme absolu » nuit à la politique intérieure du pays. Mais c'est aussi au niveau extérieur que le péril existe. Et c'est bien sûr la défaite de 1940 qui va précipiter la chute politique de la IIIe République. L'offensive allemande du printemps a réduit nos armées à néant. Le cabinet Reynaud (dernier du régime) se divise sur la suite à donner. Certains veulent continuer la lutte et proposent de transporter le Gouvernement en Afrique du Nord. Les autres, majoritaires, exigent un armistice immédiat. Dès lors le cabinet Reynaud démissionne. Lebrun appelle alors Pétain, lequel obtient l'armistice le 16 juin 1940.

Rappelons que Pétain, vainqueur de Verdun, a été ministre de la Guerre de juin à novembre 1934. En juin 1940, il a 84 ans. Sur pression du Gouvernement, les assemblées réunies à Vichy, engagent un débat sur une procédure de révision de la Constitution. Le 10 juillet 1940 est donc votée une « loi constitutionnelle » qui investit Pétain du pouvoir constituant et lui accorde les pleins pouvoirs (570 voix pour, 80 contre et 20 abstentions sur les 932 parlementaires). A. Lebrun, dernier président de la IIIe République, se réfugie à Vizille puis sera déporté au Tyrol en 1943.

Juridiquement la IIIe République ne disparaît pas en 1940. Selon l'art. 1 de l'ordonnance du 9 août 1944 : « La forme du Gouvernement de la France est et demeure la République. En droit elle n'a jamais cessé d'exister ».

3 La période 1940-1946

Elle se décompose en deux temps : le régime dit « de Vichy » puis la France libre et le Gouvernement provisoire de la République française.

1. Le régime « de Vichy » : 1940-1944

C'est en effet à Vichy que Pétain a choisi d'installer son Gouvernement et les parlementaires.

Cette période est dite aussi de ***Révolution nationale***. Mais le régime mis en place est une autorité de fait, basé sur la dictature (négation de l'État de droit et des principes démocratiques et libéraux) et la collaboration (lois antisémites, rafle du Vel d'Hiv, milice...). Le pouvoir, vassalisé par les Allemands, est d'abord concentré dans les mains du chef de l'État P. Pétain jusqu'en 1942.

À cette date, sous la pression occupante, Laval devient chef du Gouvernement. Il s'accapare l'essentiel des pouvoirs et prône alors une collaboration totale. Un certain nombre de ministres et de secrétaires d'État sont en place sans rôle majeur. Un conseil des ministres, formel, existe. Les assemblées ne siègent plus. À noter qu'aucun texte constitutionnel définitif ne voit le jour durant cette période (même si un projet est élaboré par Pétain en janvier 1944).

C'est dès le 18 juin 1940 que le général de Gaulle (éphémère sous-secrétaire d'État à la Guerre et à la Défense nationale sous P. Reynaud) impulse, depuis Londres et par un appel célèbre, la Résistance.

Gouvernements « de Vichy »
(Pétain, président du Conseil puis « Chef de l'État français »)

Vice-présidents du Conseil des ministres	1940	Laval (5)
	1940-1941	Flandin (2)
	1941-1942	Darlan
Chef du Gouvernement	1942-1944	Laval (6)

2. La France libre et le Gouvernement provisoire de la République française (GPRF)

Parallèlement à « Vichy », se met d'abord en place la **France libre**. Depuis Londres le 18 juin 1940, le général de Gaulle (condamné à mort par Vichy) a appelé les Français à résister et à se regrouper au sein des Forces françaises libres. Plusieurs étapes principales sont à signaler :

- Dès l'été 1940, création à Londres du Conseil de défense de l'Empire.
- Le 24 novembre 1941, celui-ci est remplacé par le Comité national français.
- Au printemps 1943 ce comité fusionne avec un autre commandement basé à Alger (soutenu, lui, par les Américains) et dirigé par le général Giraud. C'est la naissance du Comité français de Libération nationale. De Gaulle en prend la direction principale et lui adjoint une Assemblée consultative provisoire. Une résistance intérieure s'est

aussi organisée en France, notamment sous l'impulsion de Jean Moulin (qui l'a tant bien que mal unifiée et payé de sa mort).

- C'est le 24 avril 1944, peu avant le débarquement, qu'est créé le **GPRF**.
- Le 14 juin 1944 après le débarquement, le général de Gaulle revient pour la première fois en France à Bayeux où il prononce un discours historique de mobilisation.
- Au fur et à mesure de la libération de la France, son Gouvernement se substitue à celui « de Vichy ».
- Il s'installe à Paris en août 1944, en même temps que l'Assemblée consultative.
- L'ordonnance du 9 août 1944 frappe de nullité les actes pris par « Vichy » et tente d'organiser de nouvelles institutions.

4 La IVe République (1946-1958)

Avant celle-ci, il va y avoir une transition.

1. La transition (1945-1946)

Par référendum du 21 octobre 1945 (notons que c'est la première fois que des femmes peuvent voter), le GPRF demande au peuple français de choisir entre trois solutions :

- le retour aux lois de 1875 ;
- l'élection d'une Assemblée constituante aux pouvoirs illimités ;
- l'élection d'une même Assemblée aux pouvoirs limités.

C'est cette dernière solution qui est choisie. Cela sonne la fin juridique de la IIIe République. Le même jour ont lieu les élections à la constituante. Il s'en suit la mise en place de la Constitution provisoire du 2 novembre 1945 qui dure jusqu'à octobre 1946. Elle repose sur deux pouvoirs.

a. Le pouvoir constituant

L'Assemblée constituante a l'exclusivité du droit d'initiative sur le projet de Constitution. Elle a sept mois pour œuvrer. Passé ce délai, si rien n'est trouvé, une nouvelle constituante est élue. Sous un mois le projet doit ensuite être soumis au peuple par référendum et accepté par lui.

b. Les autres pouvoirs publics

Si l'Assemblée a le pouvoir législatif, elle n'a pas d'initiative en matière budgétaire. L'organe exécutif est assez hybride, composé d'un président du Gouvernement provisoire et de ministres. Le premier est élu par l'Assemblée puis constitue son Gouvernement qui doit être approuvé, en même temps que son programme, par cette dernière. Le cabinet est responsable devant l'assemblée (motion de censure). Il partage l'initiative des lois avec l'Assemblée mais à l'exclusivité en matière budgétaire. Il a, sous condition, un droit de veto suspensif sur les lois. Plusieurs phases sont ici à souligner :

- En novembre 1945, le général de Gaulle reçoit l'approbation unanime de la nouvelle Assemblée. Mais devant les blocages socialo-communistes, il préfère démissionner le 20 janvier 1946. Il est remplacé par Félix Gouin.

- La constituante propose un projet de Constitution (fixant un régime d'assemblée) au peuple le 5 mai 1946. Celui-ci est rejeté.
- Une nouvelle constituante est mise en place le 2 juin 1946.
- Le 16 juin le Général prononce, à Bayeux, un second discours essentiel puisqu'il pose les bases de la Constitution de 1958, marquant ainsi son opposition à celle qui se prépare.
- La constituante adopte un projet sensiblement différent du précédent qui est approuvé par le peuple le 13 octobre 1946. Ce texte sera promulgué le 27 octobre pour instaurer la Constitution de la IVe République (elle n'entre en vigueur qu'en 1947).

Présidents du conseil du GPRF

Charles de Gaulle	1944-1946
Félix Gouin	1946
Georges Bidault (1)	1946
Léon Blum (3)	1946-1947

2. La Constitution du 27 octobre 1946 (1946-1958)

Elle est précédée d'un Préambule qui réactive la Déclaration de 1789 et pose surtout toute une série de : « principes politiques, économiques et sociaux ». L'organisation des pouvoirs des pouvoirs publics repose sur un schéma typiquement parlementaire.

a. Le pouvoir législatif

Bicaméral, il se dédouble inégalitairement entre l'Assemblée nationale et le Conseil de la République.

L'Assemblée nationale : 619 députés (75 pour l'outre-mer) y sont élus pour 5 ans au suffrage universel direct à la proportionnelle. Si cette dernière favorise le multipartisme, c'est essentiellement un tripartisme qui est instauré (PC, SFIO, MRP) et qui fonctionne de façon équilibrée jusqu'en 1947. À cette date, le début de la guerre froide amène le PC à entrer dans l'opposition. C'est la fin d'un certain consensus et le début de l'opposition entre communistes et gaullistes. L'Assemblée détient une compétence législative exclusive (même budgétaire) et la loi a un domaine illimité et incontrôlé. De même elle exerce un contrôle élargi sur le Gouvernement.

Le Conseil de la République : 315 membres (73 hors métropole) élus pour 6 ans au suffrage indirect (collège électoral) et renouvelable par moitié. Il représente essentiellement les zones rurales. Son pouvoir législatif est inférieur à celui de l'Assemblée qui a le dernier mot en cas de désaccord sur un texte. Avant tout « chambre de réflexion », le Conseil n'a pas de compétence réelle en matière de contrôle politique du Gouvernement.

b. Le pouvoir exécutif

Bicéphale, il associe un président de la République et un président du Conseil des ministres.

Le président de la République : toujours élu pour 7 ans par les Chambres réunies en Parlement, il n'est rééligible qu'une fois. Si la liste de ses pouvoirs est longue, le président est politiquement irresponsable et tous ses actes sont soumis au contreseing ministériel. Ses seules prérogatives, plus stratégiques que majeures, sont le choix du président du Conseil et la démission du Gouvernement. Il y aura deux présidents sous la IVe République : Auriol et Coty.

Le président du Conseil : une fois choisi par le président, il doit être investi à la majorité absolue de l'Assemblée. Dès 1947 P. Ramadier instaure la double investiture (le Gouvernement choisi doit aussi être approuvé par l'Assemblée). Principal contresignataire des actes présidentiels, le président du Conseil est le véritable détenteur du pouvoir exécutif. Chef du Gouvernement, il assume aussi la responsabilité de celui-ci devant l'Assemblée. En principe il est également le chef de la majorité parlementaire. Mais celle-ci étant le plus souvent fluctuante, sa mission est difficile. Il y aura 21 présidents du Conseil sous la IVe République.

Présidents de la République et du Conseil sous la IVe

Président de la République		**Présidents du Conseil**	
Nom	**Mandat**	**Nom**	**Mandat**
Vincent Auriol 1884-1966	1947-1954	Ramadier (1 et 2)	1947
		R. Schuman (1)	1947-1948
		Marie	1948
		R. Schuman (2)	1948
		Queuille (1)	1948-1949
		Bidault	1949-1950
		Queuille (2)	1950
		Pleven (1)	1950-1951
		Queuille (3)	1951
		Pleven (2)	1951-1952
		E. Faure (1)	1952
		Pinay	1953
		Laniel (1)	1953-1954

René Coty 1882-1962	1954-1959	Laniel (2)	1954
		P. Mendès-France	1954-1955
		E. Faure (2)	1955-1956
		Mollet	1956-1957
		Bourges Maunoury	1957
		Gaillard	1957-1958
		Pflimlin	1958
		C. de Gaulle	1958-1959

Malgré une tentative de rationalisation du parlementarisme (révision de 1954 sur la fusion des investitures) et la réactivation de la dissolution en 1955, la IVe République souffrira aussi d'une dérive vers le régime d'assemblée et de « la valse des Gouvernements » (30 en 12 ans).

Dès lors le régime se dégrade d'autant plus que, sauf en Indochine, il ne parvient pas à résoudre les problèmes de décolonisation notamment en Algérie. Ainsi le 13 mai 1958, les pro-Algérie française commencent une sécession. Incapable de faire face, et pour enfin résoudre la crise, René Coty se résout à faire appel au « plus illustre des Français », le général de Gaulle. Il sera le dernier président du Conseil de la IVe République et surtout le fondateur de la Ve République.

ENTRAÎNEMENT

LES NOTIONS CLÉS

- Révolution
- Déclaration de 1789
- Consulat
- Empire
- Restauration
- Chartes
- Régime parlementaire
- Régime d'assemblée
- Constitutions de la France

CONSEILS BIBLIOGRAPHIQUES

- F. Bluche, S. Rials, J. Tulard, *La Révolution française,* Que-sais-je ?, PUF.
- A. Mathiez, *La Révolution française,* 3 volumes (A. Colin et Denoël).
- A. Soboul, *La Révolution française*, PUF, Quadrige.
- J. Godechot, *Les Constitutions de la France*, Que sais-je ?, PUF.
- F. Mélin-Soucramanien, *Les Constitutions de la France de la Révolution à la IVe République,* Dalloz.
- J.-J. Chevalier, *Histoire des Institutions et des régimes politiques de la France de 1789 à 1958.*
- C. Beaudet, *Institutions, vie politique et faits sociaux de 1789 à 1958,* Paradigme.
- Revue *Pouvoirs*, n° 50, *1789-1989, Histoire constitutionnelle,* 1989.
- P. Miquel, *La IIIe République,* Fayard.
- R. O. Paxton, *La France de Vichy,* Le Seuil.
- M. Gallo, *Une histoire de la 2e guerre mondiale*, XO éditions, 2012.
- Revue *Pouvoirs*, n° 76, 1996, *La IVe République.*
- J. Fauvet, *La IVe République,* Fayard.
- J. Chapsal, *La Vie politique en France de 1940 à 1958,* Thémis.
- R. Rémond, *La République souveraine, la vie politique en France, 1879-1939,* Fayard.
- M. Morabito, D. Bourmaud, *Histoire constitutionnelle et politique de la France (1789-1958),* Montchrestien.

QCM sur l'histoire institutionnelle

1. La Déclaration de 1789 est le Préambule de la Constitution de :

❒ **a.** 1789 ❒ **b.** 1791 ❒ **c.** 1793

2. Il y a eu une Constitution en 1789 :

❒ **a.** Vrai ❒ **b.** Faux

ENTRAÎNEMENT

3. Le Directoire comptait combien de membres :
❐ **a.** 3 ❐ **b.** 5 ❐ **c.** 7

4. Qui est l'intrus :
❐ **a.** Bonaparte ❐ **b.** Lebrun
❐ **c.** Talleyrand ❐ **d.** Cambacérès

5. L'Empire débute en :
❐ **a.** 1800 ❐ **b.** 1804 ❐ **c.** 1807 ❐ **d.** 1820

6. De 1814 à 1848 la France connaît combien de régimes :
❐ **a.** 1 ❐ **b.** 2 ❐ **c.** 3

7. Louis-Napoléon Bonaparte a été le premier président de la République :
❐ **a.** Vrai ❐ **b.** Faux

8. La Constitution de la IIIe République date de :
❐ **a.** 1871 ❐ **b.** 1875

9. Combien de présidents de la République y a-t-il sous la IIIe République :
❐ **a.** 10 ❐ **b.** 12 ❐ **c.** 14

10. Pétain succède à :
❐ **a.** Poincaré ❐ **b.** Lebrun ❐ **c.** Auriol

11. Le « régime de Vichy » était basé sur la Constitution du 10 juillet 1940 :
❐ **a.** Vrai ❐ **b.** Faux

12. Pétain a été ministre de la Guerre sous la IIIe République :
❐ **a.** Vrai ❐ **b.** Faux

13. C. de Gaulle fut président du Conseil :
❐ **a.** Jamais ❐ **b.** 1 fois ❐ **c.** deux fois

14. Le général de Gaulle a prononcé à Bayeux un seul discours en 1946 :
❐ **a.** Vrai ❐ **b.** Faux

15. La IIIe République s'achève avec :
❐ **a.** Le « régime de Vichy » ❐ **b.** Le référendum de 1945
❐ **c.** La Constitution de 1946

16. La Constitution de 1946 instaure :
❐ **a.** Un régime parlementaire ❐ **b.** Un régime d'assemblée

17. Quel est l'ordre des présidents de la IVe République :
❐ **a.** Coty/Auriol ❐ **b.** Auriol/Coty

18. Le président de la IVe République est élu au suffrage universel :
❐ **a.** Vrai ❐ **b.** Faux

19. Le dernier Gouvernement de la IVe République fut celui de :

❒ **a.** F. Gaillard ❒ **b.** P. Pflimlin ❒ **c.** C. de Gaulle

20. Le Préambule de 1946 est un ensemble de principes de type :

❒ **a.** Socio-économiques ❒ **b.** Individuels-philosophiques

CORRIGÉ

1. **1791.** Datée du 14 septembre, c'est la première Constitution française.
2. **Faux.** 1789, c'est l'année de la Révolution. Il faut attendre 1791 pour en avoir une.
3. **5.** En 1795 les 5 premiers furent : Rewbell, de Barras, de la Réveilière Lépeaux, Letourneur, Carnot.
4. **Talleyrand.** Il n'a jamais été consul à la différence des trois autres qui le furent en 1799.
5. **1804.** C'est le senatus-consulte du 18 mai (28 Floréal an XII) qui proclame l'empire.
6. **2.** La Charte constitutionnelle du 4 juin 1814 (Restauration) ; la Charte du 4 août 1830 (monarchie de Juillet)
7. **Vrai.** Louis-Napoléon Bonaparte est élu largement le 4 novembre 1848 président de la République.
8. **1875.** Ce sont trois lois constitutionnelles : celle du 24 février 1875, celle du 25 février 1875 ; celle du 16 juillet 1875.
9. **14.** Thiers, Mac Mahon, Grévy, Carnot, Casimir-Perier, Faure, Loubet, Fallières, Poincaré, Deschanel, Millerand, Doumergue, Doumer et Lebrun.
10. **Lebrun.** Il présida du 10 mai 1932 au 9 août 1944. Mais c'est une succession factuelle car Pétain arrive en 1940 dans les conditions que l'on sait.
11. **Faux.** Le gouvernement de Vichy n'a jamais eu de Constitution. Le 10 juillet 1940, la majorité parlementaire vote par un article unique les pleins pouvoirs à Pétain.
12. **Vrai.** Du 9 février 1934 au 8 novembre 1934.
13. **2 fois.** Sous le GPRF (1944-1946), puis de 1958 à 1959.
14. **Faux.** Il en prononce un lorsqu'il y débarque le 14 juin 1944 et un deuxième le 16 juin 1946.
15. **Référendum de 1945.** Il est notamment demandé aux électeurs de se prononcer pour ou contre le retour à la IIIe République : ils votent non.
16. **Régime parlementaire.** Mais la domination du pouvoir législatif sur l'exécutif l'a fait évoluer vers un régime d'assemblée.
17. **Auriol/Coty.** Auriol (1947-1954), Coty (1954-1959).
18. **Vrai.** Mais c'est un suffrage universel indirect car c'est le Parlement qui vote.
19. **De Gaulle.** Il est président du Conseil de 1958 à 1959.
20. **Socio-économiques.** Ils sont aussi « particulièrement nécessaires à notre temps » (ex : droit de grève, droits syndicaux, droit à l'éducation...).

SOUS-PARTIE 5

Les institutions de la Ve République

Elles reposent sur la Constitution du 4 octobre 1958. Avec ses 60 ans d'existence, et malgré quelques crises et de nombreuses révisions, c'est une des Constitutions les plus stables qu'ait connue la France.

12. Les caractères généraux de la Constitution du 4 octobre 1958....... 84

13. Le président de la République.. 88

14. Le Gouvernement.. 97

15. Le Parlement 102

16. Les autres institutions de la Ve République 112

12 FICHE

Les caractères généraux de la Constitution du 4 octobre 1958

1 Les origines du texte

Ce sont principalement une crise politique et la décolonisation.

1. Crise politique

On l'a souligné, la IVe République connaît rapidement une dérive vers le régime d'assemblée. C'est ce qu'on appelle la « valse des Gouvernements ». Trois chiffres pour illustrer :

- 12 ans d'existence
- deux chefs de l'État
- une vingtaine de Gouvernements

Les institutions de 1946 étaient un modèle parlementaire théoriquement bon mais dont la pratique s'est révélée ingérable. Notamment du fait de l'instabilité politique. Et aucune autorité exécutive n'était en mesure d'arbitrer, notamment pas le président de la République, « inaugurateur de chrysanthèmes » essentiellement. Dès lors l'instabilité gouvernementale, l'impuissance du Parlement miné par les combinaisons partisanes rendent les pouvoirs publics inaptes à résoudre le conflit algérien. C'est ce dernier qui va achever de miner définitivement la IVe République.

2. Conflit algérien

C'est en 1954 que le FLN a déclenché les hostilités. Mais c'est durant l'hiver 1958 que la crise débute vraiment. En effet en février 1958 un village tunisien est bombardé. Le 15 avril 1958, pour voir accepter une médiation anglo-américaine visant à dénouer la crise avec la Tunisie et, en quelque sorte, internationaliser le conflit, le cabinet Gaillard est renversé. Le 13 mai une insurrection éclate à Alger avec la mise en place, par l'armée, d'un comité de salut public. P. Pflimlin, qui a succédé à F. Gaillard, est plutôt partisan d'un dialogue avec le FLN. Deux Gouvernements cohabitent à des milliers de kilomètres : l'un légal à Paris, l'autre insurrectionnel à Alger. Le 15 mai, C. de Gaulle fait une déclaration où il se pose comme le recours. Le 28 mai, le Gouvernement Pflimlin démissionne et le président Coty informe le Parlement qu'il va appeler le général de Gaulle au pouvoir. Il met sa démission en jeu. Le 1er juin « l'homme providentiel » du 18 juin se présente à l'investiture de l'Assemblée.

2 Mise en place, élaboration et sources du texte

1. Mise en place

Quand il se présente devant les députés, de Gaulle pose deux conditions : être investi des pleins pouvoirs et avoir les moyens de réviser la Constitution. Il est donc investi le 1er juin et, dès le 2 juin, il obtient les pleins pouvoirs. Le 3 juin une loi constitutionnelle est votée qui donne à de Gaulle la mission de réviser la Constitution mais dans laquelle les parlementaires ont posé des conditions de forme et de fond.

- Sur la forme il est prévu que le texte constitutionnel doit être soumis à l'avis d'un Comité consultatif constitutionnel (CCC, composé au 2/3 de parlementaires et de spécialistes des institutions) présidé par P. Reynaud. Il se prononce positivement. Il est aussi prévu que le texte soit soumis au Conseil d'État.
- Sur le fond le texte doit mettre en œuvre 5 principes : le suffrage universel comme seule source de pouvoir ; la séparation des pouvoirs exécutif et législatif ; la responsabilité du Gouvernement devant le Parlement ; l'indépendance de l'autorité judiciaire ; l'organisation de nouveaux rapports avec l'outre-mer.

2. Élaboration

Cadre et procédure étant posés, le Gouvernement de Gaulle met en place un groupe de travail présidé par M. Debré, garde des Sceaux, chargé d'ébaucher un texte. Un comité interministériel, présidé par le général et animé par M. Debré, en arrête les grandes lignes du 13 juin au 1er septembre 1958. Le 29 juillet le conseil des ministres arrête un avant-projet qui est transmis au CCC et au Conseil d'État. Ces derniers émettent des avis dont certains sont retenus par le Gouvernement. Le 28 septembre le texte est soumis au peuple par référendum qui l'approuve par 80 % (seuls le PCF et quelques personnalités, dont P. Mendès-France et F. Mitterrand, ont appelé à voter contre). Le 4 octobre R. Coty promulgue le texte.

3. Sources

Bien évidemment comme source indirecte il y a les républiques précédentes dont la Ve est l'héritière. Mais elle est aussi et surtout l'antithèse de ses devancières.

Il existe trois sources directes.

- On trouve d'abord le général de Gaulle qui a exprimé ses idées dans le discours de Bayeux du 16 juin 1946 qui est considéré comme le canevas du texte de 1958. Efficacité des institutions, souveraineté populaire, séparation des pouvoirs, restauration de l'autorité de l'État, chef d'État arbitre dirigeant l'exécutif, bicaméralisme, telles sont les idées force de ce discours.
- Seconde source, M. Debré. Il va s'employer, en concertation avec le général, à la rationalisation du régime et du travail parlementaire. Également il a inspiré la séparation loi/règlement.
- Dernière source, les ministres d'État, ex-présidents du Conseil, présents au comité interministériel (Mollet, Pflimlin), qui ont notamment œuvré à la prise en compte des mécanismes de mise en jeu de la responsabilité gouvernementale.

3 Caractéristiques de la Constitution de 1958

Lorsqu'il présente le texte constitutionnel au Conseil d'État le 27 août 1958, M. Debré énonce que la première volonté est de « donner à la France un régime parlementaire ». Dès lors c'est bien une Constitution parlementaire qui est mise en place mais elle contient aussi des ingrédients du régime présidentiel. Le général de Gaulle estimait que : « notre Constitution est à la fois parlementaire et présidentielle ».

Mais il existe dans cette Constitution d'autres caractères spécifiques.

1. Indépendance et prépondérance de l'exécutif

C'est ici l'expression d'une volonté forte du général de Gaulle. Si l'exécutif est bicéphale, il est inégalitaire. En effet le Gouvernement ne procède plus que du président qui le nomme. En même temps, il est responsable devant l'Assemblée. De même, le président bénéficie de pouvoirs propres. Enfin le Gouvernement possède un domaine d'action, le règlement (art. 37 C.), différent du domaine de la loi (art. 34 C.). La prépondérance de l'exécutif se mesure d'abord par la primauté du chef de l'État qui rompt avec les républiques précédentes (élection au suffrage universel direct dès 1962, pouvoirs propres dont la dissolution). Il se mesure aussi avec l'encadrement de la procédure législative par le Gouvernement (parlementarisme rationalisé).

2. Limitation du domaine de la loi

Désormais la loi est cantonnée à l'article 34 qui différencie entre les matières où « la loi fixe les règles » et celles où elle « détermine les principes fondamentaux ». Là aussi c'est une rupture avec les IIIe et IVe Républiques durant lesquelles la loi était omnipotente. Il est même introduit un contrôle de la conformité de la loi à la Constitution, confié à un Conseil constitutionnel.

3. Variabilité du régime pratiqué

De 1958 à 1986, sous l'impulsion du général de Gaulle et notamment grâce à l'élection populaire du chef de l'État, c'est un régime présidentialiste qui est pratiqué. Appuyé sur une majorité à l'Assemblée, le chef de l'État joue le rôle prééminent et fait appliquer son programme, sur lequel il a été élu, par le Gouvernement. Tous les successeurs du Général, ont, chacun à leur façon, pérennisé voire renforcé ledit présidentialisme.

Il faut attendre la première cohabitation (1986-1988), pour voir le président de la République, confronté à une majorité parlementaire opposée. Il est même « neutralisé » au profit du Premier ministre et de son Gouvernement. Il garde cependant la main sur le « domaine reservé » (défense et diplomatie). On a pu dire que c'était là une application parlementaire de la Constitution. Les deux autres cohabitations (1993-1995 et surtout 1997-2002 dite inversée), l'ont confirmé.

4. La révision de la Constitution

Deux procédures existent, l'une orthodoxe, l'autre hétérodoxe.

La première est définie à l'art. 89 C. L'initiative relève soit du président de la République sur proposition du Premier ministre, soit des « membres du Parlement ». Le texte est examiné et voté par les assemblées « en termes identiques ». La révision n'est définitive qu'« après avoir été approuvée par référendum ». Il est également précisé que le chef de l'État peut décider de soumettre la révision au Congrès du Parlement et d'éviter ainsi le référendum. Mais il doit y recueillir la majorité des 3/5e des suffrages exprimés.

Le général de Gaulle a, en 1962, pratiqué une procédure hétérodoxe : la révision référendaire. Pour instaurer l'élection populaire du chef de l'État, il s'est appuyé sur son pouvoir de référendum fixé à l'art. 11 C. La validation par les électeurs a légitimé cette procédure nouvelle. En revanche en 1969, c'est en voulant mettre en place une rénovation sénatoriale et la régionalisation par référendum qu'il a échoué et a quitté le pouvoir. En 1994, F. Mitterrand a estimé : « l'usage de l'art. 11 C. établi et approuvé par le peuple peut désormais être considéré comme l'une des voies de la révision concurremment avec l'art. 89 ».

Les révisions depuis 1958

1960	loi constitutionnelle (LC) du 4 /6/60 sur les art. 85 et 86 (abrogés en 1995)
1962	LC du 6/11/62 sur les art. 6 et 7
1963	LC du 30/12/ 1963 sur l'art. 28
1974	LC du 29/10/74 sur l'art. 61
1976	LC du 18/6/76 sur l'art. 7
1993	• LC du 25 /6/93 sur les art. 2, 54, 74 et instaurant un nouveau titre sur les Communautés et l'Union européenne • LC du 25/11/93 ajoutant un art. 53-1
1995	LC du 4/8/95 sur les art. 1er, 2, 11, 12, 26, 28, 48, 49, 51, 70, 88 et abrogeant les dispositions sur le Communauté et les dispositions transitoires
1996	LC du 22/2/96 sur les art. 34, 39 et insertion d'un art. 47-1
1998	LC du 20/7/98 rétablissant un nouveau titre XIII
1999	• LC du 25/1/99 sur les art. 88-2 et 88-4 • LC du 8/7/99 insérant l'art. 53-2 • LC du 8/7/99 sur les art. 3 et 4
2000	LC du 2/10/00 sur l'art. 6
2003	• LC du 25/3/03 sur l'art. 88-2 • LC du 28/3/03 sur les art. 1er, 7, 13, 34,39, 60, 72, 73, 74 et insérant six nouveaux (37-1, 72-1 à 72-4, 74-1)
2005	• LC du 1/3/05 sur les art. 60 et 88-1 • LC du 1/3/05 sur Préambule et art. 34
2007	• LC du 23/2/07 sur l'art. 77 • LC du 23/2/07 modifiant le titre IX • LC du 23/2/07 insérant un art. 66-2
2008	• LC du 4 /2/08 sur l'art. 88-1 • LC du 23/7/08 sur les art. 1er, 3, 4, 6, 11, 13, 16 à 18, 21, 24, 25, 34, 35, 38, 39, 41 à 47, 48, 49, 51, 56, 61, 65, 69 à 71, 73, 74-1, 88-4 et 88-5, rétablissant l'art. 87, insérant huit art. (34-1, 47-2, 50-1, 51-1, 52-2, 61-1, 71-1 et 75-1) et un nouveau titre XI bis

13 FICHE

Le président de la République

Il est défini au Titre II de la Constitution, après le peuple (Titre I). C'est donc la première institution de l'État.

Dans son discours du 27 août 1958 devant le Conseil d'État, durant lequel M. Debré présenta le projet de Constitution, il insista sur deux axes essentiels : « donner à la France un régime parlementaire » et « le président de la République ». Ce dernier devait être « la clef de voûte » des institutions.

À l'heure où E. Macron est le 8e président de la Ve République (et sauf les périodes de cohabitation) le vœu de M. Debré a été exaucé.

Envisageons d'abord le statut du président avant de nous intéresser à ses pouvoirs.

1 Le statut présidentiel

C'est d'abord un statut électoral avant que d'être un statut juridique et politique.

1. Statut électoral

Les articles 6 et 7 de la Constitution définissent ce statut.

a. L'art. 6

« Le président de la République est élu pour cinq ans au suffrage universel direct ». Le quinquennat aurait pu être instauré par G. Pompidou en 1973. Il le fut en 2000 à l'initiative de L. Jospin durant la cohabitation avec J. Chirac. Il est précisé aussi que « nul ne peut exercer plus de deux mandats consécutifs ». Ainsi battu en 2012, N. Sarkozy pouvait postuler en 2017 (mais n'aurait pu le faire s'il avait été réélu). F. Hollande aurait pu se présenter en 2017 pour un ultime mandat.

Le dernier alinéa de cet art. 6 précise que ses modalités « sont fixées par une loi organique ». Les lois organiques sont prévues par la Constitution (art. 46) pour préciser ou compléter cette dernière. En l'espèce celle du 6 novembre 1962 fixe dans son article II les dispositions du Code électoral applicables à l'élection présidentielle. Et la référence est le Livre 1er dudit Code relatif à l'élection des députés, conseillers généraux et municipaux (LO-127 du Code électoral).

Il existe des **conditions pour être candidat** : être de nationalité française, éligible (avoir ses droits civiques), avoir 18 ans, être inscrit sur une liste électorale, avoir 500 « parrains », présenter une déclaration de situation patrimoniale, avoir un compte bancaire de campagne tenu par un mandataire.

ENCART

Quelques mots sur le parrainage

Il s'agit de recueillir 500 signatures (être présenté) d'élus locaux (maires, conseillers régionaux, départementaux, élus des assemblées de Corse et de Polynésie française, parlementaires nationaux et européens, représentants des Français de l'étranger pour l'essentiel). Ces signatures doivent venir d'au-moins 30 départements différents, sans que plus d'1/10e d'entre elles provienne d'un même département. Cela représente environ près de 47 000 parrains dont plus de 36 000 maires (pour 2017 ce fut un potentiel de 42 000). Le Conseil constitutionnel est chargé de vérifier la légalité de ces parrainages afin que, comme le veut la loi de 1976, la liste soit publiée au JORF. Depuis 1965 (date de la première élection au suffrage universel direct) il y a eu une moyenne de 10 candidats à l'élection présidentielle.

b. L'art. 7 C.

Il fixe l'ensemble des modalités relatives à la campagne électorale officielle et se divise en plusieurs alinéas.

– alinéa 1 : le président « est élu à la majorité absolue des suffrages exprimés. Si celle-ci n'est pas obtenue au premier tour de scrutin, il est procédé le 14e jour suivant à un second tour ». Cela signifie donc qu'il existe deux tours mais qu'une élection au premier n'est pas exclue. On l'envisagea durant l'hiver 1994 pour Édouard Balladur (il ne fut pas au second tour). C'est une hypothèse irréaliste eu égard au nombre de candidats.

– alinéa 2 : c'est le Gouvernement qui **convoque** le scrutin par décret. Ainsi le décret du 24 février 2017 a convoqué les électeurs pour le scrutin présidentiel des 23 avril et 7 mai 2017.

– alinéa 3 : « l'élection du nouveau président a lieu vingt jours au moins et trente-cinq jours au plus avant l'expiration des pouvoirs du président en exercice ». La campagne officielle dure donc environ 30 jours : 15 jours avant le premier tour (avec une pause la veille de celui-ci). Elle reprend le jour de la publication officielle des deux candidats (qualifiés pour le second tour par le Conseil constitutionnel) pour s'interrompre la veille de ce dernier.

Rappelons ici plusieurs points.

- D'abord il existe un **principe d'égalité** des candidats assurée essentiellement par la Commission Nationale de Contrôle de Campagne. Elle fut mise en place en 2001, et veille aussi à ce que chaque candidat officiel ait les mêmes facilités de la part de l'État. Cette commission a, en principe, une correspondante dans chaque département et collectivité d'outre-mer. Mais ce principe d'égalité est surtout important en matière d'accès à l'audiovisuel (radios et télé) et c'est alors le rôle du Conseil Supérieur de l'Audiovisuel (cf. site). Pendant la campagne officielle, un principe d'égalité stricte entre candidats doit s'appliquer en matière de temps de parole et d'antenne. On se rend compte qu'en dehors de ces temps officiels, la majeure partie des candidats joue d'Internet comme support de campagne (blogs, tweet, facebook...).
- Bien sûr avant cette campagne officielle, existe une **campagne officieuse**. Les règles établies par le CSA pour 2007 n'ont pas été efficaces. Disons que plus le scrutin approche, plus l'on entre en campagne. Cela pose un problème certain pour le président sortant qui se représente. Dès lors qu'il déclare sa candidature, quand est-il président, quand est-il candidat ? Il y a un fâcheux mélange des genres. Une clarification serait nécessaire.

- Un vecteur est devenu essentiel depuis quelques décennies : **les sondages d'opinion**. La loi du 19 février 2002 est venue fixer des règles interdisant, pour l'essentiel, la publication, la diffusion, le commentaire de sondages d'opinion, la veille et le jour du scrutin. Cette interdiction n'exclue pas de poursuivre par internet la diffusion des publications parues ou mises en ligne avant cette date. D'ailleurs les sites étrangers continuent à publier les sondages. La Commission des Sondages (cf. site) créée par la loi du 19 juillet 1977 est là pour garantir aux citoyens la qualité et l'objectivité des sondages d'opinion. Elle est donc là aussi pour réguler l'activité de ces derniers et peut même faire procèder à des rectifications par voie radiophonique ou télévisuelle. Il faut toutefois se rappeler qu'un sondage comprend une marge d'erreur (de 1 à 4 points selon l'importance du panel choisi) et que ce n'est qu'une photo de l'opinion à un « instant T ».
- Il existe aussi, dans cette phase électorale, le problème du **financement de la campagne.** À la fin des années 80, à l'initiative de M. Rocard alors à Matignon, deux lois (11 mars 1988 et 10 mai 1990) ont tenté d'introduire davantage de transparence. Mais, face à certaines dérives, il a fallu encore légiférer (loi du 19 janvier 1995, lois organiques des 19 et 20 janvier 1995). Ces lois ont modifié substantiellement les règles de financement. Pour l'essentiel, chaque candidat doit désormais tenir, on l'a évoqué plus haut, un compte de campagne (retraçant recettes et dépenses) portant sur l'année précédant le scrutin. La vérification du compte est depuis 2007 confiée à la **Commission Nationale des Comptes de Campagne et de Financement Politiques**, autorité administrative indépendante, créée en 1990 (cf. site). Il existe, en ligne, un « Mémento à l'usage du candidat à l'élection présidentielle et de son mandataire ». Ce compte peut être approuvé, rejeté ou, éventuellement, réformé.

Par ailleurs les candidats doivent remettre au Conseil constitutionnel, on l'a annoncé plus haut, une déclaration sur l'état de leur patrimoine et s'engage à déposer en cas d'élection, une nouvelle déclaration en fin de mandat.

La loi impose aussi un plafonnement des dépenses, distinct pour le 1er et le 2nd : 16,851 millions d'euros au 1er, 22,509 millions au 2nd. Une fois les comptes de campagne validés, l'État assure une prise en charge partielle sous la forme d'un remboursement forfaitaire (la moitié du plafond du second tour) aux candidats ayant obtenu au moins 5 % des suffrages exprimés au 1er tour. Pour les autres candidats, le remboursement est égal au 20e du plafond. Depuis 2002, l'État verse une avance de 153 000 euros à chaque candidat dès publication de la liste du premier tour. Les recettes des candidats proviennent des dons faits par les personnes physiques (limités à 4 600 euros déductibles fiscalement) et du financement par les partis politiques (sans plafonnement, ce qui favorise les grands partis et incite même à créer des micros-partis pour en avoir plus).

Sur ce problème du plafonnement des dépenses il y a encore à faire. Le professeur J. Robert a confirmé dans un entretien au *Parisien* (1er décembre 2011) que, alors qu'il en était membre, le Conseil constitutionnel n'aurait jamais dû valider les comptes d'E. Balladur pour 1995. Il évoque même une « entourloupe » entre R. Dumas, alors à la tête des Sages, et le président Chirac (les comptes de ce dernier prêtant aussi selon lui, dans une moindre mesure, à caution). Ce que R. Dumas a confirmé lui-même en janvier 2015.

– les alinéas 4 et suivants : toute une série d'hypothèses sont prévues dans lesquelles le déroulement de la campagne peut être faussé par le **décès** ou l'**empêchement** d'un candidat, tant pour le 1er que pour le 2nd tour. La solution donnée par le Conseil constitutionnel peut aller du report de l'élection à une nouvelle élection.

Le contentieux éléctoral appartient au Conseil constitutionnel qui, selon l'art. 58 C., « veille à la régularité de l'élection du président de la République. Il examine les réclamations et proclame les résultats ».

2. Le statut juridique et politique

Il faut d'abord envisager celui juridique puis celui politique.

a. Statut juridique

– **La cessation de fonctions classique.** Logiquement cette dernière se déroule au terme du mandat. On a vu plus haut ce qu'il en était de l'art. 7 al. 3. N. Sarkozy avait pris ses fonctions le 16 mai 2007. Il les a cessé le 15 mai 2012 date à laquelle F. Hollande a pris les siennes

La passation de pouvoirs entre l'ancien et le nouveau président ne repose sur aucune règle juridique précise. Elle est une sorte de tradition républicaine reposant avant tout sur les personnalités des principaux intéressés et le contexte politique. Elle fut plutôt tendue en 1981 entre F. Mitterrand et VGE. Beaucoup plus sereine entre le premier et J. Chirac en 1995 ou bien entre ce dernier et N. Sarkozy en 2007. En 2012, ce fut plus tendu. Officiellement l'ancien président transmet au nouveau les codes d'accès à la force de dissuasion nucléaire et 21 coups de canon sont alors tirés.

Une cérémonie d'intronisation a lieu dans les salons de l'Élysée, avec l'essentiel des corps constitués, durant laquelle le nouveau président prête serment à la Constitution et prend donc officiellement ses fonctions. Le nouvel élu peut agrémenter cette cérémonie d'un geste symbolique (ex : Mitterrand au Panthéon en 1981 ; N. Sarkozy rendant hommage, en 2007, à Clemenceau, de Gaulle et aux fusillés de la cascade du Bois de Boulogne ; F. Hollande s'inclinant devant les statues de M. Curie et J. Ferry).

– L'interruption **de fonctions** peut se passer selon deux cas de figure.

D'abord l'interruption peut être définitive, soit après démission (de Gaulle en 1969) ou décès (Pompidou en 1974), soit après une destitution votée par le Congrès du Parlement (on y reviendra). C'est l'hypothèse de la **vacance** prévue à l'art. 7 C. qui doit être constatée par le Conseil constitutionnel. C'est le président du Sénat qui assure l'intérim jusqu'à la nouvelle élection. Cet intérim permet à ce dernier de disposer des pouvoirs présidentiels « classiques » sauf art. 11 (référendum), 12 (dissolution), 49 et 50 (démission du Gouvernement après censure ou défiance), 89 (révision). L'intérimaire a le droit de se porter candidat à la présidentielle (ex : Poher en 1969 et 1974).

L'interruption peut aussi être temporaire. C'est l'hypothèse de **l'empêchement** visée aussi par l'art. 7 C. et également constatée par le Conseil constitutionnel. Le cas ne s'est jamais présenté même si la question a pu se poser avec les maladies des présidents Pompidou et Mitterrand. Également avec l'AVC de J. Chirac en 2005. C'est là encore le président du Sénat qui officierait.

La Constitution prévoit aussi plusieurs cas de suppléance. Le plus notable est défini par l'art. 21 al. 3 C. qui permet au chef de l'État de donner délégation expresse et sur ordre du jour déterminé, la possibilité au Premier ministre de présider le Conseil des Ministres.

Dernier point sur ce statut juridique, le président de la République est aussi doté de moyens fonctionnels (traitement : 14 910 euros bruts/mois par exemple) et personnels (SGE par exemple) qui rendent incompatible avec son mandat toute fonction ou activité d'aucune sorte. Enfin, le chef de l'État est protégé au niveau pénal. En juillet 2013, le délit d'offense a été supprimé. Il s'agit depuis d'un délit d'injure ou de diffamation envers le président. À titre de personne privée, l'art. 9 du Code civil lui permet de jouir de ses droits à l'intimité de la vie privée et à l'image. N. Sarkozy a d'ailleurs réactivé ces droits à plusieurs reprises. On sait depuis N. Sarkozy que le président peut aussi divorcer et se remarier.

b. Le statut politique : les articles 67 et 68 C

- L'article 67 énoncé : « le président de la République n'est pas responsable des actes accomplis en cette qualité, sous réserve des dispositions des articles 53-2 et 68 ». Les deux exceptions reposent donc sur les articles 53-2 et 68 C.

  L'art. 53-2 est celui par lequel la République française reconnaît « la juridiction de la Cour Pénale Internationale », en vertu du traité signé le 18 juillet 1998. Cette cour a pour mission de juger les responsables de crimes de guerre, crimes contre l'humanité et de génocide. Elle siège à La Haye depuis 2004. Dès lors si le chef de l'État français commet un des crimes ci-dessus, il sera passible de ladite cour et devra donc rendre compte de ses actes.

  L'art. 67 a été revu lors de la seconde loi constitutionnelle de 2007. Il instaure un statut pénal pour le chef de l'État inédit dans nos institutions. Il est le fruit du travail d'une commission mise en place par le président Chirac et présidée par le professeur Avril. La lecture de cet article révèle que le président bénéficie durant son mandat d'une immunité judiciaire totale. Il est précisé que « tout délai de prescription ou de forclusion est suspendu ». En revanche un mois après la cessation de son mandat, toutes les procédures judiciaires contre lui peuvent être reprises ou engagées. Ainsi J. Chirac a-t-il été condamné le 15 décembre 2011 et N. Sarkozy déclaré témoin assisté le 22 novembre 2012.

  L'art. 68 C. est une innovation dans nos institutions. En effet un peu sur le modèle américain, il est prévu qu'« en cas de manquement à ses devoirs manifestement incompatibles avec l'exercice de son mandat » le président peut être destitué par le Parlement constitué en Haute Cour. Si la destitution est votée, elle est « **d'effet immédiat** ». Que peut être ce manquement ? Par exemple si le président déclenche abusivement l'art. 16 C. ou vend les codes nucléaires de la France à une puissance étrangère. Hypothèses d'école !
- **Politiquement,** le statut du président relève de ce que le doyen Vedel appelait « le paradoxe de l'irresponsabilité présidentielle ». On l'a dit, politiquement le chef de l'État est en principe irresponsable. Toutefois, il doit assumer une responsabilité politique de fait à savoir devant les électeurs, notamment quand il se représente. Une victoire le conforte, une défaite l'emporte. V. Giscard d'Estaing et N. Sarkozy l'ont appris à leurs dépens. F. Hollande, en ne se représentant pas a anticipé sur une très probable défaite. C'est aussi celles qu'il assume, indirectement, en cas de référendum ou de législatives. Mais là, en cas de défaite, pas plus sur le premier que sur les secondes, sa légitimité n'est en cause. On peut aussi dire que, sur des élections locales, les candidats qui portent l'étiquette majorité présidentielle, engagent aussi, indirectement, le président.

2 Les pouvoirs présidentiels

Avant que d'analyser ceux-ci, on va évoquer les missions au service desquelles ils sont institués.

C'est l'art. 5 C. qui en fixe le cadre et donne au chef de l'État trois missions essentielles.

D'abord, comme l'expose l'alinéa 1, il est le **garant** de la Constitution. Cela veut dire qu'il peut par exemple saisir le Conseil constitutionnel ou redemander la lecture d'un projet de loi à l'Assemblée. Ensuite il est l'arbitre du bon fonctionnement des pouvoirs publics et de la continuité de l'État. Par exemple, en cas de crise à l'Assemblée il dissout celle-ci. Enfin il est le **garant** de tout ce qui est relatif à la diplomatie et à l'intégrité du territoire. (ex : traités)

Comme on l'a signalé, le président dispose de pouvoirs pour mettre en œuvre ses missions. Ceux-ci sont définis à l'art. 19 C. qui différencie d'un côté les pouvoirs partagés, c'est-à-dire contresignés par le Premier ministre et, le cas échéant, par les ministres responsables, et les pouvoirs propres, non contresignés. Ces derniers sont une innovation majeure de la Constitution de 1958 car ils permettent au président de véritablement arbitrer voir décider seul quand il le faut.

1. Les pouvoirs propres

La lecture de l'art. 19 C. révèle donc six pouvoirs présidentiels dispensés de contreseing et que le président exerce et assume seul :

- **Art. 8-1 : nomination du Premier ministre** et la fin de fonction de celui-ci : « on ne pose pas de condition au président de la République. Il nomme qui il veut, mais à condition de se placer en conformité avec la volonté populaire ». Cette déclaration de F. Mitterrand, de 1986, résume bien l'article 8 quelle que soit la période politique. C'est un pouvoir quasi-discrétionnaire. En logique parlementariste, elle ne peut se faire, en principe, qu'après démission du Gouvernement. Mais en logique présidentialiste, l'éviction de J. Chaban-Delmas ou de M. Rocard, voire de J.M. Ayrault, prouve que le Premier ministre est révocable presque *ad nutum* par le chef de l'État.
- **Art. 11** : il s'agit du **référendum législatif** qui permet au président de demander aux électeurs de se prononcer sur l'adoption ou non d'une loi. La lecture de l'article montre que l'initiative est essentiellement présidentielle et le champ référendaire est délimité. Il existe aussi le référendum constituant qui permet d'adopter ou de réviser une Constitution et le référendum d'autodétermination. À ce jour ce sont 9 référendums qui ont eu lieu dont le dernier en 2005 (Europe). E. Macron en a évoqué la possibilité.
- **Art. 12 :** il fixe la procédure de cet acte majeur et classique de l'exécutif en régime parlementaire qu'est **la dissolution**. En France elle permet au chef de l'État d'abréger, discrétionnairement, le mandat de l'Assemblée nationale. Cinq dissolutions ont eu lieu depuis 1958 : deux sous le général de Gaulle (1962, 1969), deux sous F. Mitterrand (1981,1988) et une sous J. Chirac (1997). On note que si les quatre premières ont été de type classique (solution ou prévention d'une crise de régime), celle de J. Chirac est d'un nouveau genre puisque ne répondant à aucune crise et surtout donnant lieu, pour la première fois, à un revers électoral pour l'initiateur (3e cohabitation).
- **Art. 16** : comme la lecture de l'article le révèle, ce sont les **pouvoirs exceptionnels** pour des circonstances exceptionnelles qui ont été voulus par le général de Gaulle. On l'appelle aussi la « dictature constitutionnelle » ou « romaine ». Cet article

peut effrayer mais on constate qu'il est soumis à un encadrement juridique (Conseil constitutionnel) et politique (réunion d'office du Parlement) strict. Au surplus il n'a été utilisé qu'une seule fois du 23 avril au 29 septembre 1961 pour résoudre le putsch des généraux à Alger.

- **Art. 18 :** il définit les **messages que le chef de l'État peut adresser indirectement ou directement au Parlement**. Tout d'abord l'al. 1 énonce le message classique lu par les présidents de chaque Chambre à la suite d'un événement particulier (ex : élection ou réélection du président de la République). Le dernier message de ce type date d'ailleurs du 2 juillet 2002 lorsque J. Chirac s'adressa au Parlement après sa réélection. Depuis la révision de 2008, un alinéa 2 a été rajouté qui permet au chef de l'État de venir prononcer un discours, sans débat, sur un aspect particulier de sa politique devant le Congrès du Parlement à Versailles. N. Sarkozy y est venu en juin 2009. F. Hollande en novembre 2015. E. Macron en juillet 2017. Mais le président privilégie le plus souvent son droit de parole à travers les divers médias (tv, radio, journaux, réseaux sociaux) plus porteurs.
- **Les rapports avec le Conseil constitutionnel : ce sont les articles 54, 56 et 61 qui font du président à la fois une autorité de nomination et de saisine.** Selon les articles 54 et 61, il peut saisir les Sages soit d'un traité qui lui parait contraire à la Constitution, et dans ce cas cette dernière doit être révisée (art. 54), soit d'une loi ordinaire avant sa promulgation (art. 61). La première hypothèse s'est déjà déroulée (ex : traités d'Amsterdam en 1997 et de la Cour pénale internationale en 1998). À ce jour, F. Hollande est le seul à avoir usé de la 2ᵉ hypothèse (juin 2015 : loi sur le renseignement). Selon l'art. 56 le chef de l'État fait partie des trois autorités (avec les présidents du Parlement) habilitées à nommer chacune trois membres du Conseil. De même désigne-t-il le président des Sages qui a voix prépondérante en cas de partage.

Pour conclure sur ces pouvoirs présidentiels propres, il faut dire un mot sur diverses prérogatives spécifiques. D'abord le président nomme qui il veut au titre de ses collaborateurs à l'Élysée. Ensuite il est doté d'un certain nombre de pouvoirs honorifiques. Parmi les plus célèbres : nommer les évêques et archevêques en Alsace-Moselle, procéder à un mariage post-mortem, lever une interdiction à mariage (art. 164 et 171 du Code civil), faire entrer la dépouille d'une personnalité au Panthéon, co-prince de la principauté d'Andorre, protecteur de l'Académie française, chanoine d'honneur de Saint-Jean de Latran à Rome, grand maître de l'ordre national de la Légion d'honneur et de celui du Mérite.

Il est un autre pouvoir dont on parle peu et qui, bien que non mentionné au titre des pouvoirs propres relève de la seule volonté du chef de l'État : c'est le « **feu nucléaire** ». Même s'il bénéficie de l'expertise des divers comités et conseils de défense qui l'entourent, le président de la République a la responsabilité ultime et exclusive d'engager la force de frappe française (le déclenchement des codes). Il y a à l'Élysée « le PC Jupiter » et lors de tous ses déplacements à l'étranger un PC mobile le suit.

2. Les pouvoirs partagés

C'est une règle très ancienne du régime parlementaire que de faire contresigner les actes du monarque ou du chef de l'État. Le contreseing est la seconde signature apposée à côté de celle de l'auteur de l'acte. La Constitution de 1958 a repris cette règle à l'art. 19 en précisant que, sauf les pouvoirs propres désignés ci-dessus, « les actes du président de la République sont contresignés par le Premier ministre et, le cas échéant, par les ministres responsables ». Les contresignataires valident l'acte présidentiel mais surtout endossent la responsabilité de celui-ci. Ces pouvoirs touchent les principaux domaines institutionnels et nationaux :

- **Exécutif :** selon l'art. 8 al. 2 le président nomme et met fin aux fonctions des ministres en compagnie du Premier ministre. En logique présidentialiste le chef de l'État a la primauté des choix alors qu'en période de cohabitation il s'attache surtout aux ministres du « domaine réservé » (affaires étrangères et défense) ; selon l'art. 13 C. le président détient le pouvoir réglementaire principal, cela veut dire deux choses : signature des **ordonnances et décrets délibérés en Conseil des ministres** et nominations **aux emplois civils et militaires de l'État** selon la liste et les modalités indiquées à l'art. 13. La révision de 2008 a instauré l'aval (vote) des commissions permanentes du Parlement pour certaines nominations présidentielles. En matière exécutive, précisons encore que selon l'art. 9 C. le chef de l'État « préside le Conseil des Ministres ». Symbole de l'unité du pouvoir exécutif, le président en fixe la composition, décide de sa convocation (en principe le mercredi matin à l'Élysée), et en arrête l'ordre du jour. Certains textes y sont adoptés (projets de loi, ordonnances, décrets présidentiels) et l'engagement de la responsabilité gouvernementale (art. 49 et 50) devant le Parlement y est autorisé.
- **Législatif :** selon l'art. 10 le président « promulgue les lois dans les quinze jours qui suivent la transmission au Gouvernement de la loi définitivement adoptée ». Si c'est une obligation présidentielle, le chef de l'État peut profiter du délai de promulgation pour demander une nouvelle délibération, totale ou partielle, de la loi ; selon les articles 30 et 89 C. le président peut influer sur le rythme du travail parlementaire soit par son pouvoir d'ouvrir et clore une session extraordinaire (art. 30) ou de réunir le Congrès (art. 89). Si le président n'a pas, par définition, le pouvoir législatif, la logique présidentialiste fait de lui l'inspirateur de la majeure partie des projets de loi. Enfin F. Mitterrand a inauguré la fonction de **président-législateur** par le retrait du très contesté projet de loi Savary instaurant un service public de l'éducation en 1984. J. Chirac a fait de même en 2006 sur le CPE.
- **Judiciaire :** selon l'art. 17 le chef de l'État « a le droit de faire grâce à titre individuel ». Ce pouvoir, d'inspiration monarchique, permet au président de modifier les conditions d'exécution d'une peine d'un condamné, par la remise de tout ou partie de celle-ci. En 2008, N. Sarkozy a fait supprimer la traditionnelle grâce collective (14 juillet notamment), au profit d'une grâce individuelle.

  Selon l'art. 64 C. le président de la République est aussi « garant de l'indépendance de l'autorité judiciaire. Il est assisté par le Conseil supérieur de la magistrature (CSM) ». Toujours au titre de cet article, il désigne aussi deux personnalités qualifiées à ce même CSM. Enfin, encore selon cet article 64, le chef de l'État peut demander un avis au CSM sur un problème judiciaire important (ex : J. Chirac en 2004 a interrogé le CSM sur le rapport de la mission d'enquête administrative sur les pressions subies par les juges en charge du procès Juppé).
- **Nation :** l'art. 5 C. a révélé que parmi les missions du chef de l'État figurait celle d'être « le garant de l'indépendance nationale, de l'intégrité du territoire et du respect des traités ». Pour mener à bien ces missions (que J. Chaban-Delmas, en 1959, appela **domaine réservé**), le président dispose donc de pouvoirs spécifiques, mais partagés,

en matière de diplomatie et de défense. Cela veut concrètement dire d'abord que le président de la République est chef de la diplomatie tant européenne qu'internationale (art. 14, 52, 53). En cohabitation il lui appartient d'y associer le Premier ministre et les ministres concernés (Quai d'Orsay et Affaires Européennes). Cela veut dire aussi, selon l'art. 14 C., qu'il est « le chef des armées ». On a vu ce qu'il en était de la politique de dissuasion nucléaire (mise en place par le général de Gaulle). F. Mitterrand décida d'arrêter les essais nucléaires dans le Pacifique par le moratoire de 1992 (c'est sous sa présidence qu'il y en a eue le plus : 86). J. Chirac les fit reprendre en 1995 et cesser définitivement en 1996. Le chef de l'État est libre d'engager des troupes françaises sur un lieu de conflit (ex : F. Mitterrand « chef de guerre » dans le Golfe en 1991 ou F. Hollande au Mali). Tout comme il l'est aussi de refuser, via son ministre des Affaires étrangères (D. de Villepin) d'associer la France au conflit en Irak en 2003. En cohabitation, sauf lors de la première en 1986, la prééminence présidentielle en matière militaire n'a pas été contestée. C'est en concertation avec L. Jospin qu'en 2001, J. Chirac fit supprimer le service national.

Le chef de l'État est doté d'un cabinet qui a à sa tête le secrétaire général de l'Élysée (A. Kohler depuis 2017).

Les présidents de 1958 à 2012

Charles de Gaulle	Lille 1890 Colombey-les-Deux-Églises 1970	2 mandats : • 1959-1965 • 1965-1969 (démission)
Georges Pompidou	Montboudif 1911 Paris 1974	1 mandat : 1969-1974 (décès)
Valéry Giscard d'Estaing	Coblence 1926	1 mandat : 1974-1981
François Mitterrand	Jarnac 1916 Paris 1996	2 mandats : • 1981-1988 • 1988-1995
Jacques Chirac	Paris 1932	2 mandats : • 1995-2002 • 2002-2007
Nicolas Sarkozy	Paris 1955	1 mandat : 2007-2012
François Hollande	Rouen 1954	1 mandat 2012-2017
Emmanuel Macron	Amiens 1977	1 mandat 2017-2022

FICHE 14

Le Gouvernement

Le Gouvernement est, après le président de la République, le second pilier de l'exécutif qui, comme on le sait, est bicéphale sous la Ve République. La Constitution du 4 octobre 1958 aménage les dispositions relatives au Gouvernement dans son Titre III. Le Gouvernement est un organe collégial, formé par les ministres et les secrétaires d'État sous la direction du Premier ministre. Celui-ci a un statut et des missions spécifiques définis aux articles 20 à 24 C.

1 Le statut gouvernemental

Précisons d'abord ce qu'est un ministre. C'est une personnalité nommée au Gouvernement et placée à la tête d'un ensemble administratif dont elle a la responsabilité. Hormis le fait d'être majeur et français, il n'y a ni condition légale, ni critère de compétences, pour être appelé à des fonctions ministérielles. Le choix relève du « fait du Prince ». Il existe plusieurs catégories de membres du Gouvernement : le Premier ministre (« premier des ministres » selon G. Pompidou), le ministre d'État, le ministre, le ministre délégué auprès du Premier ministre ou d'un ministre, le secrétaire d'État.

1. La nomination et la fin de fonction

Elles ont été précédemment étudiées lors de l'analyse relative aux missions du président de la République. Rappelons que pour ce qui est du Premier ministre il est nommé par le chef de l'État conformément à l'article 8 alinéa 1 C. sur la base d'un pouvoir propre. Sa durée de fonctions n'est pas fixée mais la pratique présidentialiste de la Ve a montré que, comme l'a confessé Michel Rocard lui-même, l'hôte de Matignon pouvait être « viré », par le président de la République. En revanche il est « indéboulonnable » (V. Giscard d'Estaing) en période de cohabitation. Et un Premier ministre peut aussi démissionner (ex : J. Chirac en 1976).

Nous avons ainsi deux exemples de durée différente à Matignon : B. Cazeneuve est resté 5 mois (décembre 2016-mai 2017) alors que Georges Pompidou y fut un peu plus de six ans (15 avril 1962 au 10 juillet 1968). Pourtant ce même alinéa 1 de l'art. 8 C. prévoit que le président « met fin à ses fonctions sur la présentation par celui-ci de la démission du Gouvernement ».

Pour ce qui est du Gouvernement, nous avons vu précédemment que, selon l'alinéa 2 de l'art. 8 C., c'est « sur proposition du Premier ministre » que le président « nomme les autres membres du Gouvernement et met fin à leurs fonctions ». Le plus souvent c'est le Premier ministre qui influe pour se séparer d'un ministre. Ce fut le cas d'Alain Juppé qui obtint la démission d'Alain Madelin alors à Bercy, trois mois après sa nomination au printemps 1995. Il en fut de même avec Yves Jégo, alors secrétaire d'État à l'outre-mer, rappelé à Paris et « démissionné » par François Fillon en juin 2009. Selon l'art. 50 C., le vote d'une motion de censure ou la désapprobation d'un texte gouvernemental par l'Assemblée nationale amène automatiquement le Premier ministre à « remettre au Président de la République la démission du Gouvernement » (ex : démission du Gouvernement Pompidou le 4 octobre 1962).

2. Les incompatibilités

L'art. 23 C. prévoit les incompatibilités ministérielles : « les fonctions de membre du Gouvernement sont incompatibles avec l'exercice de tout mandat parlementaire, de toute fonction de représentation professionnelle à caractère national et de tout public ou de toute activité professionnelle ». Le but de cette règle est de préserver le plus possible les ministres du « régime des partis » au Parlement mais aussi d'influences diverses (lobbys) ainsi que de leur assurer une certaine stabilité exécutive. Lorsqu'un parlementaire est nommé ministre, il a, sur la base de l'ordonnance du 17 novembre 1958 (qui définit les modalités d'application), « un mois » pour choisir entre ses fonctions. S'il choisit le poste ministériel (ce qui est le plus souvent le cas !), c'est son suppléant qui le remplace (mais ce dernier est avant tout une « courroie de transmission »). On analysera le statut du suppléant en étudiant le Parlement.

Ce régime des incompatibilités est incomplet. En effet il n'y a pas de règle pour le cumul entre fonctions ministérielles et direction d'un parti politique. Les leaders de parti sont d'ailleurs souvent en poste au Gouvernement. Cela provoque parfois des postures partisanes et des dissensions comme ce fut le cas entre balladuriens et chiraquiens de 1994 à 1995 ou de 2005 à 2007 avec Nicolas Sarkozy (que le président Chirac dut rappeler à l'ordre). Également il n'y a pas officiellement de règle d'incompatibilités avec l'exercice de mandats locaux. Certains premiers ministres ont tenté d'imposer quelques règles à leurs ministres. Ainsi Lionel Jospin, à la suite des municipales de 2001, demanda à ceux, élus, de choisir entre leurs fonctions. Jean-Pierre Raffarin en fit de même à partir de 2002. Tout comme J.-M. Ayrault. Mais même quand les ministres ont tenté de « jouer le jeu », s'ils ont laissé le mandat de maire, ils sont restés adjoints ou simples conseillers, donc toujours influents et cumulards. Jusqu'à ce jour, tous les projets tendant à fixer un régime d'incompatibilités plus strict, ont échoué.

Une réglementation en ce sens, comme il en existe dans la plupart des pays européens, serait nécessaire à notre démocratie. E. Macron a demandé à E. Philipe de ne pas conserver son mandat de maire du Havre. Il en a fait de même avec F. Bayrou à la tête de Pau et J. Y. le Drian patron de la région Bretagne. Un texte serait opportun pour régler officiellement ce problème. Ce serait un élément de rénovation démocratique. La loi de moralisation de la vie publique, adoptée en juillet dernier, pourra être ultérieurement complétée par des réformes constitutionnelles, notamment sur l'interdiction du cumul des mandats dans le temps, comme s'y était engagé E. Macron durant sa campagne. Il ne faut pas confondre incompatibilité et inéligibilité. La première ne vicie pas une élection (mais oblige le cumulard à un choix), la seconde, prononcée par un juge, si.

Enfin les membres du Gouvernement sont aussi soumis, dans l'exercice de leurs fonctions, à une responsabilité pénale tant en matière délictuelle que criminelle. Elle est prévue à l'article 68-1 C. qui les rend passibles, depuis 1993, de la Cour de Justice de la République. Nous étudierons cette dernière plus loin.

Au niveau financier, le Premier ministre reçoit 14 910 euros bruts/mois. Un ministre 9 240 euros.

2 Les missions gouvernementales

Il y a celles du Gouvernement et celles du Premier ministre.

1. Celles du Gouvernement

Elles sont fixées à **l'art. 20 C**. En premier lieu, il « détermine et conduit la politique de la nation ». Avec la pratique présidentialiste du régime, nous avons constaté que c'était avant tout le chef de l'État qui « déterminait » ladite politique et le Gouvernement qui la conduisait. Seules les périodes de cohabitation permettent de revenir à la lettre du texte. Plus exactement de s'en rapprocher puisque c'est surtout le Premier ministre qui détermine.

En second lieu, le Gouvernement « dispose de l'Administration et de la force armée ». Cela veut dire que chaque ministre est, depuis la jurisprudence **Jamart** du Conseil d'État (7 février 1936), chef de son administration. Cela signifie également que dans chaque Gouvernement il y a un ministre des Armées ou de la Défense chargés d'un rôle « technique » d'encadrement et d'application d'une politique définie à l'Élysée. À noter que de 2002 à 2007, Michèle Alliot-Marie fut la première femme dans l'histoire de la République à occuper ce poste. E. Macron y a nommé Florence Parly le 21 juin 2017.

En troisième et dernier lieu, le Gouvernement « est responsable devant le Parlement dans les conditions prévues aux articles 49 et 50 ». La motion de censure est ici la règle la plus connue. C'est un dispositif essentiel en régime parlementaire. Nous l'étudierons lors de l'analyse des rapports Parlement/Gouvernement.

2. Celles du Premier ministre

Elles sont définies à **l'art. 21 C**. D'abord « il dirige l'action du Gouvernement ». Cela signifie qu'il est, comme l'on dit, chef du Gouvernement. Il va donc exercer sur l'ensemble des ministres une autorité dont l'ampleur variera avec la personnalité du titulaire. Il va aussi jouer un rôle majeur dans le fonctionnement de l'activité gouvernementale quotidienne : instructions données aux ministres, signature ou visa des principaux textes élaborés par les ministres et bien sûr arbitrages. C'est surtout en matière budgétaire qu'il va exercer ces derniers. Ainsi, chaque année, le Premier ministre adresse aux membres du Gouvernement une lettre de cadrage situant le niveau des dépenses autorisées. Également il arbitre fréquemment les conflits qui ont lieu, en matière budgétaire et même financière, entre les ministres et le Ministère des Finances. Il procède aussi parfois à des arbitrages « politiques » pour assurer la cohésion et la solidarité gouvernementale. Cela peut aller jusqu'à la démission d'un ministre ou à un remaniement gouvernemental. Également, et particulièrement en période de cohabitation, le Premier ministre est le leader de la majorité parlementaire. Mais depuis la mise en place du quinquennat (2000), il s'avère que le Premier ministre est plus une personnalité choisie par le président qu'un chef de coalition (J.-P. Raffarin, D. de Villepin et F. Fillon en sont les exemples). La présidence de N. Sarkozy, au moins jusqu'en 2010, a montré la relégation politique du Premier ministre en la matière (un « collaborateur » a dit le président). On est revenu a un schéma plus orthodoxe entre 2012 et 2017. Depuis, E. Macron s'inspire un peu de N. Sarkozy avec É. Philippe.

Par ailleurs le Premier ministre « est responsable de la Défense nationale ». Sous l'autorité du chef de l'État, prééminent en la matière on l'a vu, l'hôte de Matignon met « administrativement » en application la politique de défense définie et arrêtée par le président.

En période de cohabitation, le Premier ministre joue, avec le Parlement, un rôle important en matière de loi de programmation militaire (fixant sur cinq ans les orientations de la politique de défense ainsi que les moyens consacrés).

Ensuite le Premier ministre « assure l'exécution des lois ». Cela consiste à mettre en œuvre la loi par le biais de décrets d'application qui en explicitent aussi le sens. Le professeur Hauriou définissait le décret comme « coadjuteur de la loi ». On sait que l'exécution des lois, lente en France, reste un problème récurrent d'autant plus avec l'inflation législative de ces deux dernières décennies. Dans *Ubu roi*, « trop de lois tuent la loi » (Fayard, 2008). MM Lansoy et Sassier estimaient à 10 500 le nombre de lois et à 127 000 celui des décrets. Dans cette tâche d'exécution, le Secrétariat général du Gouvernement joue un rôle majeur.

Également le Premier ministre « sous réserve des dispositions de l'art. 13, (il) exerce le pouvoir réglementaire et nomme aux emplois civils et militaires ». Cela veut dire qu'il signe les principaux textes exécutifs et notamment les décrets (décret en Conseil d'État, décret simple, décret d'application, certains décrets réglementaire ou individuel) puisque les ministres n'ont pas le pouvoir réglementaire (jurisprudence Jamart précitée) ou alors dérivé (contresignature des actes présidentiels et du Premier ministre, signature des circulaires). Le Premier ministre procède à certaines nominations (dites « résiduelles ») pour certains emplois civils et militaires non pourvus par le chef de l'État.

Il est prévu à **l'art. 21 al. 2** que le Premier ministre puisse « déléguer certains de ses pouvoirs aux ministres ». Cela signifie que sur certains dossiers et lorsqu'il l'estime nécessaire, le Premier ministre transfère, par décret, une ou plusieurs de ses compétences à un ministre. Le temps, en général court, de ladite délégation, le ministre se substitue tant au niveau des responsabilités que des compétences, au Premier ministre. Ces délégations sont cependant assez rares.

Enfin l'hôte de Matignon peut aussi, selon les alinéas 3 et 4 de l'art. 21 C., exercer des missions de suppléance du président de la République. Cela concerne « la présidence des conseils et comités prévus à l'art. 15 » (donc en matière de défense) et « à titre exceptionnel... la présidence d'un Conseil des Ministres en vertu d'une délégation expresse et pour un ordre du jour déterminé ». Ce sont là des hypothèses rarissimes car le chef de l'État tient à ses prérogatives en matière de défense, de même qu'à la présidence du Conseil des Ministres.

3 Les services de Matignon

Assez méconnus, ils sont pourtant un rouage fondamental de la vie exécutive et administrative du pays. Ils sont au nombre de trois. D'abord **les cabinets, civil et militaire**. Le premier regroupe les collaborateurs personnels du Premier ministre. Le nombre de membres varie de 30 à 40, ce qui représente un coût mais aussi, parfois, un risque de dispersion et de brouillage du processus de décision. À sa tête il y a un directeur de cabinet, chargé des questions politiques, et un chef de cabinet, en charge des tâches techniques et administratives. On trouve aussi divers conseillers et chargés de mission. Leur nombre est à l'appréciation du Premier ministre. Le cabinet militaire, plus restreint, assiste et conseille le Premier ministre en matière de défense. Cela représente une soixantaine de membres pour les différents Gouvernements Fillon et une cinquantaine pour ceux de J.-M. Ayrault et M. Valls.

Le second organe de Matignon, certainement le plus important, est **le Secrétariat général du Gouvernement**. Créé en 1935, son rôle est triple : organiser administrativement le travail gouvernemental (rapports avec la Conseil d'État, suivi du processus législatif et réglementaire), assurer la transition entre les cabinets ministériels ainsi que les moyens logistiques, conseiller juridique du Gouvernement. On dit du SGG qu'il est « la main invisible de la République ». Depuis 2015, c'est Marc Guillaume qui est secrétaire général.

Enfin il existe **d'autres organismes et services** rattachés au Premier ministre : le Secrétariat Général de la Défense Nationale (SGDN), le Secrétariat Général des Affaires Européennes (SGAE, ex- SGCI), la Direction des Journaux Officiels, la Documentation Française, le Service d'Information et de Diffusion. Ils jouent un rôle important dans leur domaine de compétences.

Les hôtes de Matignon ont le plus souvent voulu avoir une carrière élyséenne. Excepté G. Pompidou dans les conditions que l'on sait (succession du général de Gaulle démissionnaire en 1969), ceux qui ont parié sur leurs fonctions matignonnaises comme tremplin présidentiel ont généralement échoué : J. Chaban-Delmas en 1974, J. Chirac en 1981 et 1988 (mais il parviendra à se faire élire en 1995 et en 2002), E. Balladur en 1995, L. Jospin en 2002 et, plus récemment, F. Fillon et M. Valls (qui ne passe pas le cap des primaires socialistes) en 2017.

Les différents Gouvernements depuis 1958

8 janvier 1959 - 14 avril 1962	Michel Debré	2 avril 1992 - 29 mars 1993	Pierre Bérégovoy
14 avril 1962 - 10 juillet 1968	Georges Pompidou	29 mars 1993 - 17 mai 1995	Édouard Balladur
10 juillet 1968 - 20 juin 1969	Maurice Couve de Murville	17 mai 1995 - 2 juin 1997	Alain Juppé
20 juin 1969 - 5 juillet 1972	Jacques Chaban-Delmas	2 juin 1997 - 6 mai 2002	Lionel Jospin
5 juillet 1972 - 27 mai 1974	Pierre Messmer	7 mai 2002 - 31 mai 2005	Jean-Pierre Raffarin
27 mai 1974 - 25 août 1976	Jacques Chirac	31 mai 2005 - 15 mai 2007	Dominique de Villepin
25 août 1976 - 21 mai 1981	Raymond Barre	17 mai 2007 - 7 mai 2012	François Fillon
21 mai 1981 - 19 juillet 1984	Pierre Mauroy	15 mai 2012 - 30 mars 2014	Jean-Marc Ayrault
19 juillet 1984 - 20 mars 1986	Laurent Fabius	30 mars 2014 - 6 décembre 2016	Manuel Valls
20 mars 1986 - 10 mai 1988	Jacques Chirac	6 décembre 2013 - 10 mai 2017	Bernard Cazeneuve
10 mai 1988 - 15 mai 1991	Michel Rocard	15 mai 2017 -	Edouard Philippe
15 mai 1991 - 2 avril 1992	Edith Cresson		

15 FICHE

Le Parlement

Il est défini au Titre IV de la Constitution.

Comme sous les républiques précédentes il est bicaméral avec l'Assemblée nationale et le Sénat. Analysons d'abord le statut puis les attributions du Parlement.

1 Le statut

Il faut distinguer son organisation et son fonctionnement.

1. Organisation

D'abord les élections parlementaires diffèrent entre l'Assemblée nationale et le Sénat.

a. Les élections

Les **élections législatives** permettent l'élection des **députés**. Selon l'art. 24 « le nombre de députés ne peut excéder 577 » qui sont élus au suffrage universel majoritaire uninominal à deux tours. En 1986 il y a eu l'introduction d'une dose de proportionnelle supprimée en 1988. La commission Jospin la préconisait mais aucun projet n'est apparu.

Le mandat est de 5 ans. L'ordonnance du 29 juin 2009 a modifié la répartition des sièges de députés : dans 27 départements il a diminué de 33 sièges, dans 15 autres il a augmenté de 17 sièges. Quant aux collectivités d'outre-mer, hors DOM, elles ont 11 sièges (comme les Français de l'étranger). Il existe des conditions d'éligibilité (définies par le code électoral), un régime d'inéligibilités et des incompatibilités. L'éligibilité est réservée aux candidats âgés de 18 ans, électeurs (sans obligation d'être inscrit là où on se présente), qui ont satisfait aux obligations du service national et qui ne sont pas frappés par une inéligibilité absolue (suite à une condamnation de justice par ex) ou relative (un fonctionnaire ne peut se présenter là où il travaille). Les candidats doivent aussi faire une déclaration de candidature qui comporte le nom du suppléant.

Le régime des élections est d'abord basé sur une campagne électorale réglementée par le Code Électoral (Titre II, chap. 6 art. L. 174 à L. 175). La propagande électorale est basée sur l'égalité des candidats et vise à garantir la sincérité du scrutin. L'accès aux médias (et notamment l'égalité) est soumis au CSA. Depuis une loi de 2002 les sondages sont interdits la veille et le jour du scrutin (contrôle de la Commission des Sondages).

Depuis le 1er janvier 2002 les dépenses ont été plafonnées à 38 000 euros/candidat, augmentés de 0,15 euro par habitant de la circonscription (avec un coefficient multiplicateur du coût de la vie = 1,12). Depuis la loi de 1995 les personnes morales, sauf les partis politiques, ne peuvent plus financer la campagne d'un candidat. Les adhérents à un parti peuvent financer jusqu'à 7 700 euros avec déduction fiscale. Le plafond est de 4 600 euros pour les autres citoyens. Un candidat doit aussi avoir un mandataire financier ou une association de financement. L'État rembourse forfaitairement 50 % du plafond des dépenses. Les comptes de campagne des candidats sont soumis à la Commission nationale des comptes de campagne.

Le contentieux des législatives est confié au Conseil constitutionnel (art. 59 C.).

Les **sénatoriales** relèvent d'une organisation différente. Selon l'art. 24 C. le nombre de sénateurs « ne peut excéder 348 » sur la base d'un scrutin au suffrage universel indirect et d'un mandat de 6 ans, renouvelable par moitié tous les 3 ans. Les conditions d'éligibilité sont les mêmes que pour les députés (sauf l'âge : 24 ans). Le mode d'élection correspond à la mission générale du Sénat fixé par l'art. 24 : assurer « la représentation des collectivités territoriales ». Ils sont donc élus, par un collège électoral, au suffrage indirect à la proportionnelle dans le cadre départemental avec surreprésentation des communes rurales. Le collège électoral est formé de grands électeurs : députés, conseillers régionaux, départementaux, délégués des conseils municipaux (majoritaires à plus de 90 %). Il y a de 1 à 12 sénateurs selon la population départementale. L'élection sénatoriale est la seule en France où le droit de vote est obligatoire (l'art. L. 318 du Code électoral prévoit une amende de 100 euros en cas d'abstention).

Contrairement aux législatives, la campagne des sénatoriales est placée sous le sceau de la discrétion et se passe entre notables (art. L. 306 ; L. 308 et R. 155 à R. 160 code électoral). Les dernières sénatoriales ont eu lieu en septembre 2017 et ont conforté la droite.

Le contentieux de l'élection est aussi soumis au Conseil constitutionnel.

b. Le statut des parlementaires

- Il faut d'abord parler de la **suppléance**. C'est la personne qui est élue en même temps que le parlementaire et est appelée à le remplacer en cas d'empêchement définitif (décès) ou temporaire (nomination au Gouvernement). C'est seulement quand le titulaire démissionne, qu'une élection partielle est alors organisée. Ce sont les art. 23 et 25 C. qui fixent les règles précises.
- Ensuite il y a les **incompatibilités**. À la différence des inéligibilités, elles n'empêchent pas de se présenter à l'élection mais obligent le candidat élu à choisir entre son mandat et l'exercice de fonctions incompatibles. Elles visent à préserver l'indépendance de l'élu.

  Il existe des incompatibilités avec une activité publique. Au niveau électif, il est interdit de cumuler avec un autre mandat politique national (député/sénateur, député/député européen par ex). Depuis une loi de 2014, le cumul avec un mandat local a changé. Ainsi, à partir de 2017 pour les députés et sénateur et 2019 pour les députés européens, le cumul du mandat parlementaire avec une fonction exécutive locale est interdit. Conserver un mandat local est possible (conseiller municipal par exemple). Le cumul avec toute fonction publique est interdit (sauf professeur des universités).

  En principe le mandat parlementaire est incompatible avec toute activité professionnelle. Mais des exceptions existent dès lors que l'activité n'a pas de lien avec le mandat (ex : notaire, médecin, agriculteur).

Celui qui est élu parlementaire a 30 jours pour choisir entre ses fonctions. Il s'adresse au bureau de l'Assemblée à laquelle appartient qui apprécie la situation. En cas de litige le Conseil constitutionnel est saisi (art. 151 Code électoral).

- Dans l'exercice de ses fonctions, le parlementaire bénéficie aussi d'**immunités**. Elles forment une protection fonctionnelle et personnelle visant au libre exercice du mandat. Cela lui permet de bénéficier de l'irresponsabilité (art. 26 al. 1 C.) et de l'inviolabilité (art. 26 al. 2 C.).

La situation matérielle des parlementaires est confortable. L'indemnité du sénateur est de 7100, 15 euros brut auxquels s'ajoute une Indemnité de Représentation et de Frais de Mandat mensuelle égale à 6037, 23 euros brut et un crédit mensuel pour ses assistants (2 ou 3 personnes réparties entre province et Paris) de 7548, 10 euros brut. L'indemnité du député est la même mais l'indemnité de frais de mandat est de 6 412 euros brut et le crédit pour ses assistants est de 9 138 euros brut. Ajoutons à cela, un bureau, la gratuité métro, RER et SNCF 1re classe, la majorité des vols aériens, la prise en charge du téléphone (fixe et portable), d'Internet, du fax, de l'affranchissement du courrier. Depuis 2007 les députés non réélus touchent une indemnité dégressive pendant 5 ans.

2. Fonctionnement

Il est basé sur le règlement des assemblées, les divers organes parlementaires et les sessions.

a. Le règlement des assemblées

C'est une sorte de « loi intérieure » (Esmein) qui comprend les dispositions exclusives que chaque assemblée adopte souverainement, en matière de fonctionnement et discipline. Voté sous forme de résolution, le règlement est soumis automatiquement au Conseil constitutionnel (art. 61 al. 1 C.). Il est modifiable dans les mêmes conditions. À noter que la révision de 2008 instaure un art. 51-1 selon lequel c'est le règlement de chaque assemblée qui fixe un statut de l'opposition.

b. Les organes parlementaires

Les organes de direction

Au premier chef, il y a les présidents des assemblées (président de l'Assemblée nationale élu pour 5 ans, président du Sénat élu à chaque renouvellement) doté de pouvoirs parlementaires classiques (direction et organisation des débats, règlement, discipline) et de prérogatives constitutionnelles (intérim du chef de l'État par le président du Sénat, consultation sur usage art. 16 ou dissolution). Protocolairement le président du Sénat est le 2ᵉ personnage de la République et celui de l'Assemblée nationale, le 4ᵉ (1ᵉʳ le chef de l'État, 3ᵉ le Premier ministre).

Le bureau des assemblées : un dans chaque assemblée présidée par le président de la Chambre. 22 membres élus au Sénat, 22 à l'Assemblée nationale. Il est composé aussi des vice-présidents, de 6 questeurs (aspects administratifs et financiers), d'un secrétariat.

La Conférence des présidents : c'est la réunion des vice-présidents, des présidents des commissions permanentes et de la commission chargée des affaires européennes, du rapporteur de la commission des finances, des présidents de groupes. Sous la houlette du président de la Chambre, la Conférence a en charge l'ordre du jour des travaux parlementaires. Depuis la révision de 2008 elle a compétence prioritaire deux semaines sur quatre (les deux autres relevant du Gouvernement).

Les organes d'encadrement

Ce sont d'abord **les groupes parlementaires**. Les parlementaires ont, depuis la IIIe, le droit de se réunir par affinités politiques. Les règlements des assemblées fixent à 15 le nombre de députés et sénateurs pour créer un groupe. Il y en a 7 à l'Assemblée nationale et 7 au Sénat. La révision de 2008 a reconnu des droits spécifiques pour des groupes d'opposition (art. 51-1). Il n'y a aucune obligation d'adhérer à un groupe. Des parlementaires peuvent donc être « apparentés » à un groupe, ou encore non-inscrits. Ces derniers, tant à l'Assemblée nationale qu'au Sénat, peuvent depuis 2008 se constituer en groupe. Le règlement des assemblées donne aux groupes des moyens matériels supplémentaires (locaux, aide financière par ex). Chaque groupe bénéficie d'un financement selon sa taille.

Les commissions parlementaires sont de plusieurs ordres :

- les **commissions permanentes** élues (examen et amendement des projets et des propositions de loi ; depuis 2008 limitées à 8 dans chaque assemblée : art. 42 et 43 al. 1 C. ; également les commissions permanentes rendent un avis sur certaines nominations exécutives) ;
- les **commissions spéciales** (désignées par le Gouvernement ou le Parlement pour examiner un texte de loi spécifique, art. 43 al. 2 C.) ;
- les **commissions d'enquête** (crées temporairement par une résolution d'une assemblée en vue d'exercer une mission de contrôle et d'évaluation selon l'art. 51-2 C.).

Les missions d'évaluation et de contrôle : à l'Assemblée nationale elles sont deux, l'une compétente en matière budgétaire (MEC), l'autre pour les lois de financement de la Sécurité Sociale (MECSS). Depuis 2008 des conseillers à la Cour des Comptes assistent aux travaux de ces missions.

Le Comité d'Évaluation et de Contrôle des Politiques Publiques (CECPP) : mis en place en 2008 il est composé de 32 membres (essentiellement parlementaires). On le reverra plus loin.

Les missions d'information : mises en place par les commissions permanentes pour étudier les conditions d'application d'une législation. Elles ont tendance à se substituer aux commissions d'enquête (ex : missions sur « vache folle » en 1996, sur Rwanda en 1998, sur signes religieux à l'école en 2003).

La commission chargée des affaires européennes mise en place en 2008 dans chaque assemblée. Elle vise à assurer l'information des assemblées et des commissions permanentes sur les divers travaux des institutions européennes.

c. Les sessions

Selon la Constitution il existe plusieurs sessions.

La session ordinaire

Selon l'art. 28 C. « le Parlement se réunit de plein droit en une session ordinaire qui commence le premier jour ouvrable d'octobre et prend fin le dernier jour ouvrable de juin ». Il est également prévu que le nombre de jours de session « ne peut excéder cent vingt ». Le règlement de chaque assemblée fixe le nombre de semaines de séance. Des « jours supplémentaires de séance » peuvent être demandés par le Premier ministre, après consultation du président de l'assemblée concernée, ou par une majorité parlementaire.

Les sessions extraordinaires

L'art. 29 C. énonce qu'une session extraordinaire peut être réunie sur demande du Premier ministre ou d'une majorité parlementaire, sur la base d'un ordre du jour déterminé. Selon l'art. 30 C. c'est le chef de l'État qui ouvre et clôture, par décret, les sessions extraordinaires. Dans la pratique le général de Gaulle (refus en 1960) et certains de ses successeurs (F. Mitterrand en 1986 et 1993) ont considéré qu'ils disposaient ici d'une compétence discrétionnaire tant sur l'opportunité de la session que sur son ordre du jour.

Les sessions de plein droit

Expressément prévues par la Constitution dans 3 hypothèses : après des législatives engendrées par une dissolution (art. 12 C.), durant l'art. 16 C., pour entendre un message ou la déclaration présidentielle (art. 18 C.).

Composition du parlement depuis les élections de juin et septembre 2017

Assemblée nationale Président : François de Rugy, LREM	Sénat Président : Gérard Larcher, LR
LREM : 314	LR : 145
LR : 100	GSR (PS) : 78
MoDem : 47	UC : 49
LCR (UDI) : 35	LREM : 21
NG (PS) : 17	RDSE : 21
FI : 17	CRCE : 15
GDR (PC, FG) : 16	RT : 11
Non inscrits : 17 (dont FN : 8)	Autres : 5 (dont FN : 2)

2 Attributions

Selon l'art. 24 C. « le Parlement vote la loi. Il contrôle l'action du Gouvernement. Il évalue les politiques publiques ». Ce sont là les trois missions principales du Parlement.

1. Le vote de la loi

Plusieurs points sont à étudier ici.

a. Le domaine de la loi

L'article 34

La Constitution de 1958 a, pour la première fois en France, cantonné la loi à un domaine défini à l'art. 34 C. Selon cet article, la loi a deux missions majeures :

- fixer les règles : droits civiques, droits civils, règles pénales, règles en matière d'imposition, régimes électoraux, fonction publique…
- déterminer les principes fondamentaux : défense nationale, collectivités territoriales, environnement, droit commercial, droit du travail…

Il existe aussi d'autres types de lois : la loi de finances (budget), la loi de financement de la sécurité sociale, la loi de programmation (objectifs de l'action de l'État, orientations pluriannuelles des finances publiques), loi organique (complète la Constitution).

Le domaine de la loi est vaste. Il est aussi extensible puisque le dernier alinéa de l'art. 34 C. précise que ses dispositions « pourront être précisées et complétées par une loi organique ». Son extension a aussi été validée par le Conseil constitutionnel qui a défini le domaine de la loi non seulement sur la base de l'art. 34 mais aussi par rapport à la Déclaration de 1789 et au Préambule de 1946. De même le Conseil a parfois accepté les empiétements du législateur sur le domaine réglementaire.

L'art. 37 C.

Le domaine législatif doit aussi être apprécié en fonction de celui du règlement fixé à l'art. 37 C. et selon lequel : « les matières autres que celles qui sont du domaine de la loi ont un caractère réglementaire ». Ce pouvoir réglementaire, que l'on reverra dans la 2de partie, est détenu par les autorités exécutives (président de la République, Premier ministre), par leurs représentants (préfets), par les autorités administratives indépendantes (CNIL, CSA) ainsi que par les exécutifs des collectivités territoriales. Ce pouvoir réglementaire réside donc dans la possibilité d'édicter des normes générales et impersonnelles (décret, arrêtés, circulaires par exemple). Il s'oppose donc au pouvoir législatif. C'est un pouvoir réglementaire dit autonome (non limité à l'application des lois) pour des domaines ne concernant en principe pas la loi.

Mais la répartition loi/règlement n'est pas toujours aisée.

- Le contrôle de la répartition :

Si législateur et Gouvernement ont donc leur domaine propre, les frontières sont poreuses et il appartient d'assurer **un contrôle de la délimitation.** D'abord par un contrôle du respect du domaine réglementaire par le Conseil constitutionnel. Ce dernier va parfois arbitrer une procédure d'irrecevabilité posée par le Gouvernement ou le président de l'Assemblée saisie (art. 41 al. 1 C.). Mais c'est surtout lors de son contrôle de constitutionnalité que le Conseil peut déclarer, de façon préventive, réglementaire les aspects d'une loi qui le nécessitent (Conseil constitutionnel, 21 avril 2005, loi d'orientation et de programme pour l'école). Signalons que quand un texte législatif intervient hors du domaine de l'art. 34 C., le Gouvernement peut « réglementariser » le texte par décret pris après avis du Conseil d'État (art. 37 al. 2 C.). Enfin quand le Gouvernement estime qu'une disposition législative empiète sur le domaine réglementaire, il peut demander au Conseil constitutionnel de déclarer cette disposition réglementaire (art. 37 al. 2 C.).

Il existe aussi **le contrôle indirect du respect du domaine législatif** par le Conseil d'État. Dans un premier cas, c'est par le biais du recours pour excès de pouvoir (cf. 2e partie) déclenché par un administré contre un règlement ayant empiété sur la loi. Le second cas est celui d'une loi, ayant échappé au contrôle du Conseil constitutionnel, qui transfère abusivement des compétences du législatif vers le réglementaire. En raison de la théorie de la loi-écran, le Conseil d'État, incompétent en matière de constitutionnalité de la loi, ne pouvait rien faire jusqu'en 2008. Depuis cette date, la Question prioritaire de constitutionnalité (QPC, cf. 2e partie) lui permet d'agir.

b. Le vote de la loi (ordinaire)

Il obéit à plusieurs étapes principales :

- **L'initiative du texte** appartient selon l'art. 39 C. au Premier ministre et aux parlementaires. Dans le premier cas on parle de projet de loi (85 % des textes), dans le second de proposition (15 %). L'initiative parlementaire est limitée par les irrecevabilités (art. 40 et 41 C.)
- **Le dépôt du texte** se fait sur le bureau d'une des Chambres. Depuis la révision de 2008, il existe un délai minimum avant la discussion du texte de loi (art. 42 al. 3 : entre 4 et 6 semaines).
- **La discussion du texte** : d'abord devant la commission permanente compétente. Celle-ci examine le texte, l'amende puis établit un rapport afin d'éclairer l'examen en séance. Ce rapport peut être appuyé sur des annexes. La révision de 2008 prévoit que c'est le texte adopté par la commission saisie qui devra être examiné en séance (art. 42 al. 1 C.). La commission peut aussi se faire assister par des experts dans le domaine du texte de loi à discuter.
- **L'inscription à l'ordre du jour** : depuis 2008 il existe selon l'art. 48 C., un ordre du jour « partagé » entre Gouvernement et Parlement, et entre majorité et opposition (minoritaires). Une loi organique de 2009 prévoit que la Conférence des présidents peut constater que les modalités de présentation des projets de loi (exposé des motifs, étude d'impact) ne sont pas respectées. Le Conseil constitutionnel peut arbitrer.
- **L'examen du texte en séance** : avant la discussion, opposition et majorité peuvent tenter d'écarter le texte par des motions d'irrecevabilité : exception d'irrecevabilité (art. 44 du règlement intérieur du Sénat et 34-1 C., rejet préalable à l'Assemblée nationale), question préalable (rejet de la délibération pour texte « inopportun », art. 44 du règlement intérieur du Sénat), motion de renvoi en commission (pour nouveau rapport). La discussion sur le texte se fait article par article et les amendements sont discutés puis votés. Chaque article est mis aux voix individuellement. Amendements et articles sont adoptés à la majorité des suffrages.
- **Le droit d'amendement** est réglementé par la Constitution (art. 40, 41, 45 al. 1, 44 al. 2 C.). Depuis 2009 ce droit est limité dans le temps puisque les amendements parlementaires sont en principe irrecevables après le début de l'examen du texte en séance publique. Le droit d'amendement est aussi encadré par le Conseil constitutionnel (décisions des 13 décembre 1985, 23 janvier 1987, 30 décembre 1995, 19 janvier 2006). Mais ce droit d'amendement est souvent transformé, notamment par l'opposition, en procédure dilatoire.
- **Le vote du texte** : L'assemblée concernée doit s'exprimer à la majorité des suffrages exprimés. Rappelons que l'art. 27 al. 1 C. pose le principe selon lequel « le droit de vote des parlementaires est personnel ». Mais l'alinéa 2 autorise « la délégation de vote ». Celle-ci est très utilisée et explique aussi l'absentéisme parlementaire.
- **La navette** : Une fois le texte adopté, il doit être envoyé à l'autre assemblée « en vue de l'adoption d'un texte identique » (art. 45 al. 1 C.). Celle-ci va en principe apporter des modifications au texte. Dès lors un va-et-vient (navette) se fait entre les deux

assemblées jusqu'à ce qu'elles adoptent un texte identique. Si un désaccord persiste le Premier ministre peut, selon l'art. 45 al. 2 C., mettre en place une commission mixte paritaire, à l'issue de laquelle si le désaccord persiste, il donne le dernier mot au texte de l'Assemblée nationale.

Il existe aussi des procédures spécifiques d'adoption de texte :

- le vote bloqué (art. 44 al. 3 C.) ;
- la procédure d'examen simplifiée ;
- l'engagement de responsabilité du Gouvernement sur le vote d'un texte (art. 49 al. 3 C., cf. plus loin).

c. Promulgation et publication

Une fois adopté le texte est transmis à l'Élysée pour que le président procède, selon l'art. 10 C., à la promulgation de celui-ci. Une fois la promulgation réalisée, le texte devient exécutoire c'est-à-dire que la loi existe et qu'ordre est donné aux autorités publiques françaises de l'observer et de la faire observer. La publication au JORF (papier et internet) permet de porter la loi à la connaissance des citoyens et de leur rendre opposable. Dès lors « nul n'est censé ignorer la loi ». Depuis 2004, en principe, les lois entrent en vigueur sur tout le territoire le lendemain de leur publication.

d. Exécution des lois

On l'a noté, elle relève du Premier ministre (art. 21 C.) sur la base de décrets d'application ou dérivés, qui en explicitent le sens. En 2004 et en 2009 l'Assemblée nationale a mis dans son règlement des normes afin de mieux contrôler l'application des lois. Au bout de 6 mois deux députés (dont l'un d'opposition) remettent à la commission permanente compétente un rapport à cette fin. Il existe au Sénat une commission d'application des lois qui fait un rapport annuel. Le pourcentage de lois rendues applicables dans l'année de leur adoption se situe à environ 25 %.

e. Les autres textes de loi

Les lois constitutionnelles (art. 89 C.), organiques (art. 46 C.), de finances (art. 47 C.), de financement de la sécurité sociale (art. 47-1 C.), de ratification des traités internationaux (art. 53 C.), des traités européens (art. 88-5 C.) obéissent à des procédures d'adoption spécifiques définies par la Constitution et des lois organiques.

2. Le contrôle de l'action gouvernementale

Il se fait essentiellement par trois modes : les déclarations gouvernementales, les questions au Gouvernement et enfin les procédures des articles 49 et 50 C.

a. Les déclarations gouvernementales

De nature ponctuelle et informative, elles sont soit obligatoires (référendum de l'art. 11 C., consultation d'une collectivité d'outre-mer de l'art. 72-4 C., déclaration de guerre de l'art. 35 C.) soit facultatives (tenue d'un conseil européen). Selon l'art. 50-1 C. le Gouvernement peut y procéder de sa propre initiative ou suite à une demande parlementaire, « sur un sujet déterminé ». Suivi d'un débat, un vote (sans engagement de responsabilité) peut avoir lieu. Il existe aussi la déclaration de politique générale ou d'engagement de responsabilité que l'on verra plus loin.

b. Les questions

Elles proviennent d'une des plus anciennes pratiques parlementaires. Elles sont de deux types :

- **Questions orales :** selon l'art. 48 C al. 6 C. « une séance par semaine au moins, y compris pendant la session extraordinaire prévues à l'art. 29, est réservée par priorité aux questions des membres du Parlement et aux réponses du Gouvernement ». Les questions sont avec (mais sans vote de confiance) ou sans débat. Il existe aussi depuis 1974, à l'initiative du président Giscard d'Estaing, les questions au Gouvernement (dites aussi questions d'actualité) les mardis et mercredis après-midi. Elles sont télévisées. Il y a enfin les questions à un ministre (dites questions ciblées).
- **Questions écrites :** organisées par le règlement intérieur de chaque assemblée, elles ont un double objectif pour les parlementaires : obtenir des ministres des renseignements afin de répondre à certains problèmes soumis par leurs électeurs et bénéficier de consultations juridiques (par exemple en matière fiscale) qui engagent l'administration.

c. La responsabilité politique du Gouvernement devant l'Assemblée nationale

À noter que le Sénat est quasiment exclu de ces procédures qui sont définies aux articles 49 et 50 C.

L'art. 49 C. comporte trois procédures :

- art. 49 al. 1 : **la question de confiance** est une procédure qui donne au Premier ministre le droit de venir engager la responsabilité de son Gouvernement « sur son programme ou éventuellement sur une déclaration de politique générale ». C'est un droit et, non plus comme sous les républiques précédentes, un devoir. Selon le Conseil constitutionnel, **programme** et **déclaration de politique générale** sont assimilables. Cette procédure est devenue un geste de cohérence du Gouvernement envers la (sa) majorité parlementaire. Elle implique donc une présomption de confiance.
- art. 49-2 : **la motion de censure :** l'initiative vient des députés qui, spontanément, mettent en cause la responsabilité du Gouvernement. Les conditions de vote sont strictes. Son adoption entraîne la démission de ce dernier. Si une cinquantaine de textes de motion de censure ont été déposés depuis 1958, une seule a été votée, en octobre 1962 contre le Gouvernement Pompidou. La logique majoritaire l'explique.
- **le 49-3** : l'engagement de la responsabilité gouvernementale sur le vote d'un texte. C'est la synthèse des deux précédentes procédures. Elle permet surtout de faire adopter un texte sans vote. C'est aussi un moyen de pression du Gouvernement sur sa majorité, notamment quand celle-ci est instable, voire de test pour l'opposition. De 1958 à 2006 (date de dernière utilisation 09 février 2006 par D. de Villepin) : le 49-3 a été utilisé 82 fois. Depuis 2008 il ne peut être utilisé que pour le budget général et celui de la sécurité sociale. Selon l'art. 49-4, le Premier ministre peut « demander au Sénat l'approbation d'une déclaration de politique générale » (dernière utilisation sous le gouvernement Barre).

- l'art. 50 C. prévoit que lorsque le Gouvernement n'a pas obtenu la confiance ou a subi une censure, il doit démissionner.

3. L'évaluation des politiques publiques

a. Les premières tentatives

Évaluer une politique publique répond à un impératif budgétaire et à une volonté de rationalisation de l'action publique.

De 1968 au début des années quatre-vingt, une première procédure est mise en place avec la rationalisation des choix budgétaires (RCB). En 1983 est créé un Office parlementaire des choix scientifiques et technologiques avec un domaine évaluation. Le Gouvernement Rocard en créant le RMI (1988) met en place un dispositif d'évaluation des actions menées et un Conseil scientifique de l'évaluation. Au niveau local, les contrats de plan État/région sont évalués dès 1993. À la fin des années quatre-vingt-dix sont mises en place la Société française d'évaluation et la Mission d'évaluation et de contrôle. Au début des années 2000 la loi d'Organisation relative au finances publiques et la Révision générale des politiques publiques sont des outils de modernisation de la dépense et de l'action publique avec mission d'évaluation (décembre 2012).

b. La concrétisation

En 2007, pour la première fois en France, est créé un Secrétariat d'État à la Prospective et à l'Évaluation des politiques publiques (confié à Éric Besson). Il sera supprimé en 2009.

La révision constitutionnelle de 2008 intègre l'évaluation dans trois articles :

- Art. 24 C. : le Parlement évalue les politiques publiques.
- Art. 47-2 C. : la Cour des comptes assiste le Parlement dans sa mission d'évaluation.
- Art. 51-2 C. : possibilité de commissions d'enquête parlementaires pour aider aux évaluations.

16 FICHE

Les autres institutions de la Ve République

Il s'agit du Conseil constitutionnel, de l'autorité judiciaire, de la Haute Cour, de la Cour de justice de la République, du CESE, du Défenseur des droits.

1 Le Conseil constitutionnel

Il est organisé, pour la première fois en France, au Titre VII de la Constitution. Examinons d'abord son statut puis ses missions.

1. Statut

a. Composition

Elle est décrite à l'art. 56 C. Il y a 9 membres nommés (3 par le président de la République, 3 par le président de l'Assemblée nationale, 3 par celui du Sénat). Parmi ses membres le chef de l'État désigne le président du Conseil constitutionnel. Les membres nommés prêtent serment sur la Constitution. Il y a aussi les membres de droit et à vie que sont les anciens présidents de la République (V. Giscard d'Estaing, J. Chirac et N. Sarkozy), seul le premier siège. Cette catégorie pourrait disparaitre.

Membres nommés du Conseil constitutionnel (septembre 2017)

Nom	Mandat	Nommé par
Laurant Fabius (président)	2016-2025	président de la République
Nicole Maestracci	2013-2022	président de la République
Dominique Lottin	2017-2022	président du Sénat
Claire Bazy-Malaurie	2010-2022	président de l'Assemblée nationale
Michel Pinault	2016-2025	président du Sénat
Corinne Luquiens	2016-2025	président de l'Assemblée nationale
Michel Charasse	2010-2019	président de la République
Jean-Jacques Hyest	2015-2019	président du Sénat
Lionel Jospin	2015-2019	président de l'Assemblée nationale

b. Organisation

La durée des fonctions est fixée à 9 ans non renouvelables. L'art. 57 C. prévoit des incompatibilités avec toute fonction gouvernementale et parlementaire (y compris européenne). Une loi organique prohibe aussi de cumuler avec tout mandat local. De même qu'une loi organique fixe des interdictions avec tout poste dans un parti politique ou toute nomination (ou avancement si le conseiller est fonctionnaire) à un emploi public. Il existe aussi des restrictions avec le métier d'avocat. Les conseillers constitutionnels perçoivent une indemnité mensuelle d'environ 13 200 euros.

Le Conseil constitutionnel bénéficie d'une structure administrative légère qui repose essentiellement sur un secrétariat général dont le rôle est essentiel (actuellement Laurent Vallée). Les conseillers ont une secrétaire.

Membres de droit et à vie du Conseil institutionnel

Valéry Giscard d'Estaing	membre depuis 2004
Jacques Chirac	ne siège plus depuis mars 2011
Nicolas Sarkozy	ne siège plus depuis janvier 2013
François Hollande	n'a jamais siégé

2. Missions

Le Conseil constitutionnel a deux types de mission.

a. Juge électoral

- Selon l'art. 58 C. le Conseil constitutionnel est en charge de la « régularité de l'élection du président de la République ». On a eu précédemment l'occasion de le développer. Il est aussi en charge de l'examen et de la proclamation des résultats.
- Selon l'art. 59 C. le Conseil constitutionnel « statue en cas de contestation, sur la régularité de l'élection des députés et des sénateurs ».
- Selon l'art. 60 C. le Conseil constitutionnel « veille à la régularité des opérations de référendum ».

Le Conseil constitutionnel développe ainsi toute une jurisprudence en matière électorale.

b. Juge constitutionnel

C'est la mission la plus importante qui repose sur deux articles.

- Selon l'art. 61 al. 1 C. le Conseil constitutionnel a d'abord en charge de juger automatiquement de la conformité à la Constitution du texte référendaire de l'art. 11 C. ainsi que des règlements des assemblées parlementaires. Ensuite selon l'alinéa 2 il doit juger, sur saisine du président de la République, du Premier ministre, des présidents du Parlement ou soixante parlementaires, de la conformité des lois ordinaires à la Constitution. Le Conseil constitutionnel doit en principe statuer sous un mois, délai qui peut être réduit à 8 jours par le Gouvernement. De la même façon il examine les traités (art. 54 C.).
- La révision de 2008 a mis en place, pour la première fois en France, **la question prioritaire de constitutionnalité** (QPC) définie à l'art. 61-1 C. Elle permet

à un justiciable, devant toute juridiction, de saisir indirectement le Conseil constitutionnel, ce qui entraîne la suspension du procès. Une loi organique du 10 décembre 2009 (entrée en vigueur le 1er mars 2010) est venue préciser les conditions d'application de cette procédure et a posé un double filtre :

- la juridiction saisie (Conseil d'État ou Cour de cassation) vérifie si la disposition contestée est applicable au litige ou à la procédure ou au fondement des poursuites. De même elle vérifie si elle n'a pas déjà été validée par le Conseil constitutionnel (sauf changement de circonstances) et si la question n'est pas dépourvue de caractère sérieux.
- la juridiction saisie a 3 mois pour statuer. Elle renvoie au contrôle du Conseil constitutionnel si les deux premières conditions sont présentes et si la question a un caractère sérieux. Si au bout de ce délai, elle ne s'est pas prononcée, le Conseil constitutionnel est automatiquement saisi.

Dans sa jurisprudence le Conseil constitutionnel peut soit déclarer conforme, soit déclarer non conforme totalement ou partiellement les dispositions dont il est saisi, soit émettre des réserves d'interprétation (sorte de feu orange). Dans le cadre d'une QPC, le jugement du Conseil constitutionnel est signifié à la juridiction d'origine et le procès peut reprendre.

Selon l'art. 62 al. 3 les décisions du Conseil constitutionnel ne sont pas susceptibles de recours (sauf devant le juge européen) et « s'imposent aux pouvoirs publics et à toutes les autorités administratives et juridictionnelles ».

2 L'autorité judiciaire

Elle est organisée au Titre VIII de la Constitution.

Selon le souhait du général de Gaulle en 1958, il n'était pas question que la justice soit un pouvoir mais seulement une autorité. Il s'agit donc d'un service public dont les membres, les magistrats, bénéficient de garanties d'indépendance et relèvent d'un statut spécifique.

- Rappelons d'abord que, selon l'art. 64 C., « le président de la République est garant de l'indépendance de l'autorité judiciaire ». Dans la majeure partie des démocraties occidentales, le lien a été coupé entre le pouvoir politique et le pouvoir judiciaire. Ce qui permet à ce dernier d'être un rempart contre l'éventuel arbitraire du politique. En France le lien subsiste, (notamment pour les magistrats du parquet auxquels la Cour européenne des Droits de l'Homme ne reconnaît pas l'indépendance et leur conteste même la qualité de magistrats, arrêts de 2008, Medvedyev, et 2010, F. Moulin) et est l'objet de nombreux et récurrents débats sur l'indépendance de la justice. L'al. 4 de l'art. 64 C., en prévoyant l'inamovibilité des magistrats du siège, assure leur indépendance. Dans sa mission, le chef de l'État est assisté du Conseil supérieur de la magistrature (CSM).
- L'art. 65 C. définit le CSM. C'est une autorité constitutionnelle qui comprend deux formations compétentes, l'une à l'égard du siège (présidée par le 1er président de la Cour de cassation), l'autre à l'égard du parquet (présidée par le procureur général près la Cour de cassation). Chacune d'elles est composée majoritairement de non-magistrats. Leur rôle principal est de participer à la gestion de carrière des magistrats (nomination). Chacune d'elles statue aussi comme instance disciplinaire. Notons que depuis 2008 les justiciables peuvent saisir le CSM du comportement dommageable d'un magistrat à l'occasion d'un procès. Le CSM peut être aussi consulté par l'exé-

cutif (chef de l'État, ministre de la Justice) mais il peut aussi demander audience à ce dernier (mêmes personnes).

- Chaque année le CSM produit un rapport d'activités. Signalons enfin que depuis la révision de 2007 l'art. 66-1 C. constitutionnalise l'abolition de la peine de mort.

3 Haute Cour et Cour de Justice de la République

1. Haute Cour (HC)

Elle est définie au Titre IX de la Constitution sur la base de l'art. 68.

Selon cet article c'est la réunion du Parlement en vue de juger de la destitution du chef de l'État. On a vu précédemment ce qu'il en était de la faute qui pouvait conduire le président de la République en exercice à être ainsi jugé (art. 68 al. 1 C.). Plusieurs étapes existent (al. 2, 3 et 4) : le vote d'une proposition de réunion de la Haute Cour par l'une des assemblées, la transmission à l'autre Chambre qui a quinze jours pour se prononcer, la réunion de la Haute Cour présidée par le président de l'Assemblée nationale qui statue sous un mois à bulletins secrets (à la majorité des 2/3 avec seule prise en compte des votes favorables et sans délégation de vote possible). La décision de destitution est d'effet immédiat : le président est « démissionné » sur-le-champ.

2. La Cour de Justice de la République (CJR)

Elle est prévue au Titre X de la Constitution relatif à la responsabilité pénale des membres du Gouvernement.

Cette juridiction a été créée en 1993 à la suite de l'affaire du sang contaminé et de diverses autres affaires politico-financières qui ont émaillé la fin du second mandat de F. Mitterrand.

- L'art. 68-1 C. institue pour la première fois en France une responsabilité pénale des membres du Gouvernement dans l'exercice de leurs fonctions. Elle vise les crimes et délits. Une CJR est installée à cette fin qui obéit aux règles du code et de la procédure pénale.
- Selon l'art. 68-2 C. cette Cour comprend quinze membres (12 parlementaires élus, 6 au Sénat, 6 à l'Assemblée nationale, et 3 magistrats de la Cour de cassation). La procédure permet à tout citoyen qui s'estime victime d'un crime ou délit commis par un membre du Gouvernement, de saisir **la commission des requêtes**. Celle-ci soit ordonne le classement, soit transmet au procureur général près la Cour de cassation pour saisine de la CJR. La commission peut aussi demander au dit procureur de saisir d'office la CJR.

À ce jour ce sont 4 affaires qui ont été jugées : 9 mars 1999 : « sang contaminé » (L. Fabius et G. Dufoix relaxés, E. Hervé dispensé de peine) ; 7 juillet 2000 : (Ségolène Royal est relaxée de faits de diffamation) ; 7 juillet 2004 : M. Gilibert (ancien secrétaire d'État aux handicapés) est condamné (3 ans avec sursis, 20 000 euros d'amende et 5 ans d'inéligibilité) pour escroquerie ; 4 avril 2010 : C. Pasqua est relaxé dans 2 dossiers (Casino d'Annemasse et transfert du siège de GEC-Alsthom) et condamné à 1 an avec sursis sur un autre pour complicité et recel d'abus de biens sociaux (Sofremi).

La CJR a ouvert une enquête sur C. Lagarde en août 2011 pour « **complicité de faux** » et de « **détournement de fonds publics** » dans l'affaire Tapie c/Crédit Lyonnais. La commission d'instruction de la CJR l'a renvoyé le 17 décembre 2015 devant la formation de jugement, au seul motif de « négligence ». Le 12 décembre 2016 son procès débute devant la CJR. Le parquet requiert sa relaxe. Le 19 décembre la Cour la déclare coupable de « négligence » mais la dispense de peine et d'inscription au casier. C. Lagarde ne fait pas appel et demeure à la tête du FMI. Une affaire célèbre (« la vache folle » visant plusieurs anciens ministres de l'Agriculture) était pendante devant la CJR mais s'est trouvée prescrite. En novembre 2012, une plainte a été déposée contre E. Balladur dans le cadre de l'affaire Karachi. Le jeudi 25 mai 2017, il est mis en examen par la cour CJR pour « complicité et recel d'abus de biens sociaux ».

4 Le Conseil économique, social et environnemental (CESE)

Il est défini au Titre XI de la Constitution.

Hérité notamment de la IVe République, il est défini au Titre XI C. (art. 69, 70 et 71). Le CESE est composé de 233 membres nommés pour 5 ans (majoritairement par les syndicats puis par le milieu associatif et le Gouvernement) renouvelables une fois non consécutivement. Les fonctions sont incompatibles avec tout mandat parlementaire. Le Conseil a un président (P. Bernasconi) et un bureau de 18 membres. Il est subdivisé en 9 sections et siège au Palais d'Iéna à Paris.

Son rôle est essentiellement consultatif. C'est de donner des avis, obligatoires ou facultatifs, sur les textes de nature économique, environnementale et sociale. La saisine peut être gouvernementale, parlementaire ou par pétition citoyenne. Le CESE peut aussi s'autosaisir. Annuellement il rend un rapport public sur ses activités.

Chaque conseiller touche 3 768 euros bruts/mois (7 500 euros pour le président).

5 Le Défenseur des droits

C'est une création issue de la révision de 2008 et qui a mis en place le Titre XI bis de la Constitution. Le Défenseur vient regrouper 4 autres institutions : Médiateur de la République, Défenseur des enfants, Commission nationale de déontologie de la sécurité, HALDE.

C'est une autorité constitutionnelle indépendante. Son président (J. Toubon depuis 2015) est nommé par le chef de l'État pour 6 ans non renouvelables. Il est assisté de 3 collèges (déontologie de la sécurité, droits des enfants, discrimination et égalité) et de délégations en province. Le défenseur est aussi membre de la CNIL et de la CADA. Ses fonctions sont incompatibles avec toute autre fonction publique ou privée et tout mandat électif.

Quant à son rôle, selon l'art. 71-1 C., il consiste à veiller au respect des droits et libertés par les administrations d'État, les collectivités locales, les établissements publics ainsi que tout organisme investi d'une mission publique. Le Défenseur est saisi par toute personne qui s'estime lésée par un des organismes cités ci-dessus. Il peut aussi se saisir d'office. Il peut demander toute information à toute personne physique ou morale mise en cause devant lui. Il procède par vérifications et peut faire des recommandations, des médiations, des transactions, voire des amendes transactionnelles. Chaque année le Défenseur publie un rapport d'activités dans lequel il peut suggérer des réformes législatives ou réglementaires. Il peut aussi être consulté par le Gouvernement ou le Parlement.

ENTRAÎNEMENT

LES NOTIONS CLÉS

- Décolonisation
- Origines et élaboration de la Constitution
- Caractéristiques de la Constitution
- Révisions de la Constitution
- Élection présidentielle
- Statut présidentiel
- Présidentialisme
- Cohabitation
- Pouvoirs propres
- Pouvoirs partagés
- Gouvernement
- Premier ministre
- Ministre
- Cohabitation
- Services de Matignon
- Conseil constitutionnel
- Autorité judiciaire
- Conseil supérieur de la magistrature
- Haute Cour
- Cour de Justice de la République
- Conseil économique social et environnemental
- Défenseur des droits

CONSEILS BIBLIOGRAPHIQUES

- *La Ve République,* N° spécial de la revue *Pouvoirs* (2008).
- J.-J. Chevalier, G. Carcassonne, O. Duhamel, *Histoire de la Ve République, 1958-2009,* Dalloz.
- G. Carcassonne, *La Constitution* (préface de G. Vedel), Seuil.
- J.-F. Sirinelli, *La Ve République,* Que sais-je ?, PUF.
- P. Jan, *La Constitution de la Ve République : réflexions pour un cinquantenaire,* La Documentation française.
- G. Conac, F. Luchaire, *La Constitution de la République française*, Economica.
- Manuels : il en existe de nombreux que nous ne pouvons tous citer. Nous indiquons ici ceux que nous estimons les plus accessibles pour un concours : J et J.-E. Gicquel, *Droit constitutionnel et institutions politiques,* Montchrestien ; O. Duhamel, *Droit constitutionnel et institutions politiques,* Seuil ; P. Foillard, *Droit constitutionnel et institutions politiques,* Paradigme ; M.-A. Cohendet, *Droit institutionnel et institutions politiques,* Mémento Dalloz ; D. Turpin, *Droit constitutionnel,* PUF. Ces manuels sont des références pour cette sous-partie 5.
- C. Bigaut, *Le Président de la Ve République,* La Documentation française.
- J.-C. Zarka, *Le Président de la Ve République*, Ellipses.
- *Le président de la République en 30 questions,* La Documentation française.
- M.-A. Cohendet, *Le Président de la République,* Dalloz ; *La Cohabitation. Leçons d'une expérience,* PUF.

ENTRAÎNEMENT

- J. Massot, *Alternance et cohabitation sous la Ve République,* La Documentation française ; *L'Arbitre et le Capitaine*, Étude sur la responsabilité présidentielle, (préface de R. Rémond), Flammarion.
- Code constitutionnel, Litec (ce code est recommandé pour l'intégralité de cette 5e sous-partie).
- R. Piastra, *Les Présidents de la République de 1870 à nos jours,* Eyrolles.
- Site de la présidence de la République.
- P. Ardant, *Le Premier ministre en France*, Montchrestien.
- P. Jan, *Le Gouvernement de la Ve République,* La Documentation française.
- R. Bacqué, *L'Enfer de Matignon*, A. Michel.
- Portail du Gouvernement.
- D. Maus, *Le Parlement sous la Ve République,* Que sais-je ?, PUF.
- P. Avril et J. Gicquel, *Droit parlementaire,* Montchrestien.
- P. Jan, *Les Assemblées parlementaires françaises,* La Documentation française.
- P. Turk, *Le Contrôle parlementaire en France,* LGDJ.
- M. Ameller, *L'Assemblée nationale*, Que-sais-je ?, PUF.
- J. Baguenard, *Le Sénat,* Que-Sais-je ?, PUF.
- J.-L. Hérin, *Le Sénat en devenir,* Montchrestien.
- J.-L. Debré, *Qu'est-ce que l'Assemblée nationale ?* L'Archipel.
- Sites du Sénat et de l'Assemblée nationale.
- P. Avril et J.-E. Gicquel, *Le Conseil constitutionnel,* Montchrestien.
- H. Roussillon, *Le Conseil constitutionnel,* Dalloz.
- M. Verpeaux et M. Bonnard, *Le Conseil constitutionnel*, La Documentation française.
- Site du Conseil constitutionnel.
- T. Ricard, *Le CSM,* Que sais-je ?, PUF.
- Rapport annuel du CSM.
- Site du CSM.
- B. Mathieu, T. Renoux et A. Roux, *La CJR,* Que sais-je ?, PUF.
- www.lecese.fr.
- R. Bousta, *Le Défenseur des droits : une apparence trompeuse d'innovation,* communication au VIIIe Congrès de l'Association française de droit constitutionnel (Nancy, 2011, cf. site AFDC).

Dissertation

Sujet : Le domaine de la loi sous la Ve République

Commentaire de texte

« Les actes du président de la République autres que ceux prévus aux articles 8 1er alinéa, 11, 12, 16, 18, 54, 56 et 61 sont contresignés par le Premier ministre et, le cas échéant, par les ministres responsables » (art. 19 de la Constitution).

QCM (récapitulatif de la sous-partie 5)

1. Le président de la République peut être élu au suffrage universel direct au premier tour :

❒ Vrai ❒ Faux

2. Le droit de grâce est un pouvoir propre :

❒ Vrai ❒ Faux

3. La décision de recourir à l'art. 16 doit être soumise à un référendum :

❒ Vrai ❒ Faux

4. Le « domaine réservé » du président n'est pas un ensemble de pouvoirs propres :

❒ Vrai ❒ Faux

5. Le président ne peut être destitué par le Conseil constitutionnel :

❒ Vrai ❒ Faux

6. C'est le Gouvernement qui détermine et conduit la politique de la Nation :

❒ Vrai ❒ Faux

7. Le Premier ministre peut engager seul la responsabilité du Gouvernement devant le Parlement :

❒ Vrai ❒ Faux

8. Les actes du Premier ministre ne sont pas contresignés :

❒ Vrai ❒ Faux

9. Le Premier ministre peut assurer l'intérim du président :

❒ Vrai ❒ Faux

10. On ne peut être ministre et parlementaire :

❒ Vrai ❒ Faux

11. Le Conseil constitutionnel est composé de 9 membres :

❒ Vrai ❒ Faux

12. Le Premier ministre est membre du Conseil constitutionnel :

❒ Vrai ❒ Faux

ENTRAÎNEMENT

13. Parmi ces élections, une n'est pas contrôlée par le Conseil constitutionnel, laquelle :
- ❐ Présidentielles ❐ Législatives
- ❐ Sénatoriales ❐ Municipales

14. Les citoyens peuvent saisir directement le Conseil constitutionnel :
- ❐ Vrai ❐ Faux

15. Le chef de l'État préside le Conseil supérieur de la magistrature :
- ❐ Vrai ❐ Faux

16. Les magistrats du parquet sont indépendants ?
- ❐ Vrai ❐ Faux

17. La Haute Cour peut sanctionner le chef de l'État par :
- ❐ Radiation ❐ Démission
- ❐ Destitution ❐ Prescription

18. La Cour de justice de la République comprend combien de membres :
- ❐ 10 ❐ 15 ❐ 20 ❐ 25

19. Un ministre a déjà été condamné par la Cour de justice de la République :
- ❐ Vrai ❐ Faux

20. Parmi ces institutions laquelle est effective :
- ❐ Le Médiateur ❐ Le Défenseur des enfants
- ❐ La HALDE ❐ Le Défenseur des droits

CORRIGÉ

- **Dissertation**

Introduction

La loi est « l'expression de la volonté générale » opinait Rousseau. Ce principe est devenu un axe majeur des Constitutions républicaines. Sous les IIIe et IVe Républiques, au nom de ce principe, la loi n'avait aucune limite. Avec l'avènement de la Ve République, la loi a été cantonnée à l'article 34 de la Constitution. Selon ce dernier, à côté de la loi ordinaire existent la loi de finances (budget), la loi de financement de la sécurité sociale, les lois de programmation. L'ensemble de ces lois est voté par le Parlement (art. 24). Il conviendra d'étudier d'abord le domaine de la loi ordinaire (I) puis celui des autres lois (II).

I – Le domaine de la loi ordinaire

A – La loi fixe les règles : droits civiques, garanties en matière de libertés publiques, droits civils, légalité des peines et délits, procédure pénale, imposition, régime électoral des assemblées (parlementaires et locales), établissements publics, droits des fonctionnaires, nationalisations...

B – La loi détermine les principes fondamentaux : défense nationale, libre administration des collectivités territoriales, environnement, droits civils, propriété, droits réels, droit commercial, social...

II – Le domaine des autres lois

A – Les lois de finances : ressources et charges de l'État, financement de la sécurité sociale (équilibre financier, objectifs de dépenses)

B – Les lois de programmation : objectifs de l'action de l'État, orientations pluriannuelles des finances publiques.

Conclusion

Le 9 août 2012 le Pacte Budgétaire Européen a adopté « la règle d'or européenne » visant à instaurer des procédures de respect de l'équilibre budgétaire annuel de l'Union. Sous un an chaque état devra s'y conformer en l'inscrivant en principe dans sa Constitution. Le 9/8/2012 le CC a jugé que la ratification de ce pacte ne nécessitait pas de révision constitutionnelle. F. Hollande et son Gouvernement parviendront-ils à faire voter le texte par le Parlement ?

- **Commentaire de texte**

Introduction

L'art. 19 définit l'ensemble des pouvoirs présidentiels. Il faut signaler ici que ces pouvoirs sont au service des missions définies à l'art. 5 (gardien, arbitre, garant). Ces pouvoirs sont scindés en deux catégories : pouvoirs propres (innovation de 1958) et pouvoirs partagés. Les premiers sont dispensés du contreseing ministériel, alors que les seconds y sont soumis.

Il conviendra donc d'étudier d'abord les pouvoirs propres (I) puis ceux partagés (II).

Les pouvoirs propres

a) À l'égard du Gouvernement : art. 8 (1)

b) À l'égard de la Nation : art. 11 et 16

c) À l'égard du Parlement : art. 18 et 12

d) À l'égard du CC : art. 54, 56 et 61

Les pouvoirs partagés

a) En matière exécutive : art. 8 (2), art. 13

b) En matière de défense et de diplomatie : art. 14 et 52 ; art. 15

c) En matière parlementaire : art. 10, 30

d) En matière judiciaire : art. 17, 64, 65

- **QCM**

1. **Vrai.** L'art. 7 C. ne l'interdit pas mais le nombre de candidats au 1ᵉʳ tour (10 en moyenne) ne le permet pas.

2. **Faux.** C'est un pouvoir partagé prévu à l'article 17 C. qui s'exerce depuis 2008 de façon individuelle.

3. **Faux.** La seule procédure que le président doit respecter vis-à-vis du peuple c'est d'informer ce dernier par message.

4. **Vrai.** La diplomatie comme les affaires militaires sont basées sur des actes contresignés soit par le Premier ministre, soit par les ministres responsables. Mais cela reste des domaines où le président décide.

5. **Vrai.** Le président selon l'art. 68 C. ne peut être destitué que par le Parlement réuni en Haute Cour.

6. **Vrai.** Selon la lettre de l'art. 20 C. c'est le Gouvernement. Mais la pratique présidentialiste veut que ce soit le président qui détermine et le gouvernement qui conduit.

7. **Faux.** Il lui faut au préalable une délibération du Conseil des ministres et donc de façon indirecte l'aval du président.

8. **Faux.** Selon l'art. 21 tous les actes du Premier ministre sont contresignés par les ministres chargés de l'exécution.

9. **Faux.** C'est selon l'art. 7 al. 4 le président du Sénat. Il n'a pas tous les pouvoirs à sa disposition (ex : dissolution et référendum). Il expédie les affaires courantes le plus souvent.

10. **Vrai.** Contrairement aux constitutions précédentes, celle de 1958 prohibe, à l'art. 23 C., un tel cumul des fonctions.

11. **Faux.** Actuellement le Conseil comprend 10 membres (les 9 nommés et l'ancien président V. Giscard d'Estaing ; MM Chirac et Sarkozy ne siègent plus).

12. **Faux.** La composition du Conseil définie à l'art. 56 fait que le Premier ministre n'en fait pas partie et n'est pas non plus organe de nomination.

13. **Municipales.** C'est le tribunal administratif qui règle le contentieux des élections municipales.

14. **Faux.** Selon l'art. 61 -1 C. les justiciables peuvent saisir indirectement le Conseil par une question prioritaire de constitutionnalité.

15. **Faux.** Depuis la révision constitutionnelle de 2008 le chef de l'État n'assure plus cette présidence (art. 65 C.). Chaque formation du CSM est présidée par un haut magistrat de la Cour de cassation.

16. **Faux.** Seuls les magistrats du siège sont inamovibles (art. 64 C.). Les magistrats du parquet ont un lien hiérarchique avec le ministère de la Justice et mettent en œuvre la politique pénale définie par le gouvernement. La Cour européenne des droits de l'homme ne leur reconnaît pas cette indépendance.

17. **Destitution.** Le Parlement réuni en Haute Cour peut voter la destitution (art. 68 C.).

18. **15.** Douze parlementaires élus et trois magistrats de la Cour de cassation nommés.

19. **Vrai. 3 :** Edmond Hervé (affaire du sang contaminé en 1999) ; M. Gilibert (2004) et M. Pasqua (2010).

20. **Défenseur des droits.** Le Défenseur des droits a remplacé les trois autres autorités (en reprenant leurs pouvoirs).

PARTIE 2

Notions essentielles de droit administratif

6. L'organisation administrative 125

7. Les collectivités territoriales 135

8. Les actes administratifs 151

9. L'action de l'administration 169

10. La responsabilité administrative 179

11. La justice administrative 189

12. Éléments principaux sur la fonction publique française 199

Le droit administratif est un droit spécifique. Il rassemble les règles applicables à l'Administration. Cette dernière est, formellement, l'ensemble des services publics qui concourent à administrer le pays. Par extension l'Administration ce sont les agents et les organismes (État, collectivités locales, établissements publics) qui assurent les interventions de la puissance publique et les missions de service public.

L'Administration, dont la mission essentielle est de pourvoir aux besoins de l'intérêt général, a donc des relations quotidiennes avec les administrés. Le droit administratif est donc aussi celui qui régit lesdites relations.

Le droit administratif est spécifique aussi par ses origines. Il est issu de la séparation des autorités administratives et judiciaires posée par la loi d'août 1790 et réaffirmé par le décret du 16 fructidor an III (2 septembre 1795). Pour prémunir l'administration naissante des risques de dérives de la part des tribunaux judiciaires (hérités des parlements de l'Ancien Régime), la Constitution du 22 Frimaire an VIII (13 décembre 1799) institue des juridictions spécialisées dans le contentieux de l'administration (conseils de préfecture et Conseil d'État).

La construction de ce droit fut lente puisqu'il faut attendre la fin du XIXe pour voir d'abord un aboutissement jurisprudentiel. La première pierre est apportée par **l'arrêt Rothschild** du Conseil d'État (6 décembre 1855). Mais c'est le célèbre **arrêt Blanco** émis par le Tribunal des conflits le 8 février 1873 qui va consacrer l'autonomie du droit administratif. La responsabilité de l'État, pour des dommages causés par son activité, ne relève pas du droit civil. Elle a « ses règles spéciales qui varient suivant les besoins du service et la nécessité de concilier les droits de l'État avec les droits privés ». Cet arrêt est fondamental pour deux raisons. D'abord il consacre la possibilité de mettre en cause la responsabilité de l'État pour des dommages causés par ses activités. Ensuite il met en place un régime de responsabilité différent de celui de droit commun. Les bases du droit administratif sont jetées. Et cette construction jurisprudentielle constitue l'autre spécificité du droit administratif.

Six points vont être étudiés ici : l'organisation administrative, le principe de légalité, les actes administratifs, l'activité administrative, la responsabilité administrative, la justice administrative et des éléments du droit de la fonction publique.

SOUS-PARTIE 6

L'organisation administrative

17. L'administration d'État 126

18. L'administration territoriale 129

17 FICHE

L'administration d'État

L'État est, on l'a dit, une personne morale titulaire de la souveraineté qui a le monopole de la contrainte organisée. C'est aussi l'ensemble des gouvernants par opposition aux gouvernés.

Cette administration d'État repose sur l'administration centrale puis sur celle territoriale.

Il s'agit d'abord des autorités exécutives puis des organes spécifiques et enfin des autorités administratives indépendantes.

1 Les autorités exécutives

1. Le président de la République

On l'a vu dans la précédente partie, il détient selon l'art. 13 C. le pouvoir réglementaire. Cela veut dire essentiellement la signature des ordonnances et des décrets en Conseil des Ministres, les nominations aux hauts emplois de l'État (préfets par ex). Il a donc une autorité sur ces emplois. Et rappelons qu'en tant que chef des armées et de la diplomatie, il exerce un rôle prééminent sur leurs administrations. Le président s'appuie, on l'a dit, sur un cabinet (20 ou 30 membres), un état-major particulier et surtout le secrétaire général de l'Élysée.

2. Le Premier ministre

On a vu précédemment que, sous réserve de l'art. 13 C., il exerce au titre de l'art. 21 C. le pouvoir réglementaire. Également il dirige le Gouvernement qui dispose de l'administration. Il procède aussi à un certain nombre de nominations. Le Premier ministre est donc le véritable chef de l'administration. Son cabinet (civil et militaire) est important. Surtout il s'appuie sur d'autres organes que l'on a aussi étudiés : Secrétariat général du Gouvernement, Secrétariat général des Affaires européennes, Service d'information du Gouvernement, Secrétariat général de la Défense nationale, Directions (JO, Documentation française, Direction générale de la Fonction publique, DATAR par ex). Matignon est le cœur administratif de l'État.

3. Les ministres

Il y a plusieurs catégories de ministres : le ministre (de plein exercice ou d'État), le ministre délégué (auprès du Premier ministre ou d'un ministre), le secrétaire d'État. Les ministères ou départements ministériels forment l'ossature administrative de l'État. Le ministre est assisté d'un cabinet et son ministère est divisé en directions, elles-mêmes subdivisées en sous-directions. Chaque ministre est d'ailleurs considéré par le Conseil d'État comme le chef de service de son ministère (7 février 1936, Jamart) et à cet égard il participe du pouvoir réglementaire (circulaires, directives). Il y participe également par le biais du contreseing (art. 19 et 22 C.). Mais un ministre n'a pas de pouvoir réglementaire direct. Il peut annuler ou réformer les décisions prises par ses subordonnées (Conseil d'État, 30 juin 1950, Quéralt). Chaque ministre a autorité hiérarchique sur l'administration qui relève de ses compétences.

2 Les organes spécifiques

Ce sont essentiellement des organes consultatifs et de contrôle.

1. Organes consultatifs

On en dénombre une centaine et ils ont pour mission de conseiller, d'éclairer le Gouvernement, son administration voire le Parlement. L'avis est tantôt facultatif, tantôt obligatoire. La Constitution de 1958 en prévoit un : le Conseil d'État. La fonction originelle du Conseil d'État était consultative. Il la conserve en donnant des avis juridiques et administratifs au Gouvernement tant en matière législative que réglementaire. Depuis 2008 le Parlement peut aussi soumettre une proposition de loi au Conseil d'État. Un ministre, comme le Premier ministre d'ailleurs, peut, quand il le souhaite, le consulter. Signalons enfin que la section du Rapport et des Études du Conseil d'État publie annuellement un rapport. On trouve aussi toute une série d'organes consultatifs plus secondaires (ex : agences, conseils supérieurs).

2. Organes de contrôle

Ils ont la mission de contrôler la bonne marche des services publics et la régularité de leur fonctionnement. Ce sont d'abord les corps d'inspection : Inspection générale de l'administration, des finances, des affaires sociales, des Ponts et Chaussées ou de l'Éducation nationale, le Contrôle général des armées par ex.

L'organe de contrôle le plus important reste la **Cour des comptes.** Juridiction financière créée en 1807, elle est composée de magistrats inamovibles et donc indépendants (président actuel : Didier Migaud qui a succédé à Philippe Séguin).

L'art. 47-2 C. attribue à la Cour des compétences constitutionnelles d'assistance pour contrôler l'exécution du budget de l'État et celui de la sécurité sociale. De même elle assiste le Parlement dans l'évaluation des politiques publiques. Enfin la Cour juge et certifie les comptes publics. Son rapport annuel dénonce le plus souvent les gaspillages et la mauvaise gestion de l'argent public. Mais elle établit aussi d'autres rapports. Selon l'art. 47-2 C. lesdits rapports contribuent « à l'information des citoyens ». Elle est assistée, localement, par les chambres régionales des comptes. Enfin c'est en principe à la Cour qu'un nouveau président élu va demander un audit des comptes de l'État (ex : F. Mitterrand en mai 1981, F. Hollande en mai 2012) E. Macron en 2017.

3 Les autorités administratives indépendantes (AAI)

On en recense une quarantaine et les premières ont été créées dans les années soixante-dix en s'inspirant de l'exemple anglo-saxon. Leur but est de réguler quelques secteurs stratégiques. On parle d'autorité car elles ont de véritables pouvoirs dont trois principaux :

- d'influence (avis, recommandation, rapports, injonction) ;
- décisionnel (décisions individuelles : règlement, recommandations, normes, autorisations, nominations) ;
- coercitif (investigation, recueil d'information, vérifications, action en justice, sanctions administratives).

Les autorités administratives indépendantes ont les moyens de leur indépendance :

- collégialité (10 à 20 membres) ;
- mode de désignation (décret ou arrêté, nomination, élection) ;
- garanties (mandat en principe non renouvelable, irrévocabilité, incompatibilités) ;
- absence de contrôle administratif dans l'exercice du mandat (ni instruction, ni ordre, pas de compte à rendre).

Cette indépendance a cependant quelques limites :

- budget rattaché au Gouvernement ;
- Gouvernement représenté en leur sein ;
- et surtout contrôle du juge administratif.

Le Conseil constitutionnel a rappelé que les pouvoirs des autorités administratives indépendantes ne devaient pas remettre en cause celui du Gouvernement à définir la politique nationale dans les domaines concernés (Conseil constitutionnel, 3 août 1993). Chaque autorité administrative indépendante publie un rapport annuel sur ses activités.

Les autorités administratives indépendantes se trouvent dans trois principaux domaines :

- libertés publiques (Commission nationale informatique et libertés, Commission d'accès aux documents administratifs, Conseil supérieur de l'audiovisuel, Hadopi par ex) ;
- économie et finances (Autorité des marchés financiers, Autorité de la concurrence, Médiateur de l'énergie, Autorité de régulation des communications électroniques et des Postes, Autorité de régulation des activités ferroviaires par ex) ;
- rapports administration/administrés (Commission nationale de contrôle des interceptions de sécurité, Commission nationale du débat public, Commission consultative du secret de la Défense nationale par ex).

Il en est d'autres comme l'Autorité de sûreté nucléaire, le Comité consultatif national d'éthique, l'Autorité de régulation des jeux en ligne. L'utilité de toutes ces autorités administratives indépendantes n'est pas toujours démontrée.

FICHE 18

L'administration territoriale

Les services de l'État sont aussi présents territorialement dans le cadre de la déconcentration. En principe ils se basent sur des divisions géographiques qui servent aussi aux collectivités décentralisées. La RGPP a engendré une refonte de l'administration territoriale lancée en 2007-2008. À ce titre le décret du 16 février 2010 donne une place essentielle au préfet de région.

La déconcentration est le maître mot ici. On y reviendra mais elle a précédé la décentralisation en consistant à confier des pouvoirs de décision à certaines autorités publiques sur le territoire au sein de différentes circonscriptions administratives.

Cette administration territoriale repose sur deux organes principaux : préfets et administrations locales.

1 Préfets

Il est le principal dépositaire de l'autorité de l'État au niveau départemental (préfet de département) mais aussi régional (préfet de région). C'est également un acteur majeur de la politique de décentralisation.

- Au niveau **statutaire**, la fonction préfectorale relève, pour l'essentiel, du statut général de la fonction publique (loi du 11 janvier 1984). On a vu précédemment que le préfet était un des hauts emplois de l'État nommé par le président de la République au titre de l'art. 13 C. C'est un emploi dit « à la discrétion du Gouvernement ». Cela signifie aussi qu'un préfet est révocable *ad nutum.* Cependant les 4/5e des préfets doivent être recrutés au sein du corps des sous-préfets et des administrateurs civils hors-classe. C'est donc essentiellement via l'ENA. Leur désignation discrétionnaire et leur rôle de représentant de l'État les obligent à une loyauté et à une réserve sans faille. Ce qui n'empêche pas, à chaque changement de président, voire de Gouvernement (alternance politique), des mouvements plus ou moins prononcés de préfets. C'est un peu le *spoil system* américain. Cela signifie aussi qu'ils sont, parmi les hauts-fonctionnaires, ceux qui ont le moins de garanties de carrière (avancement au choix, mutation *sine die*, sanctions disciplinaires directes, mise en disponibilité, hors cadre ou en congé spécial de pure opportunité).
- Au niveau de leur **rôle**, celui-ci est défini à l'art. 72 al. C. : « dans les collectivités territoriales de la République, le représentant de l'État, représentant de chacun des membres du Gouvernement, à la charge des intérêts nationaux, du contrôle administratif et du respect des lois ». Il a aussi la responsabilité des principaux services déconcentrés de l'État au niveau du département et de la région. Le préfet a aussi, on

le reverra plus loin, la charge du contrôle administratif des principaux actes des collectivités locales, qui depuis 1982, n'est plus une tutelle mais un contrôle dit a posteriori.

Le préfet s'appuie sur différents services déconcentrés, qu'il dirige, et qui constituent l'administration locale.

2 L'administration locale

Les services déconcentrés sont ceux qui sont chargés, au niveau territorial, de mettre en pratique la majeure partie des tâches relevant de chaque ministre. Tant au niveau zonal (ex : zone de défense et de sécurité), qu'interrégional, interdépartemental, régional ou départemental, on compte une cinquantaine de services déconcentrés. L'essentiel de leur champ d'action se situe au niveau départemental mais on les trouve aussi aux autres niveaux.

1. Le département

Lesdits services sont les services de l'État au sein du département.

Le décret du 3 décembre 2009 met en place les Directions départementales interministérielles (DDI) placées sous l'autorité des préfets départementaux mais relevant du Premier ministre (sauf en outre-mer). Ainsi, outre les services de la sécurité publique (police et gendarmerie) et la Direction départementale des finances publiques, les préfets ont donc aussi autorité sur les deux principales DDI :

- direction des territoires (et de la mer pour les zones littorales) compétentes en matière de politiques d'aménagement et de développement durables des territoires ;
- direction de la cohésion sociale et de la protection des populations qui peut être scindée en deux dans les départements les plus peuplés : Direction départementale de la cohésion sociale (DDCS) et Direction départementale de la protection des populations (DDPP).

Le préfet est assisté de son directeur de cabinet (affaires sensibles) et de divers services regroupés au sein de la préfecture et placés sous la responsabilité du secrétaire général et des différents chefs de service. Il y a aussi les sous-préfets voire des sous-préfets spécialisés qui sont les délégués du préfet dans l'arrondissement.

Il existe 3 circonscriptions administratives à l'intérieur du département :

- la commune au sein de laquelle le maire est aussi agent de l'État ;
- l'arrondissement (250 en France, cadre majeur des services déconcentrés de l'État) ;
- le canton (subdivisions de l'arrondissement qui est notamment le lieu d'implantation des brigades de gendarmerie et de perception financière).

2. La région

La région est aussi une circonscription administrative de l'État. À sa tête il y a le préfet de région qui est le préfet départemental où la région a son chef-lieu. Il a un double rôle : responsabilité des fonctions stratégiques de l'État (pilotage des diverses politiques publiques avec le relais du Comité de l'administration régionale) et direction des services déconcentrés de l'État dans la région (DRFP, DRAAF, DRAC, DREAL, DRIRE, DRJSCS, ARS).

Certaines directions régionales ont des unités au niveau départementales (Direction départementale du travail par ex). Le préfet de région peut aussi s'appuyer sur le SGAR.

Les 13 nouvelles régions ont amené des changements notamment quant au préfet de région. Sept préfets préfigurateurs avaient été en charge de gérer lesdits changements. Depuis, 13 préfets sont donc à la tête des régions françaises.

3. La commune

Elle est la plus petite circonscription administrative de l'État au niveau territorial. À ce titre elle est le siège de services tels que : état civil, élections, pompes funèbres, exécution des lois... C'est le maire qui agit ici en tant qu'agent de l'État, comme on le reverra.

4. Les services à compétences nationales

Il existe une nouvelle entité de service de l'État : les services à compétence nationale (SCN). Créés en 1997, ils sont au nombre d'une centaine. Ils sont rattachés à un ministre et ont diverses fonctions : gestion, études techniques, formation, activités de production de biens ou de prestation de services. Par exemple : musées nationaux, casier judiciaire, Direction des services de la navigation aérienne, Service des retraites de l'État, Service des PV à Rennes.

ENTRAÎNEMENT

ENTRAÎNEMENT

LES NOTIONS CLÉS

- Autorités centrales
- Cabinets ministériels
- Ministres
- Organes consultatifs et de contrôle
- Autorité administrative indépendante
- Préfet
- Services déconcentrés
- Décentralisation
- Collectivités territoriales

CONSEILS BIBLIOGRAPHIQUES

Ouvrages généraux (valables pour chaque sous-partie de l'étude) choisis pour leur accessibilité au niveau concours :

- P. Weil et D. Pouyaud, *Le Droit administratif*, Que sais-je ?, PUF.
- G. Peiser, *Droit Administratif*, Mémento Dalloz.
- M.-C. Gouault, *Manuel de Droit Administratif*, Gualino.
- C. Guettier, *Droit Administratif*, Montchrestien.
- J. Morand-Deviler, *Droit Administratif*, Montchrestien.
- P. Foillard, *Droit Administratif*, Paradigme.
- *Droit Administratif et administration française*, La Documentation française.
- P. Delvolvé, *Le Droit administratif*, Dalloz-Sirey.

Ouvrages plus spécialisés sur la sous-partie 6 :

- F. Chauvin, *L'Administration de l'État*, Dalloz.
- C. Guettier, *Institutions administratives*, Dalloz.
- O. Gohin, *Institutions administratives*, LGDJ.
- D. Maillard Desgrée du Loû, *Institutions administratives*, PUF.
- P. Jan, *Institutions administratives*, Litec.
- F. Berzes, *Réinventer l'État*, PUF.
- E. Gristi, *La Réforme de l'État*, Vuibert.
- B. Spitz et R. Fauroux, *Notre État*, R. Laffont.
- B. Spitz, *Voyage indiscret au cœur de l'État*, Le Pré aux Clercs.
- www.admifrance.gouv.fr.

QCM

1. Parmi ces autorités laquelle n'a pas de pouvoir réglementaire :
   ❐ Président de la République ❐ Premier ministre ❐ Ministre
2. Le Parlement peut soumettre une proposition de loi au CE pour avis :
   ❐ Vrai ❐ Faux
3. La Cour des comptes est un organe consultatif :
   ❐ Vrai ❐ Faux
4. Parmi ces organes lequel n'est pas une autorité administrative indépendante :
   ❐ CNIL ❐ SGAR ❐ CSA
5. Un préfet est révocable :
   ❐ Ad nutum ❐ Ad hominem ❐ Ad patres
6. Le préfet est le responsable des services décentralisés de l'État :
   ❐ Vrai ❐ Faux
7. La commune est une circonscription administrative de l'État :
   ❐ Vrai ❐ Faux
8. Les directions départementales interministérielles ont été mises en place en :
   ❐ 1982 ❐ 2003 ❐ 2009
9. Le président de région a une autorité sur les services déconcentrés de la région :
   ❐ Vrai ❐ Faux
10. Lequel de ces organes n'est pas un service à compétence nationale :
    ❐ Musées nationaux ❐ Casier judiciaire ❐ Hypothèques

CORRIGÉ

1. **Ministre.** Il n'a qu'un pouvoir réglementaire délégué.
2. **Vrai.** Mais plus de 80% des lois étant gouvernementales, c'est rare.
3. **Faux.** Elle a un rôle consultatif mais elle est aussi une juridiction financière (juge des comptes publics).
4. **SGAR.** C'est le Secrétariat général de l'administration régionale. Son rôle : coordonner la politique de l'État en matière de développement économique et d'aménagement du territoire ainsi que les relations entre l'État et le conseil régional.
5. **Ad nutum.** Prononçable à tout moment par l'autorité de nomination (président de la République).

6. **Faux.** Son rôle défini à l'art. 72 C. est d'être le représentant de l'Etat dans chaque collectivité, celui qui défend les intérêts nationaux, celui qui assure le contrôle administratif et le respect des lois.

7. **Vrai.** C'est la plus petite de ces circonscriptions. Elle a notamment en charge l'état civil, les élections, l'exécution des lois.

8. **2009.** Créées par décret du 3 décembre 2009, les directions départementales interministérielles (DDI), issues de la fusion des anciennes directions départementales, se caractérisent par leur vocation interministérielle. Services relevant du Premier ministre, les DDI sont placées sous l'autorité des préfets de département.

9. **Faux.** C'est le préfet de région.

10. **Hypothèques.**

SOUS-PARTIE 7

Les collectivités territoriales

Elles sont appelées aussi collectivités locales décentralisées. La décentralisation est l'application de la démocratie au plan local. Cela consiste dans le transfert par l'État de compétences administratives vers les collectivités territoriales dont les dirigeants sont élus au suffrage universel direct (décentralisation territoriale). Cette autonomie peut aussi se faire au profit d'un établissement public, service public doté de la personnalité morale (décentralisation fonctionnelle). La première décentralisation en France est apparue avec la loi du 2 mars 1982, complétée par celles des 7 janvier et 22 juillet 1983 (répartition des compétences entre l'État/collectivités territoriales et mise en place d'un transfert de ressources). Puis elle a été constitutionnalisée en mars 2003 (cf. titre XII C.).

L'art. 72 C. définit les collectivités : « les communes, les départements, les régions, les collectivités à statut particulier et les collectivités d'outre-mer ».

19. Les collectivités territoriales à statut général **136**

20. Les collectivités à statut particulier **143**

19 FICHE

Les collectivités territoriales à statut général

Ce sont donc la commune (et l'intercommunalité), le département et la région.

1 La commune

Crées par la loi du 14 décembre 1789, les communes correspondent au plus petit regroupement d'habitants et sont le premier niveau d'administration publique. La commune est le premier échelon de proximité. Au 1er janvier 2016, on dénombrait 36 767 communes, de taille très variable, mais administrées de la même façon, exception faite de Paris, Lyon et Marseille.

La commune est gérée par deux organes : le conseil municipal et le maire.

1. Le conseil municipal

a. Organisation et fonctionnement

À ce niveau, c'est d'abord un organe délibératif. Il est formé des conseillers municipaux qui sont élus pour 6 ans et dont le nombre varie de 9 (communes de moins de 100 habitants) à 69 (plus de 300 000).

Les principales conditions d'éligibilité sont : avoir 18 ans, être français et inscrit sur les listes électorales communales. Depuis 1992 (traité de Maastricht) les citoyens européens ont le droit de vote et d'éligibilité (sauf maire ou adjoint) au conseil municipal.

Depuis la loi du 17 mai 2013, il existe 2 modes de scrutin selon le nombre d'habitants :

- Dans les communes de moins de 1 000 hab. : scrutin majoritaire, plurinominal à 2 tours. La parité n'est pas obligatoire et les listes sont modifiables. Les conseillers communautaires sont élus aussi.
- Dans les communes de 1 000 hab. et plus : scrutin proportionnel de liste à 2 tours avec prime à la liste majoritaire. Parité et listes non modifiables. Les conseillers intercommunaux sont aussi élus.

Le juge administratif est en charge du contentieux électoral. Le Conseil se réunit au moins une fois par trimestre lors de réunions, présidées par le maire, en principe publiques. Les délibérations sont publiées notamment par affichage en mairie.

b. Attributions

Au niveau des attributions municipales, le Code général des collectivités territoriales énonce : « le conseil municipal règle par ses délibérations les affaires de la commune » (art. L. 2 121-29). Il n'y pas de liste exhaustive des compétences. On peut cependant les répartir en deux grandes catégories :

- En premier lieu, les **compétences financières.** Le conseil discute et vote en équilibre le budget de la commune. Divisé en une section de fonctionnement et une d'investissement, ce budget comprend notamment des dépenses obligatoires (rémunération des agents communaux, services d'intérêt local...) et d'autres facultatives (subventions par ex). Les ressources propres des communes ne représentent qu'environ 40 % de leurs dépenses, le reste étant assumé par l'État. Ces recettes sont d'abord fiscales (impôts locaux) puis basées sur des subventions (dotations : globale de fonctionnement, globale d'équipement, générale de décentralisation, fonds de compensation de TVA), emprunts (Caisse des dépôts, Crédit local de France par ex). Un grand nombre de communes tirent aussi profit de l'exploitation de leur domaine (forestier, maritime).
- Les compétences **générales** :
  - **élection du maire et des adjoints (qui forment la municipalité) ;**
  - **autorisation pour le maire à agir en justice, à contracter ;**
  - **désignation des délégués élisant les sénateurs ;**
  - **administration des biens communaux (crèches, écoles primaires...).**

Également le conseil municipal est compétent pour créer des services publics communaux. Certains sont obligatoires (État civil, pompes funèbres, entretien voies publiques...) et d'autres sont facultatifs dès lors qu'ils ne concurrencent pas d'autres services de l'État et surtout l'initiative privée sauf si cette dernière est défaillante (bibliothèques, musées, camping, piscines, salles de spectacles, cabinets de soins...). Si le conseil municipal peut aider indirectement des entreprises, la loi du 5 janvier 1988 lui interdit d'aider celles en difficulté. De même depuis 2010 la commune peut créer des sociétés publiques locales (remplaçant les SEM) sous forme de sociétés anonymes. Enfin la commune joue un rôle majeur en matière de logement social (plan local de l'habitat, rénovation, construction, administration des bailleurs sociaux, loi DALO). Elle doit aussi assurer un minimum de 20 % de logements sociaux sur son territoire (25 % dans la loi Duflot).

2. Le maire et les adjoints (municipalité)

Au niveau statutaire ils sont élus par le conseil municipal au scrutin secret lors de la première réunion du conseil suivant les élections. Le maire est élu au sein du conseil à la majorité absolue à un ou plusieurs tours. Le nombre des adjoints ne peut dépasser 30 % de l'effectif municipal.

Maire et adjoints perçoivent des indemnités de fonctions. En moyenne les indemnités d'un maire vont d'environ 650 euros (communes de moins de 500 habitants) à 5 500 euros (communes de plus de 200 000) mensuels. Quant aux adjoints cela va de 250 à 2 800. Seuls les conseillers municipaux des communes de plus de 100 000 habitants perçoivent une indemnité d'environ 230 euros mensuels.

Le maire a ce qu'on appelle une « double casquette » :

- On a vu qu'il était d'abord **agent de l'État** sur le territoire communal. Cela implique plusieurs tâches principales : direction des services communaux de l'État, publication des lois et règlements, officier de police judiciaire, officier d'état civil.

- Mais il est aussi **agent exécutif de la commune.** À ce titre il lui revient plusieurs missions essentielles :
  - préparation des réunions du conseil ;
  - présidence des séances ;
  - exécution des délibérations et du budget ;
  - police municipale (sécurité, tranquillité, salubrité sauf dans les communes de plus de 10 000 habitants où la sécurité relève du préfet) ;
  - délivrance des permis de construire ;
  - direction de l'administration communale et des personnels communaux. Il peut recevoir délégation de pouvoir de la part du conseil (emprunt par ex).

La loi du 27 février 2002 renforçant la démocratie locale, prévoit la mise en place par les communes de 80 000 habitants et plus, de conseils de quartier à vocation consultative. De même dans les communes de 50 000 habitants et plus, 1/16e du conseil municipal peut demander la création d'une mission d'information sur les questions d'intérêt communal et l'évaluation des services publics municipaux.

2 L'intercommunalité

Sur les quelque 36 000 communes françaises, 500 comptent moins de 2 000 habitants, 800 en ont plus de 10 000 et rassemblent à elles seules près de la moitié de la population (c'est-à-dire environ 30 millions d'habitants). Cet émiettement communal doit être compensé notamment par les schémas départementaux de coopération intercommunale (SDCI) qui vont changer l'intercommunalité. Celle-ci repose en principe sur un Établissement public de coopération intercommunal à fiscalité propre, qui permet de mutualiser compétences et moyens. Plusieurs solutions existent.

1. La fusion de communes

Depuis une loi du 5 avril 1884, les communes peuvent fusionner. Rarement mise en œuvre, la loi du 16 juillet 1971 encourage les fusions-associations (qui majorent les subventions). Depuis lors à peine 700 cas ont été mis en place. En 1983 une procédure autoritaire de fusion a eu encore moins de succès et a été abrogée.

2. La commune nouvelle (CN)

C'est une loi du 16 décembre 2010 qui a œuvré ici. La commune peut être créée à la demande des conseils municipaux des communes contiguës concernées et intéressées ou de la majorité qualifiée de l'EPCI à fiscalité propre ou du préfet. La CN se substitue aux communes (qui y sont alors déléguées) ou à l'EPCI. Le fonctionnement de la CN est similaire à celui d'une commune et elle est soumise au même régime.

3. Les syndicats de communes (SIVU, SIVOM)

C'est par une loi du 22 mars 1890 qu'est créé le Syndicat intercommunal à vocation unique (SIVU). Des communes, essentiellement rurales, mutualisent leurs compétences dans un domaine (collecte d'ordures ménagères par ex) sur la base d'un SIVU. C'est une ordonnance du 5 janvier 1959 qui met en place les SIVOM (SI à Vocation Multiple) qui permettent la mutualisation dans plusieurs domaines. Créés spontanément ou à la demande du préfet, ces syndicats offrent une solution souple et n'ont pas de fiscalité propre. Ils sont administrés par un comité qui est subventionné par les communes. On dénombre 10 800 SIVU et 3 200 SIVOM.

4. Les communautés de communes (CdC)

Crées par la loi du 6 février 1992, elles ont vocation, en milieu rural et semi-urbain, à mettre en place une action commune pour aménager l'espace intercommunal et agir pour le développement économique. Les communes, représentant plus de la moitié de la population concernée et visant des communes d'un seul tenant et sans enclave, s'associent par arrêté préfectoral. Le préfet peut l'imposer à des communes récalcitrantes (Conseil d'État, 2 octobre 1996, communes de Bourg-Charente, Mainxe et Gondeville). C'est un conseil qui administre. La loi du 12 juillet 1999 a renforcé la formule qui connaît un certain succès (2 500 au total). La CdC est aussi compétente pour un des 4 domaines suivants : politique logement et cadre de vie ; voirie ; équipements culturels, sportifs, d'enseignement pré-élémentaire et élémentaire. Cette même loi de 1999 a organisé, pour le 1er janvier 2002, la transformation des communautés de villes (sans succès) notamment en CdC.

5. Les communautés d'agglomération (CA)

C'est aussi la loi du 12 juillet 1999 qui les met en place avec pour objectif de relancer la coopération en milieu urbain. Condition pour constituer une CA : que les communes forment un périmètre d'un seul tenant et sans enclave, de 50 000 habitants, autour d'une ou plusieurs communes centre de plus de 15 000 habitants ou d'un chef-lieu de département (seuil abaissé à 30 000 habitants depuis la loi du 16 décembre 2010). Le préfet peut décider d'inclure d'autres communes si la cohérence économico-spatiale l'impose. La CA est gérée par un conseil composé de délégués des conseils municipaux. Plusieurs domaines de compétences sont obligatoires : développement économique, aménagement de l'espace communautaire, politique de la ville, équilibre social de l'habitat. Il y a aussi des compétences facultatives : voirie, assainissement, eau, environnement et cadre de vie, équipements culturels et sportifs. On compte environ 195 CA.

6. Les communauté urbaines (CU)

C'est une loi du 31 décembre 1966 qui a institué ce système pour gérer 4 grandes agglomérations : Bordeaux, Lille, Lyon et Strasbourg. Ces 4 peuvent accéder au rang de métropoles. Par la suite sont venues se joindre : Dunkerque, Le Creusot, Cherbourg, Le Mans, Brest et Nancy. La loi de 1999 les a maintenus et modifié les conditions de création : regrouper plusieurs communes d'un seul tenant et sans enclave formant un ensemble de plus de 500 000 habitants (450 000 depuis 2010). Les compétences obligatoires sont : développement et aménagement économique, social et culturel ; espace communautaire, équilibre social de l'habitat, politique de la ville, services d'intérêt collectif (eau par ex) ; environnement et cadre de vie. Des compétences supplémentaires sont possibles à la demande d'une majorité de membres.

7. Les métropoles et pôles métropolitains

Les métropoles, selon la loi de 2010, regroupent des communes formant un ensemble de plus de 50 000 habitants. Elles ont les mêmes compétences que les CU auxquelles se rajoutent d'autres qui peuvent lui être déléguées par des collectivités territoriales : transports, promotion à l'étranger, action sociale, infrastructures.

Les pôles métropolitains visent les ensembles de plus de 300 000 habitants et comprenant au moins un EPCI de plus de 150 000 habitants. Ses compétences : développement économique, innovation, recherche, enseignement supérieur, transports, aménagement spatial infra départemental et infrarégional. La loi MAPTAM du 27 janvier 2015 a modifié le statut des métropoles et notamment créé les métropoles de Paris et Aix-Marseille. Elle a consolidé les métropoles de la loi de 2010. En 2018, toutes les régions compteront au moins une métropole. Elles se mettent en place depuis le 1er janvier 2017.

3 Le département

C'est une création artificielle issue de la Révolution (loi du 22 décembre 1789) pour mettre fin au désordre des circonscriptions administratives. C'est une loi du 10 août 1871 qui a posé le statut départemental, lequel a été revu par la loi du 2 mars 1982. On dénombre 95 départements métropolitains et 6 outre-mer (Mayotte étant devenue département depuis le 31 mars 2011). Le département comprend deux organes principaux.

1. Le conseil départemental (CD)

a. Organisation

Le nouveau mode de scrutin (loi du 17 mai 2013) s'est appliqué pour la première fois lors des élections départementales de mars 2015 : deux conseillers départementaux ont été élus dans chaque canton au scrutin binominal à deux tours (4 108 au total). Les candidats se sont présentés en binôme composé d'une femme et d'un homme (avec un binôme de suppléants). Élus pour six ans, les conseillers départementaux sont désormais renouvelés en intégralité. Le scrutin est majoritaire avec un quart des électeurs inscrits.

Il y a actuellement 101 CD.

b. Attributions

Au niveau des attributions, la loi du 16 décembre 2010, réformant les collectivités territoriales, prévoit une spécialisation des compétences départementales. À compter du 1er janvier 2015, théoriquement le département n'a plus de clause générale de compétence mais pourra se saisir, sur délibération spéciale, de « tout objet d'intérêt départemental pour lequel la loi n'a donné compétence à aucune autre personne publique ». Une évaluation triennale aura lieu.

Le CD a deux types de compétences. D'abord celles obligatoires : action sanitaire et sociale (ex : RSA) ; sécurité incendie, enseignements (collèges) ; culture, aménagement du territoire, gestion des routes et des déplacements. Ensuite le CD a des compétences volontaires : aides aux communes et associations, soutien à l'emploi local.

Les principaux services administratifs du CD (comprenant d'anciens services préfectoraux) sont regroupés à l'hôtel du département et placés sous la hiérarchie du directeur des services. Le CD a un budget propre constitué d'une part des impôts et taxes locaux (30 % des recettes) et d'autre part des aides de l'État (dotations diverses, fonds de compensation TVA), des revenus du domaine et du produit des emprunts.

2. Le président du CD

Élu lors du « 3e » tour par la majorité du conseil pour 6 ans, c'est l'organe exécutif du département. Il a reçu certaines attributions préfectorales lors de la décentralisation de 1982. Le président a de nombreuses prérogatives, notamment :

- préparer et exécuter les délibérations du CG ;
- présider les débats ;
- ordonner les dépenses, prescrire l'éxécution des recettes ;
- diriger les services départementaux, (avec, si besoin, les services déconcentrés de l'État) ;
- représenter le CD en justice ;
- gèrer le domaine départemental (sur lequel il a des pouvoirs de police notamment en matière de circulation routière hors agglomération).

Le président du CD est assisté d'un bureau formé des vice-présidents (élus par le CG) à qui il délègue des compétences. Chaque année, il rend compte au Conseil de la situation du département. Un président de CD perçoit une indemnité plafonnée à 5 512,13 euros bruts mensuels.

4 La région

C'est l'échelon le plus récent qui a d'abord été consacré par un décret-loi du 30 juin 1955 (programme d'action régional) puis par le décret du 2 juin 1960 (circonscription d'action régionale). Une réforme de 1964 met en place les préfets de région ainsi que divers organes d'assistance comme les CAR (Conférences d'action régionale) et le CODER (Commission de développement économique et sociale). En 1969 le référendum manqué du général de Gaulle portait, pour partie, sur la création des régions. La loi du 5 juillet 1972 va reconnaître la spécificité des régions en tant qu'établissement public. Mais c'est la loi du 2 mars 1982 qui va consacrer la région comme collectivité territoriale basée sur deux organes : le conseil régional et son président. Depuis le 2 janvier 2016, la France compte 13 régions métropolitaines. Il y a deux organes principaux.

1. Le conseil régional (CR)

a. Organisation

Le CR est l'organe délibératif de la région. Il est élu pour 6 ans sur la base d'un scrutin de liste proportionnel avec prime au vainqueur (la liste arrivée en tête obtient 25 % des sièges, le reste étant réparti à la plus forte moyenne à toutes les listes ayant obtenu au moins 5 % des suffrages exprimés). Les listes sont déposées au niveau régional mais les candidats y sont répartis en « sections départementales » mentionnées sur le bulletin de vote. L'effectif du CR varie selon l'importance de la population. L'indemnité des conseillers régionaux est de même ordre que ceux départementaux (1 501 à 2 660 euros bruts mensuels). Le passage à 13 régions force à redéfinir le nombre des élus de chaque département au sein des conseils régionaux dont les périmètres seront élargis. Les départements ont 3 ans pour, sous condition, changer de région s'ils le souhaitent.

Le CR se réunit au moins une fois par trimestre. Il est assisté d'organes spécifiques : conseil économique, social et environnemental, comité régional des transports, comité régional de la formation professionnelle. Les services administratifs régionaux sont regroupés au sein de l'hôtel de région sous la direction d'un directeur des services.

b. Attributions

Le CR a d'abord des compétences classiques : élection du président et des vice-présidents, des commissions, délibération et vote du budget, aménagement du territoire (tourisme, parcs régionaux, planification), ports et aéroports non nationaux, action sociale et culturelle, éducation (lycées, formation professionnelle) par ex. Mais le CR est la « collectivité chef de file » en matière économique : aides directes et indirectes aux entreprises, participation au capital de sociétés de développement régional, contrats État/région, contrats de plan, financement d'équipements publics d'intérêt régional... La loi MAPTAM de juillet 2015 a fait évoluer les compétences régionales. La loi NOTRe le fera aussi mais la région restera la collectivité chef de file.

2. Le président du CR

Son statut est proche du président du CD sauf que, lors de l'élection, le futur président doit faire un discours de politique régionale avant le scrutin. Il prépare et exécute les délibérations et le budget du CR, ordonne les dépenses, gère les biens régionaux, dirige les services et exerce le pouvoir hiérarchique sur le personnel régional. Le budget du CR est fait de ressources fiscales (taxes et impôts locaux) à hauteur de 50 % des dépenses. Le reste provient de recettes non fiscales : dotations, fonds de compensation TVA, subventions. La région étant le seul échelon reconnu par l'Union européenne (Comité des régions), elle bénéficie aussi de certains fonds européens notamment via le Fonds européen de développement régional (FEDER). L'UE est dotée d'un comité des régions.

À la différence du maire et du président du CD, le président du CR n'a aucun pouvoir de police. Comme le maire et le président du CD, le président du CR a un cabinet qui regroupe ses principaux collaborateurs. Il a un salaire de 5 512,13 euros bruts mensuels.

À noter que la Fonction publique territoriale (FPT) représente environ 30 % des effectifs de la fonction publique (50 % pour celle d'État et 20 % pour celle hospitalière). Cela représente un peu moins de 2 millions d'agents répartis en 8 filières d'emploi. Depuis 2007, les effectifs de la FPT ont augmenté de 3,2 %. Le statut de la FPT est défini au Titre III du statut de la Fonction publique.

Enfin notons que l'art. 72 al. 4 C. donne aux collectivités territoriales, sous conditions, le droit de déroger aux lois et règlements dans l'exercice de leurs compétences.

FICHE 20

Les collectivités à statut particulier

Il en existe en métropole et hors métropole.

1 En métropole

Le Conseil constitutionnel a admis progressivement que certaines collectivités puissent déroger au principe d'indivisibilité de la République (Conseil constitutionnel, 25 février 1982 ; 28 décembre 1982 ; 9 mai 1991).

1. Paris, Lyon et Marseille

Ce sont les lois du 31 décembre 1982 qui ont consacré des spécificités à ces trois villes qui sont même devenues de véritables métropoles voire mégalopole en ce qui concerne Paris (cf. projet du **Grand Paris** plus loin).

a. Paris

Jusqu'en 1975, Paris a été soumise à un régime totalement dérogatoire (administration étatique jusqu'en 1964 puis la loi du 10 juillet 1964 la transforme en ville-département). C'est la loi du 31 décembre 1975 qui l'a rapproché du droit commun en en faisant une collectivité locale autonome avec notamment un maire mais en lui conservant un statut dérogatoire de ville-département.

Le **Conseil de Paris** est l'organe délibératif, composé de 164 membres qui siègent soit en conseil municipal, soit en conseil départemental, pour les affaires communales ou départementales. Chacun des 20 arrondissements parisiens est doté d'un conseil d'arrondissement élu au suffrage universel direct et d'un maire élu en son sein (354 conseillers d'arrondissement au total). Leurs missions sont similaires à celle d'un CM au niveau de l'arrondissement avec mission consultative en plus. Par ailleurs 120 conseillers de quartier ont été mis en place par la loi du 27 février 2002. De même dans chaque arrondissement il y a une commission d'arrondissement notamment en charge d'animer la vie locale.

Le **maire de Paris**, élu comme ses collègues, agit tantôt comme maire (avec un statut similaire, 18 adjoints titulaires et 9 supplémentaires), tantôt comme président du CD (même statut). En tant que maire il est toutefois privé des pouvoirs en matière de sécurité qui appartiennent au préfet de police.

Une autre spécificité existe à Paris, la présence du préfet de Paris et d'un préfet de police. Dans le département de Paris, le préfet de police est en charge, on l'a dit, des pouvoirs en matière d'ordre public. Il a accès au conseil de Paris quand une question l'y concerne et peut y prendre la parole. Depuis un décret du 29 avril 2004, le préfet de Police arrête, de concert avec celui de Paris, le projet d'action stratégique de l'État dans le département de Paris. Le maire de Paris est A. Hidalgo.

b. Lyon et Marseille

Comme la capitale, Lyon (3e ville de France) et Marseille (2e ville de France) sont découpées en arrondissements (9 à Lyon et 16 à Marseille). Le conseil municipal de Lyon comprend 73 membres et celui de Marseille 101. Grand Lyon (anciennement COURLY) est devenu la métropole de Lyon depuis le 1er janvier 2015. Notons qu'à Marseille depuis la loi du 9 juillet 1987, les arrondissements sont regroupés deux à deux pour former huit secteurs électoraux. Les conseils d'arrondissement y ont les mêmes prérogatives que ceux de Paris. À noter qu'à Marseille, le maire dirige le bataillon de marins-pompiers, chargé des secours sur la commune phocéenne ainsi que dans les ports de celle-ci. Mais c'est sous les ordres du préfet de police de Marseille que ce même bataillon agit sur le Port Autonome de Marseille, situé hors de la commune, et sur l'aéroport de Marseille-Provence-Marignane. Le 1er janvier 2016 apparaît la métropole d'Aix-Marseille-Provence. J.-C. Gaudin est le maire de Marseille et G. Képénékian celui de Lyon.

2. La région Île-de-France

Administrée comme les autres régions, l'importance de sa population (environ 12 millions d'habitants, soit près de 20 % de la population nationale, et 980 habitants au km^2) et son poids économique (PIB = 552 700 millions d'euros, soit environ 47 000 par habitant, soit une des plus riches régions européennes en PIB comparés) lui donnent des spécificités.

Ainsi elle a des compétences que n'ont pas d'autres régions : politique des transports, aménagement des espaces verts, alimentation en eau par exemple.

Cela implique aussi des ressources supplémentaires : redevance pour la construction de bureaux, taxe complémentaire à la taxe locale d'équipement.

Enfin la loi du 13 mai 1991 a mis sur pied un mécanisme de solidarité financière intercommunale géré par la région Île-de-France. La loi du 3 juin 2010 relative au Grand Paris prévoit un « projet de développement du Grand Paris » qui vise à relier les grands territoires stratégiques de la région Île-de-France autour de Paris (transports, contrats de développement territorial, construction de logements, maîtrise de l'urbanisation). La « Société du Grand Paris » mise en place en 2010 (EPIC de l'État dont le conseil de surveillance est présidé par André Santini) a la mission de piloter le projet. Notamment la réalisation du Grand Paris Express. V. Pécresse est la présidente de la région Île-de-France.

3. L'Alsace-Moselle

De 1871 à 1918, le Bas-Rhin, le Haut-Rhin et la Moselle ont été soumis à un « droit local » contenant à la fois du droit allemand et français. En 1919 le maintien provisoire de ce droit a été autorisé. Il est toujours en cours avec certaines particularités parmi lesquelles : droit communal (plus d'autonomie pour les communes), cultes (denier du culte obligatoire, cours de théologie aux universités de Lorraine et de Strasbourg), assurance-maladie complète et généralisée (mutuelle facultative), livre foncier, faillite civile, jours fériés supplémentaires (26 décembre, Saint Étienne), droits professionnels spéciaux (inclus dans le Code du travail), corporations artisanales... À noter que l'Alsace-Moselle appartient à la région Grand Est.

4. La Corse

C'est par le traité de Versailles de 1768 que la Corse a été rattachée à la France. Érigée en région en 1975, elle a été instituée comme collectivité territoriale en 1982. C'est la loi du 13 mai 1991, confirmée par celle du 22 janvier 2002, qui fixe le statut de la Corse (art. L. 4421 - 1 du CGCT). L'art. 72 C. érige la Corse en « collectivité territoriale à statut particulier » de la République. Sa singularité repose sur 2 organes :

- **L'assemblée de Corse** (organe législatif) composée de 51 membres élus pour 6 ans au suffrage universel (même scrutin que pour les communes de plus de 3 500 habitants). Elle tient deux sessions ordinaires de 3 mois (1er janvier et 1er septembre). Elle élit son président (assisté de 10 conseillers) et sa commission permanente. Cette assemblée peut censurer le Conseil de la Corse (cf. plus loin). Cette assemblée est dotée de pouvoirs similaires à un CR classique mais aussi supplémentaires : plan d'aménagement, « identité culturelle ». Surtout l'assemblée est consultée sur les projets de loi ou décrets sur la Corse et peut demander des modifications. Depuis la loi de janvier 2002 elle peut modifier les décrets pour l'application des lois en Corse. Elle dispose à cette fin d'un pouvoir réglementaire. J.-G. Talamoni est le président de cette assemblée.
- **Le conseil exécutif** de la Corse (organe exécutif) : il comprend 9 membres dont son président élus par l'assemblée. Ses pouvoirs ont été renforcés par la loi de 1991 : développement économique et social, action éducative et culturelle, aménagement. Avec les autres collectivités corses, il met en œuvre le Plan d'aménagement et de développement durable de la Corse. Il a aussi un pouvoir réglementaire pour mettre en œuvre les délibérations de l'assemblée. Le Conseil peut être censuré par l'assemblée. Il est une sorte de « gouvernement » de la Corse.

À côté de ces organes, existe aussi le conseil économique, social et culturel à vocation consultative. Il y a également des offices (transport, développement agricole et rural, équipement hydraulique, environnement) composés essentiellement d'élus de l'assemblée, présidés par un membre du conseil exécutif. Il existe enfin une « institution spécialisée » chargée de coordonner les actions en matière de tourisme. Rappelons que la Corse bénéficie également d'un statut fiscal dérogatoire et avantageux tant pour les sociétés (IS, Taxe Professionnelle) que pour les particuliers (TVA, taxes foncières). La loi NOTRe de 2015 met en place la « collectivité de Corse ». Au 1er janvier 2018, il s'agira d'une collectivité à statut particulier, en lieu et place de la collectivité de Corse et des départements de Corse-du-Sud et de Haute-Corse. Le président du conseil est G. Siméoni.

2 L'outre-mer

On différencie essentiellement 3 entités.

1. Des départements et régions d'outre-mer (DOM et ROM)

C'est l'art. 73 C. qui définit les DOM et ROM. Au nombre de 4 (Guadeloupe, Martinique, Guyane et La Réunion) les DOM rassemblent environ 1 500 000 habitants. Leur statut est similaire aux départements métropolitains sauf que la Constitution à l'art. 73 leur autorise des mesures d'adaptation (Conseil constitutionnel, 2 décembre 1982). Les

Droit administratif

conseils généraux peuvent donner leur avis sur les projets de lois ou décrets les concernant et émettre des propositions sur les dispositions spéciales qui les affectent.

Les 4 DOM sont aussi des ROM monodépartementales. Chaque collectivité a son assemblée délibérante mais le même préfet couvre à la fois le département et la région. Le conseil régional peut agir en matière diplomatique et le Gouvernement peut le saisir pour avis sur des projets d'accords de coopération dans la zone géographique où se trouve la région. Il existe 2 organismes consultatifs spéciaux : le Comité économique et social ; le Comité de la culture, de l'éducation et de l'environnement.

2. Les collectivités d'Outre-Mer (COM)

Il s'agit de : Saint-Pierre-et-Miquelon, Wallis-et-Futuna, Polynésie française, Saint-Barthélémy et Saint-Martin.

L'art. 74 C. qui les régit leur définit « un statut qui tient compte des intérêts propres de chacune d'elles au sein de la République ». C'est une loi organique qui fixe le statut. Les COM exercent des compétences propres dans le domaine législatif et sont rattachés à l'Union européenne par un lien d'association (Pays et Territoires d'Outre-Mer). Leur assemblée territoriale élabore, dans le cadre de lois statutaires, les règles spécifiques (actes administratifs) à la collectivité, au besoin par le biais de mesures de discriminations positives pour leurs ressortissants.

Notons que depuis la loi organique du 2 mars 2004, la Polynésie française est devenue une collectivité locale dotée de l'autonomie (pays d'outre-mer). Mais cette autonomie est conditionnée par l'art. 74 C. selon lequel « la République garantit cette autonomie » (art. 1er de la loi organique). Ainsi il y a un président de la Polynésie française (depuis 2011 : Oscar Temaru), un gouvernement et une assemblée (qui vote « les lois du pays ») et le haut-commissaire de la République

3 Les autres collectivités à statut particulier

1. Les Terres Australes et Antarctiques Françaises (TAAF)

Ce sont des zones qui se caractérisent essentiellement par une activité scientifique. Elles sont gérées depuis Paris par un conseil scientifique et un administrateur. Depuis la révision constitutionnelle de 2003, elles ne sont plus collectivités territoriales. Elles ont été transformées (avec **l'île de Clipperton**), en établissement public administratif territorial relevant de la loi. La révision de 2008 a constitutionnalisé cela (art. 72-3 al 4).

2. La Nouvelle-Calédonie

La révision constitutionnelle de 2003 a fait d'elle une collectivité particulière (notamment le Titre XIII C.).Son statut général résulte de plusieurs textes : loi référendaire du 6 novembre 1988, accord de Nouméa du 5 mai 1998, révision constitutionnelle du 6 juillet 1998 (induite par ledit accord dérogeant au principe de souveraineté nationale), lois du 19 mars 1999, loi organique du 3 août 2009. L'ensemble de ces textes (notamment l'accord de Nouméa et la LO de 2009) transfère un nombre substantiel de compétences à la Nouvelle-Calédonie (droits civils, commerciaux, sécurité civile...) et accorde aux habitants des droits dérogatoires au droit commun français : priorité d'accès à l'emploi, citoyenneté néo-calédonienne, vote de lois locales... Par ailleurs l'accord prévoit aussi un référendum d'autodétermination entre 2014 et 2018.

Depuis 1988 cette île est découpée en 3 provinces (dont une indépendantiste), comportant chacune une assemblée élue et administrée par un congrès du territoire désignant lui-même un gouvernement de la Nouvelle-Calédonie. Il existe aussi des organes spécifiques : comité économique et social, conseil coutumier (futur sénat). L'État est représenté par un haut-commissaire chargé de l'ordre public et du contrôle des actes des autorités territoriales. À terme l'État ne devrait garder que les compétences régaliennes (police, justice...). En 2018 devrait avoir lieu le référundum sur l'autonomie calédonienne. Pour ce faire, M. Valls a été nommé président d'une mission parlementaire d'information sur le devenir institutionnel de l'île.

ENTRAÎNEMENT

LES NOTIONS CLÉS

- Collectivités territoriales
- Décentralisation
- Démocratie locale
- Commune
- Intercommunalité
- Département
- Région
- Préfet
- DOM-TOM
- Collectivités à statut particulier

CONSEILS BIBLIOGRAPHIQUES

- Choisir ci-dessous les ouvrages les plus récents (dernière édition).
- M. Verpeaux (spécialiste), *Droit des collectivités territoriales,* PUF ; *Les collectivités territoriales en France,* Dalloz ; *La région,* Dalloz.
- N. Dantonel-Cor, *Droit des collectivités territoriales,* Bréal.
- M. Bonnard, *Les Collectivités territoriales,* La Documentation française.
- M. Bazoche, *Commune ou ville intercommunale ? De Condorcet à N. Sarkozy, 1794-2009,* L'Harmattan ; *Département ou région ? Les réformes territoriales de Fénelon à J. Attali,* L'Harmattan.
- D. Grandguillot, *Les Collectivités territoriales après la réforme,* Gualino.
- Revue *Les Pouvoirs locaux* (éditée par La Documentation française).
- Code général des collectivités territoriales.

Dissertation

Sujet : La décentralisation française

CORRIGÉ

Introduction

La décentralisation est vraiment apparue en France en 1982 et a été renforcée en 2003. Elle est de deux types, fonctionnelle et/ou territoriale. La France a choisi les deux.

De plus la décentralisation repose essentiellement sur les collectivités territoriales définies au Titre XII de la Constitution.

Il conviendra d'étudier d'abord les modalités de la décentralisation (I) avant que de s'attacher aux collectivités territoriales (II).

I) Les modalités de la décentralisation

A) Définition : centralisation, déconcentration, décentralisation.

B) Divers types : territoriale, fonctionnelle.

II) Les collectivités décentralisées

A) Les collectivités territoriales à statut général : commune (y compris intercommunalité), département, région.

B) Les collectivités à statut dérogatoire : métropolitaines (PLM, Alsace-Moselle, Corse), outre-mer.

Conclusion

Avec l'abrogation du conseiller territorial, une nouvelle réforme territoriale a été mise en route par les gouvernements Ayrault puis Valls (lois Maptam et NOTRe). Il reste cependant que la France est le pays d'Europe où il y a le plus d'échelons territoriaux. Les réformes impulsées en 2014 et 2015 amèneront peut-être une rationalisation à cet égard qui est plus que nécessaire.

SOUS-PARTIE 8

Les actes administratifs

L'administration à deux principaux modes d'action. Les actes administratifs unilatéraux (AAU) et les contrats administratifs. Par les deux, elle met en œuvre l'intérêt général.

21. Les actes administratifs unilatéraux (AAU) 152

22. Les contrats administratifs 159

21 FICHE

Les actes administratifs unilatéraux (AAU)

Une des missions essentielles de l'administration est de prendre des décisions. Celles-ci s'imposent par la seule volonté de leur auteur qui a en charge, rappelons-le, l'intérêt général. C'est l'acte administratif unilatéral qui est son vecteur principal. Il a pour objet de conférer des droits et d'imposer des obligations aux administrés. L'acte administratif unilatéral démontre l'inégalité, objective, dans les rapports administration/administrés. Étudions d'abord les caractéristiques puis le régime juridique de l'acte administratif unilatéral.

1 Caractéristiques de l'acte administratif unilatéral

L'acte administratif unilatéral est donc un acte juridique émanant d'une autorité administrative qui fait grief et peut être soumis au juge administratif. La décision exécutoire est une variété d'acte administratif unilatéral qui a un caractère obligatoire sans formalité particulière. Elle est « la règle fondamentale du droit public » (Conseil d'État, 2 juillet 1982, Huglo). C'est une prérogative de puissance publique entraînant directement le résultat prescrit. On parle de **privilège du préalable,** non exclusif d'un recours administratif non suspensif.

1. Les divers actes administratifs unilatéraux

- Il y a d'abord les décisions explicites ou expresses en principe écrites (ex : décret, arrêté) mais aussi orales (ordre verbal) voire électroniques (Conseil d'État, 9 novembre 2005, Meyet).
- Ensuite il y a les décisions implicites ou tacites qui naissent du silence de l'administration, c'est-à-dire de l'absence de réponse de l'administration pendant 2 mois à une demande. La loi du 12 décembre 2013 a consacré un nouveau principe selon lequel ce silence vaut désormais accord.
- Les décisions implicites d'acceptation ou d'autorisation : le silence de l'administration suite à une demande vaut accord (art. R. 460-5 Code de l'urbanisme : certificat de conformité). Le délai débute à compter de la réception par l'autorité du dossier complet (Conseil d'État, 26 juillet 1982, Maillet).
- Les actes de gestion privée, pris par des personnes publiques (exerçant une activité industrielle et commerciale ou exploitant le domaine privé) sont des actes de droit privé.
- Les actes pris par des organes administratifs voire politiques dans les domaines législatifs ou réglementaires ne sont pas administratifs (ex : décisions émanant de

l'art. 16 C. et intervenant dans le domaine de la loi, Conseil d'État, 2/3.1962, Rubin de Servens ; Conseil d'État, 12 février 1960, soc. Eky).

- Les documents-types (statuts, contrats-types) sont des actes administratifs unilatéraux (Conseil d'État, 2 juillet 1982, Conseil national de l'Ordre des architectes).
- Les mises en demeure sont désormais considérées comme des actes administratifs (Conseil d'État, 27 mai 1988, Min. des Affaires étrangères c/Hess).

2. Les mesures administratives internes

Elles sont de plusieurs ordres :

a. Les circulaires

Ce sont des instructions, notes de service qui contiennent des recommandations, instructions, précisions adressées par des chefs de service à leurs subordonnés. L'administration n'a pas obligation de prendre une circulaire pour interpréter le droit en vigueur (Conseil d'État, 17 décembre 2008, Cots). Un arrêt du Conseil d'État de 2002 (18 décembre 2002, Mme Duvignères) a mis fin à la classique distinction entre les circulaires réglementaires (Conseil d'État, 29 janvier 1959, Notre Dame du Kreisker) et les circulaires interprétatives (Conseil d'État, 11 avril 1951, Fédération nationale de fabricants français de vêtements). Désormais on oppose la circulaire impérative attaquable et celle non impérative sans grief et donc intouchable. Désormais la quasi-totalité des textes ministériels pourront être contrôlés par le juge dès lors qu'ils comportent majoritairement des dispositions impératives. Le Conseil d'État a donc incité le Gouvernement et son administration à contrôler de près, a priori et a posteriori, ses propres mesures. Le délai de recours contre une circulaire court dès sa publication (Conseil d'État, 12 janvier 2009, Syndicat national pénitentiaire FO).

b. Les directives

Ce sont des normes d'orientation fixant de façon préalable les principes qui guideront l'action administrative dans certains secteurs. Elles visent à améliorer, rationaliser, l'action administrative. Le chef de service donne à ses subordonnés ainsi qu'à lui-même, une sorte de ligne de conduite. Selon le Conseil d'État la directive ne doit pas modifier, par elle-même, **la situation juridique des intéressés** (11 décembre 1970, Crédit Foncier de France). L'autorité destinataire d'une directive conserve une marge d'appréciation (Conseil d'État, 18 novembre 1977, Ent. Marchand). Depuis la loi du 17 juillet 1978 les directives sont publiées. Simple mesure d'ordre intérieur, la directive n'est examinée par le juge que par voie d'exception lors d'un recours contre une décision en faisant application.

c. Les mesures d'ordre intérieur

Règles de vie administrative d'un service (ex : modification d'emploi du temps d'un professeur ou avertissement simple à l'armée), le juge les considère en principe comme non exécutoires et ne faisant donc pas grief (sauf si elle porte atteinte au statut juridique des agents). Certaines mesures peuvent toutefois causer des torts aux usagers et le juge exerce son contrôle sur celles qui font grief (ex : refus de passage d'un élève en classe supérieure ou certaines punitions pénitentiaires, Conseil d'État, 14 décembre 2007, Min.

de la Justice c/M. Boussouar, 3 arrêts : CE, 27 janvier 2005 Ramirez Sanchez c/France). Le juge tend à développer son contrôle dans ce domaine notamment sur les mesures valant actes préparatoires à une décision.

2 Le régime juridique de l'acte administratif unilatéral

Les actes administratifs obéissent à des règles de forme et de fond précises. Ils bénéficient aussi d'une exécution spécifique.

1. Règles de fond

a. L'élaboration

Il y a d'abord les règles de compétence. Elles sont d'ordre public c'est-à-dire invocables à tout moment d'un procès par les parties ou d'office par le juge. Quant à leur contenu on distingue : l'obligation pour l'administration de décider (Conseil d'État, 18 juin 1954, Dame Flament), le parallélisme des formes : une autorité qui a pris une décision est seule compétente pour la modifier ou l'abroger (Conseil d'État, 13 mars 1953, Teissier), les délégations de compétence (3 conditions : autorisation par un texte ; sur la base d'une décision en principe explicite, expresse et publiée ; délégation partielle de compétences). Sur la délégation on distingue : la délégation de pouvoir (qui s'attache à la fonction et non à la personne, Conseil d'État, 5 mai 1950, Buisson et 12 décembre 1969, André) et la délégation de signature (attachée en principe à la personne qui exerce pour le compte et au nom du délégant certaines attributions).

Le juge exerce un contrôle sur la compétence et peut relever 3 types d'incompétences : matérielle, territoriale, temporelle (cf. sous partie 6). Toutefois le juge peut admettre un affranchissement des règles de compétence dans deux cas : la théorie du « fonctionnaire de fait » (Conseil d'État, 5 mars 1948, Marion) et en cas d'urgence (Conseil d'État, 5 octobre 1979, Chambre d'agriculture de la Charente).

b. Les procédures

Il existe deux sortes de procédure : celles **consultatives** et celles **contradictoires.** Dans le premier cas l'administration prend des avis de spécialistes, d'experts, de commissions, pour l'éclairer. Il existe alors diverses sortes d'avis : non obligatoire, obligatoire, conforme. La loi du 17 mai 2011 a instauré des « consultations ouvertes » dites aussi grand public (associations, particuliers sur internet).

Les procédures contradictoires permettent à une personne, préalablement à une décision, de présenter ses observations. Ces procédures sont aménagées par les textes et la jurisprudence dans trois cas : respect des droits de la défense (avec son corollaire la « communication du dossier ») érigé en principe général du droit par le Conseil d'État (5 mai 1944 dame veuve Trompier-Gravier et 26 octobre 1945, Aramu), les mesures prises *intuitu personae* (Conseil d'État, 24 juin 1949, Nègre), les relations administrations/administrés notamment basées sur l'accès aux documents administratifs (obligation d'accuser réception des demandes pour l'administration, réorientation des demandes mal orientées, incitations aux administrés de régulariser une demande entachée d'un vice de forme ou de procédure (loi du 17 mai 2011), favoriser l'échange d'informations entre administrations (loi du 17 mai 2011), procédure contradictoire préalablement à un acte individuel soumis à obligation de motivation (loi du 12 avril 2000, Conseil d'État 3 avril 2002 Soc. Labo'life Espana).

Notons qu'en matière d'accès aux documents administratifs, c'est la loi du 17 juillet 1978 (modifiée par la loi du 12 avril 2000 et par l'ordonnance du 6 juin 2005) qui fait autorité en donnant aux usagers le droit d'accès aux documents administratifs. Tout refus doit être arbitré par la CADA avant que d'être examiné par le juge.

2. Les règles de forme

En principe une décision administrative se présente sous forme écrite et explicite. Elle est composée de formalités non substantielles (par ex. visa = ensemble des textes législatifs ou réglementaires sur lesquelles la décision se fonde ou avis) et de formalités substantielles (signature, contreseing quand il est obligatoire et surtout la motivation). L'obligation de motiver implique pour l'autorité qui prend certaines décisions, de préciser clairement les motifs (= raisons) qui l'animent. « Pas de motivation sans texte » selon l'adage.

C'est la loi du 11 juillet 1979 qui a instauré la motivation des actes administratifs et l'amélioration des relations administrés/administration. Selon cette loi deux catégories de textes sont à motiver : les décisions individuelles défavorables à leurs destinataires (ainsi que, depuis la loi du 17 janvier 1986, celles refusant une autorisation, et les décisions de rejet des recours administratifs préalables obligatoires selon la loi du 17 mai 2011) et celles dérogeant aux lois et règlements (droit du travail et urbanisme). L'urgence absolue et le secret sont les principales causes dérogatoires à l'obligation de motivation.

Quant à ses caractéristiques, la motivation doit en principe être précise et complète notamment sur les faits (Conseil d'État, 24 juillet 1981, Belasri). Un défaut (absence ou insuffisance) de motivation est un vice de forme passible de l'annulation de la décision par le juge.

3 L'exécution des actes administratifs unilatéraux

Plusieurs étapes sont à analyser ici.

1. L'entrée en vigueur

Les actes administratifs sont d'abord soumis à une **obligation de publicité.** C'est l'opération qui permet de porter l'acte à la connaissance des administrés. Elle les rend opposables et invocables à ces derniers. Ainsi l'acte entre en vigueur et le délai de recours contentieux court. Cette publicité se fait selon deux procédures.

- La **notification** des actes individuels : elle se fait par LRAR. Le juge admet qu'en cas de pluralité de personnes, une publication peut se faire en complément (permis de construire par ex). Les décisions individuelles favorables entrent en vigueur dès leur signature sans attendre la notification (Conseil d'État, 19 décembre 1952, Mattéi). Celles défavorables doivent être notifiées. Depuis le décret du 29 juin 2004 certains actes (ex : certaines nominations) sont publiés uniquement par voie électronique, dans le cadre de la dématérialisation.
- La **publication** des actes réglementaires : les actes des principales autorités administratives (Premier ministre, chef de l'État) sont publiés au JORF, version papier, mais aussi depuis le 1er juin 2004, sous forme électronique. Les actes des autorités

déconcentrées le sont dans un recueil des actes administratifs départementaux (ex : arrêté préfectoral). Les actes des collectivités territoriales le sont par affichage mais aussi dans un recueil spécial voire sur support numérique. L'entrée en vigueur d'un acte réglementaire est conditionnée par cette publication. Toutefois celle-ci ne suffit pas toujours à déclencher son application. L'entrée en vigueur peut se faire après la publicité. (ex : règlement). Certains actes des collectivités décentralisées sont subordonnés, pour s'appliquer, à l'avis du préfet après publication.

Le Conseil d'État exige que l'administration publie dans un « délai raisonnable » les règlements qu'elle édicte (12 décembre 2003, Syndicat des commissaires et hauts fonctionnaires de la police nationale).

La non-rétroactivité des actes administratifs : en principe les actes ne peuvent produire des effets remontant à une date antérieure à celle de leur entrée en vigueur (Conseil d'État, 25 juin 1948, société Journal l'Aurore). C'est un principe général du droit. Il existe 3 exceptions :

- l'habilitation législative (Conseil d'État, 16 mars 1956, Garrigou) ;
- les mesures de régularisation (Conseil d'État, 16 mars 1925, Rodière) ;
- les actes réglementant une situation née avant leur adoption (ex : décret de titularisation, Conseil d'État, 8 novembre 1974, Association des élèves de l'ENA).

2. La fin des actes administratifs

Sauf précision législative ou dans l'acte lui-même, un acte administratif a en principe des effets perpétuels. Seuls l'abrogation ou le retrait peuvent y mettre fin et impliquent des conséquences en matière de droits acquis.

a. L'abrogation

Elle permet à l'administration, par une décision nouvelle, de modifier sa réglementation ou les actes individuels, tout en garantissant une certaine stabilité des situations juridiques. Elle met fin à l'existence d'une décision pour l'avenir seulement. Il faut distinguer l'abrogation des actes réglementaires et celle des actes non réglementaires :

- **Actes réglementaires :** ils peuvent être modifiés ou abrogés à tout moment (Conseil d'État, 17 juillet 1950, Delteil). Le principe est que les administrés n'ont aucun droit acquis au maintien d'un règlement, légal ou illégal. Quand ils sont illégaux et qu'elle est sollicitée, l'administration doit abroger lesdits actes (Conseil d'État, 3 février 1989, Alitalia). C'est un principe général du droit. La loi du 20 décembre 2007 oblige le pouvoir réglementaire à abroger les règlements illégaux ou devenus sans objet, soit d'office, soit à la demande d'un administré concerné. Cela vise aussi à inciter l'administration à actualiser sa production réglementaire.
- **Actes non réglementaires :** l'administration est libre d'abroger à tout moment les actes non réglementaires. Mais il faut distinguer ceux créateurs de droit (nominations, titre de séjours, permis de construire) et ceux qui ne le sont pas (autorisations de police, d'occupation du domaine public, actes obtenus frauduleusement). Dans ce dernier cas (sauf les règles de compétence, de forme et de procédure), la liberté est totale pour ceux non créateurs de droits (Conseil d'État, 22 décembre 1989, Morin ; 29 novembre 2002, Assistance pub. des hôpitaux de Marseille).

Il y a plus de difficulté pour les actes créateurs de droits. Ils ne peuvent être abrogés que s'ils sont irréguliers et dans le délai du recours contentieux qui est en principe de 2 mois (Conseil d'État, 21 janvier 1991, Pain). Il en va de même pour les décisions individuelles illégales (Conseil d'État, 6 mars 2009, M.C.). Sinon l'acte ne peut être modifié que par la voie de l'« acte contraire » dans le respect du parallélisme des formes.

b. Le retrait

Le retrait est la suppression rétroactive de l'acte notamment lorsque l'administration s'est trompée.

Comme le retrait fait disparaître rétroactivement l'acte (qui n'a alors jamais existé ni produit d'effet), il faut veiller aux droits acquis des administrés. Il faut également distinguer les actes légaux et illégaux :

- **Retrait des actes légaux :** quand ils ne créent pas de droits, le retrait est possible à tout moment sans condition. Quand il y a création de droits, le retrait est soumis à des conditions (loi, décret, décision de justice, pas de remise en cause de droits acquis par des tiers, Conseil d'État 23 juillet 1974, Min. de l'Intérieur c/sieur Gay).
- **Retrait des actes illégaux :** non créateur de droits, ils sont retirables à tout moment. Créateurs de droits, le retrait est soumis à des conditions strictes définies par le juge. Jusqu'en 2001 ce dernier considérait que l'objet du retrait étant de faire cesser l'illégalité, le retrait ne pouvait intervenir que durant le délai contentieux de 2 mois (Conseil d'État, 3 novembre 1922). Lorsque la publicité était incomplète ou irrégulière, le délai ne courait pas et l'acte était retirable à tout moment (Conseil d'État, 6 mai 1966, Ville de Bagneux). Le Conseil d'État a d'abord évolué en estimant que l'auteur d'un acte ne pouvait se prévaloir de sa propre erreur dans la notification pour le retirer (Conseil d'État, 24 octobre 1997, Mme de Laubier). Puis le législateur est intervenu.

La loi du 12 avril 2000 autorise le retrait pour illégalité de décisions implicites d'acceptation sous certaines conditions. C'est en 2001 que la jurisprudence Cachet est remise en cause. En effet le Conseil d'État fixe les nouvelles conditions de retrait des décisions individuelles explicites créatrices de droits que l'administration estime irrégulières (Conseil d'État, 26 octobre 2001, M. Ternon) : 4 mois de délai et plus de retrait dès qu'une action contentieuse est déclenchée. Mais cet arrêt ne vise ni les règlements, ni les actes particuliers (déclaration d'utilité publique par exemple), ni les nominations pour ordre, ni les actes frauduleux ou pécuniaires.

Dans un avis du 12 octobre 2006 le Conseil d'État a précisé que le retrait d'une décision implicite d'acceptation n'ayant fait l'objet d'aucune mesure de publicité, dont le délai légal est de 2 mois, est possible au-delà de celui-ci, dès lors qu'un recours contentieux est formé.

Quant aux décisions implicites de rejet, leur retrait pour illégalité est possible pendant le délai de recours contentieux (2 mois à la date de la décision, Conseil d'État, 26 janvier 2007, SAS Kaefer Wanner).

3. Le respect des décisions administratives

Les décisions administratives ont un caractère obligatoire tant pour les fonctionnaires que pour les administrés. Pour les faire respecter, il existe des sanctions pénales (art. R. 610-5 du Code pénal) et administratives (pécuniaires). Mais dans certains cas l'administration doit recourir à l'exécution forcée c'est-à-dire parfois le recours à la contrainte. Une décision du Tribunal des conflits (2 décembre 1902, Soc. Immobilière de Saint-Just) a posé 3 conditions :

- une autorisation expresse de la loi (ex : loi du 3 juillet 1877 sur les réquisitions militaires, loi du 22 juillet 1987 sur la sécurité civile)
- lorsqu'il n'y a aucune autre solution (absence de règle pénale par ex)
- lorsqu'il y a urgence

Si l'administration sort de ce cadre, elle commet une voie de fait (atteinte à une liberté fondamentale ou au droit de propriété) qui relève du juge judiciaire (Conseil d'État, 18 novembre 1949, Carlier). La Cour de cassation a estimé que la seule constatation d'une voie de fait ouvre droit à réparation (Civ. 3e, 9 septembre 2009, Mme Pongérard). Le Tribunal des conflits a récemment réactivé la voie de fait notamment en matière de passeport et de zone d'attente (TC, 23 mai 2005, Haut-commissaire de la République en Polynésie française).

FICHE 22

Les contrats administratifs

L'administration utilise deux types de contrat, les contrats de droit commun et les contrats administratifs. Dans le premier cas elle passe donc, comme les citoyens ordinaires, des contrats de droit privé qui relèvent du juge judiciaire. C'est le cas pour les services publics industriels et commerciaux. Mais ce sont surtout des contrats dérogatoires au droit commun qui sont passés par l'administration. Ce sont les contrats administratifs (ex : marchés publics). Ces derniers se définissent par des critères spécifiques et relèvent d'un régime spécial.

1 Les critères

Un contrat peut être administratif par détermination de la loi ou qualifié comme tel par le juge.

1. Par détermination de la loi

Il existe des contrats qui sont administratifs suite à une qualification législative. C'est le cas des marchés de travaux publics (loi du 28 Pluviose an VIII) qui laissent une large part aux prérogatives de puissance publique. C'est encore le cas des contrats d'occupation du domaine public et de vente d'immeubles (art. L. 3331-1 du Code général de la propriété des personnes publiques : exploitation d'un café ou d'une partie de plage). C'est le cas des contrats de partenariat public/privé (ordonnance du 17 juin 2004). Enfin la loi MURCEF (Mesures urgentes de réformes à caractère économique et financier) du 11/12/2001 a soumis l'ensemble des marchés passés par les personnes publiques ou leurs mandataires et relevant du Code des marchés publiques, aux règles du contrat administratif (Conseil d'État, avis, 29/7/2002, Soc. MAJ Blanchisseries de Pantin). Le juge se reconnaît le pouvoir de requalifier tout contrat (Conseil d'État, avis, 16/5/2001, Melles Joly et Padroza).

Mais c'est essentiellement le juge qui a dégagé deux critères pour qualifier un contrat d'administratif.

2. Les critères jurisprudentiels

Il y en a deux : le critère organique et le critère alternatif. Le premier présuppose la présence d'une personne publique au contrat. Le second celle d'une clause exorbitante du droit commun (CEDC) ou la participation à l'exécution même du service public (PEMSP).

a. Le critère organique

Pour qu'un contrat soit administratif, il faut que l'un des contractants soit une personne publique. C'est une condition nécessaire mais insuffisante.

Les contrats passés entre des personnes privées

Ils sont en principe de droit privé. Mais le Tribunal des conflits a admis une exception : le contrat conclu entre une société d'économie mixte concessionnaire d'autoroutes (personne privée) et des entrepreneurs (privés) pour la réalisation de travaux publics, est public et donc confié au juge administratif (TC, 8 juillet 1963, Soc. Ent. Peyrot). Quelques années plus tard, le Conseil d'État (30 mai 1975, Soc. d'Équipement de la région Montpelliéraine) et à nouveau le TC (7 juillet 1975, commune d'Agde) ont étendu la jurisprudence Peyrot aux travaux d'aménagement urbain. Plus tard le Conseil d'État a estimé que la nature administrative d'un contrat autoroutier reposait essentiellement sur l'objet du contrat (3 mars 1989, Soc. des autoroutes de la région Rhône-Alpes).

Les contrats entre personnes publiques

Jusqu'en 1983 ils étaient administratifs si, outre la présence de personnes publiques, ils contenaient des clauses exorbitantes du droit commun ou une participation à l'exécution même du service public. En 1983, le TC a estimé qu'« un contrat conclu entre deux personnes publiques revêt en principe un caractère administratif » (21 mars 1983, UAP). Il y a donc présomption simple d'« administrativité ». C'est-à-dire que des exceptions peuvent exister. Ainsi un contrat qui, par son objet, ne fait naître que des rapports de droit privé, relève de ce dernier (ex : contrat de gestion du domaine privé d'une collectivité). Mais, de plus en plus, le juge se réfère au critère alternatif.

b. Le critère alternatif

Il s'agit soit de la clause exorbitante du droit commun, soit de la participation à l'exécution même du service public. Depuis la loi MURCEF de 2001 ce critère a perdu une part de son intérêt (Conseil d'État, 3 juin 2009, OPAC du Rhône).

La clause exorbitante du droit commun

C'est le plus ancien critère défini par le Conseil d'État (31 juillet 1912, Granits Porphyroïdes des Vosges) : un contrat est administratif dès qu'il comporte une clause exorbitante du droit commun. Il existe plusieurs types de clause exorbitante du droit commun : clause inhabituelle dans les contrats privés (ex : tarifs imposés, exonérations fiscales, cahier des charges), clause mettant en œuvre des prérogatives de puissance publique (droit de contrôle de l'administration, pouvoir de résiliation). La faculté pour les parties de mettre fin au contrat n'est pas une clause exorbitante (TC, 12 décembre 2011, commune de Nouméa).

Le critère de la clause exorbitante du droit commun a été renouvelé avec la notion de régime exorbitant du droit commun (Conseil d'État, 19 janvier 1973, soc. Rivière du Sant). Dès lors un contrat peut être administratif si son régime est exorbitant du droit commun. Ledit régime peut-être implicite au contrat. Le juge se base alors sur l'« environnement juridique » du contrat voire une « ambiance de droit public » pour le caractériser. On l'a dit, la loi MURCEF en soumettant au Code des marchés publics un grand nombre de contrats, a relativisé la notion de clause exorbitante du droit commun.

La PEMSP (participation à l'exécution même du service public)

Le Conseil d'État a, dans un premier, temps reconnu implicitement cette clause en validant le but de service public dans un contrat de concession (4 mars 1910, Thérond). C'est plus tard qu'il a consacré explicitement celle-ci (20 avril 1956, Époux Bertin). En l'espèce il a estimé qu'un contrat verbal passé par des particuliers avec une administration pour venir en aide à des réfugiés russes en 1944, avait « pour objet de confier..., aux intéressés l'exécution même du service public (du rapatriement) ». C'est cet arrêt Bertin qui a aussi permis au Conseil d'État de poser la règle du critère alternatif : est administratif le contrat comportant une clause exorbitante du droit commun ou dont l'objet est de l'exécution même du service public. Par participation à l'exécution même du service public il faut entendre une participation directe qui peut se manifester dans 3 types de contrats : ceux où le cocontractant participe à l'exécution même du service public (ex : délégation de service public), ceux comportant une participation directe à l'exécution du service public (certains contrats d'embauche), ceux étant une modalité d'exécution du service public (contrats de fourniture de biens ou de service, Conseil d'État, 26 juin 1974, Soc. La Maison des Isolants de France ; contrats d'aide aux entreprises en difficulté TC, 23 octobre 2000, Matois).

En matière de contrats d'embauche, le TC a posé la règle selon laquelle les agents des services publics administratifs étaient des agents publics quel que soit leur emploi (25 mars 1996, Berkani). Le Conseil d'État l'a confirmé (26 juin 1996, commune de Cereste c/ Moreschi). Mais le TC a cependant fixé par la suite une limite législative à ce principe (23 novembre 2009). La loi du 12 avril 2000 a posé la règle selon laquelle les agents administratifs de catégorie C non titulaires pouvaient bénéficier d'un cdi de droit public. Cependant le législateur a qualifié de contrats de droit privé ceux faisant participer le cocontractant à l'exécution d'un service public administratif (emplois-jeunes, emploi-solidarité...).

En revanche ne sont pas administratifs les contrats fixant une simple participation aux besoins ponctuels d'un service (ex : fourniture de matériel).

2 Le régime juridique du contrat

Il faut envisager d'abord la formation du contrat puis l'exécution et enfin le contentieux.

1. La formation du contrat

L'administration est soumise à certaines contraintes et elle n'est pas toujours libre de choisir son cocontractant (sauf délégation de service public). Notamment pour les marchés publics régis par le Code du même nom (Conseil d'État, 21 février 2011, Ophis, communauté d'agglo c/ClermontCommunauté).

a. Présentation des contrats

En principe le contrat se présente sous forme écrite notamment pour les marchés publics. Il y a d'abord des clauses relatives à l'objet du contrat et au prix. Il existe ensuite des cahiers des charges, sorte de modèles, que les parties suivent essentiellement pour sécuriser le marché. Il existe 2 sortes de documents au sein des cahiers des charges :

- Les « documents généraux » : cahiers des clauses administratives générales et cahiers des clauses techniques générales.

- Les documents particuliers : cahiers des clauses administratives particulières et cahiers des clauses techniques particulières.

On dénombre 3 principales catégories de contrats :

Les marchés publics (MP)

Le code de marchés publics (dont la dernière réforme date du 23 juillet 2015 et est effective depuis le 1er semestre 2016) définit le marché public . « contrat conclu à titre onéreux avec des personnes publiques ou privées par des personnes morales de droit public [...], pour répondre à leurs besoins en matière de travaux, de fournitures ou de services » (art. 1 du CMP)

Il existe 3 types de marchés publics : fournitures (produits ou matériels : produits alimentaires, produits de bureau...), services (formation de personnel, études...), travaux (bâtiments, génie civil...). Les personnes soumises aux marchés publics sont : l'État et ses établissements publics administratifs, les collectivités territoriales et leurs établissements publics, mandataires des personnes publiques. Ce sont « les pouvoirs adjudicateurs » (art. 2 CMP). À noter qu'une ordonnance du 23 juillet 2015 transpose deux directives européennes en fixant de nouvelles règles sur les marchés publics.

Les contrats de délégation de services publics (CDSP)

Mis en place par la loi LMURCEF (2001), la délégation de services publics est « un contrat par lequel une personne morale de droit public confie la gestion d'un service public dont elle a la responsabilité à un délégataire public ou privé » (art. L. 1411-1 et suiv. du CGCT). La rémunération est « substantiellement » liée aux résultats d'exploitation du service (Conseil d'État, 30 juin 1999, SMITOM). Le choix du délégataire se fait *intuitu personae*. Le rôle du délégataire est de construire des ouvrages ou d'acquérir des biens pour le service. Il existe 2 principaux types de délégation de services publics : les contrats de concession (réalisation d'un équipement public et la gestion qui y est attachée), les contrats d'affermage (la personne publique ayant réalisé investissements et travaux confie l'exploitation à un « fermier »). Ce sont là des contrats dits aux risques et périls du délégataire.

Notons que le caractère de délégation de services publics des contrats de gérance et de régie intéressée est contesté car ils ne sont plus basés sur une rémunération substantielle (Conseil d'État, 16 avril 1996, commune de Lambesc). Les contrats de délégation de services publics obéissent à des règles précises : liberté d'accès à la commande publique, égalité de traitement des candidats, transparence des procédures. À ce dernier titre les délégations de services publics sont soumises à une publicité préalable y compris au niveau communautaire (loi du 29 décembre 1993). Le Conseil d'État impose d'ailleurs une obligation générale d'information des candidats sur les critères de sélection des offres avant leur dépôt (23 décembre 2009, établissement public de Versailles).

Les contrats de partenariat public/privé (CPPP)

D'inspiration libérale, ils sont inspirés des *Private Finance Initiative* mis en place en Grande-Bretagne en 1992. Institués par l'ordonnance du 17 juin 2004, ils ont été modifiés par la loi du 28 juillet 2008 puis celle du 17 février 2009. Une circulaire du 17 février 2009 permet aux collectivités territoriales de mieux appliquer ce type de contrats. Ils visent à associer l'entreprise privée aux services publics. L'art. L. 1414-1 du CGCT précise que le contrat de partenariat public/privé permet à une personne publique de confier à une entreprise la mission globale de financer, concevoir, construire, maintenir et gérer des ouvrages ou des équipements publics et services concourants aux missions de service public de l'administration, dans un cadre de longue durée et contre un paiement effectué par la personne publique et étalé dans le temps. Cela vise : prisons, hôpitaux écoles, systèmes informatiques...

Les contrats de partenariat public/privé représentent un enjeu d'environ 10 milliards d'euros. Un seuil minimal devrait être mis en place pour ces PPP.

b. Modes de passation

Nous allons envisager essentiellement les contrats de marchés publics. Plusieurs procédures existent.

L'appel d'offres (AO)

C'est le mode de passation normal des marchés. L'art. 33 du CMP précise que c'est « la procédure par laquelle le pouvoir adjudicateur choisit l'attributaire, sans négociation, sur la base de critères objectifs préalablement portés à la connaissance des candidats ». Il existe deux types d'appel d'offres que l'administration choisit librement : l'appel d'offres ouvert quand tout candidat peut remettre une offre, l'appel d'offres restreint quand les candidats sont présélectionnés. Les critères de choix des offres sont définis dans l'avis d'appel public à la concurrence ou dans le règlement de la consultation. Le Conseil d'État autorise que ces critères soient modifiés par la suite (29 juin 2005, Commune de la Seyne/Mer). Ces mécanismes sont obligatoires pour les MP dépassant un certain seuil (135 000 euros HT pour les marchés d'État et 210 000 euros pour ceux des collectivités locales). Publicité et mise en concurrence sont obligatoires.

La procédure négociée

L'art. 34 du CMP la définit : « procédure dans laquelle le pouvoir adjudicateur négocie les conditions du marché avec un ou plusieurs opérateurs économiques ». Publicité et mise en concurrence ne sont pas obligatoires.

Le dialogue compétitif

La personne publique établit un programme fonctionnel précis avec les résultats à atteindre et les besoins à satisfaire. Puis elle engage un dialogue direct avec les candidats et choisit le titulaire du marché. Le Conseil d'État veille au respect du principe d'égalité (Conseil d'État, 13 mai 1987, Soc. Isofi Isolation). Cette procédure s'applique surtout aux marchés complexes.

La procédure du concours

Après mise en concurrence et avis d'un jury, la personne publique choisit un projet ou un plan. On retrouve cette procédure notamment en matière de construction d'ouvrage public (choix d'architecte par exemple).

La procédure dite d'acquisition dynamique

Le marché n'excédant pas certains seuils, est passé selon des modes de publicité et de mise en concurrence fixés d'après l'objet et les caractéristiques dudit marché. Entièrement dématérialisée (électronique), cette procédure vise les marchés de fourniture courante.

La procédure adaptée

L'art. 28 du CMP prévoit que sous les seuils des procédures formalisées, le marché peut être passé selon des modalités « librement fixées par le pouvoir adjudicateur en fonction de la nature et des caractéristiques du besoin à satisfaire, du nombre ou de la localisation des opérateurs économiques susceptibles d'y répondre ainsi que des circonstances de l'achat ». Cette procédure remplace celle des marchés sans formalités préalables

c. Transparence des procédures

La mise en place d'un droit européen des marchés publics dans les années quatre-vingt, basé sur le principe de transparence, a influencé la réglementation française. La transcription de directives (en matière de marchés publics sur : eau, énergie, transports et télécoms) a permis d'améliorer les règles en deux domaines : publicité préalable et mise en concurrence. Suite à plusieurs lois intervenues dès les années quatre-vingt-dix (3 janvier 1991, 29 janvier 1993), l'art. 55 du CMP prévoit une procédure de détection des **offres anormalement basses**. Il s'agit aussi de prévenir les ententes illicites entre sociétés. Le Conseil d'État est vigilant tant sur les règles communautaires que nationales (3 novembre 1997, Million et Marais).

Cette volonté de transparence joue aussi par l'extension et l'amélioration des possibilités offertes aux concurrents écartés de l'obtention d'un contrat, de saisir le juge : référé précontractuel et référé contractuel (ordonnance du 7 mai 2009, cf. plus loin).

De nouvelles règles d'entrée en vigueur des nouveaux textes transposant les directives européennes de mars 2014 ont été mises en place. Ainsi l'ordonnance N° 2015-899 du 23 juillet 2015 relative aux Marchés publics (MP) et ses décrets d'application (N° 2016-360, MP et 2016-361, marchés de défense ou de sécurité) du 25 mars 2016 sont entrés en vigueur le 1er avril 2016. Ils s'appliquent aux MP pour lesquels une consultation est engagée ou un avis d'appel public à la concurrence est envoyé à la publication au 1er avril 2016.

Les nouveaux textes ne s'appliquent aux marchés subséquents et aux marchés spécifiques lorsque la procédure en vue de la passation de l'accord-cadre ou du système d'acquisition dynamique sur la base desquels lesdits marchés sont passés, a été engagée avant le 1er avril 2016.

La dématérialisation complète des procédures de passation des MP ne s'applique en principe qu'à compter du 1er avril 2016 (pour les centrales d'achat) et du 1er octobre 2018 (pour les autres acheteurs). L'accès aux données essentielles des MP (art.107- du décret 2016-3560 du 25 mars 2016) devra être offert par les acheteurs sur leur profil au plus tard le 1er octobre 2018. À noter que durant l'année 2018 sera mis en place un Code de la commande publique en remplacement du CMP.

2. L'exécution du contrat

Le contrat administratif est le lieu d'une confrontation inégale entre les parties, entre des intérêts privés et l'intérêt public. Si l'administration, en charge du dernier, est la partie dominante, les intérêts privés sont tout de même protégés. Il appartient au juge administratif d'arbitrer les conflits.

a. Les pouvoirs de l'administration

L'administration les détient en permanence, même s'ils ne figurent pas dans le contrat, et elle ne peut y renoncer. Ils sont de 4 ordres :

- **Un pouvoir de direction et de contrôle :** l'administration veille à la bonne exécution du contrat mais peut aussi adresser au cocontractant des instructions et des « ordres de services ». Ce pouvoir vaut surtout pour les marchés publics.
- **Un pouvoir de modification unilatérale :** contrairement aux contrats de droit privé, ceux de droit public obéissent au principe de mutabilité : l'administration peut modifier unilatéralement le contrat au nom de l'intérêt général (Conseil d'État, 10 janvier 1902, Cie du gaz de Deville-les-Rouen ; 21 mars 1910, Cie générale française des tramways ; 2 février 1983, Union des transports publics urbains et régionaux). Il existe 3 exceptions : pas de modifications des éléments fondamentaux du contrat, ni des éléments financiers et compensation financière pour toute charge supplémentaire nouvelle.
- **Un pouvoir de sanction :** l'administration peut infliger unilatéralement des sanctions au cocontractant. Prononcées après mise en demeure, elles sont proportionnées à la gravité des manquements et sont de 3 types : sanctions pécuniaires (pénalités de retard, amendes), coercitives (mise sous séquestre, mise en régie, exécution par défaut), résiliation du contrat.
- **Un pouvoir de résiliation :** quand l'intérêt du service l'exige, l'administration peut résilier le contrat sans le consentement du cocontractant (Conseil d'État, 2 mai 1958, Distillerie Magnac-Laval ; 2 février 1987, TV6). En principe ce dernier a droit à une compensation intégrale pour le préjudice subi. Le Conseil d'État a même ouvert au cocontractant un recours en contestation de validité de la résiliation du contrat ainsi que le droit de demander la reprise du lien contractuel (21 mars 2011, Commune de Béziers).

b. Les droits et obligations du cocontractant

Le contractant a d'abord deux obligations principales : exécution personnelle du contrat (mais la loi du 31 décembre 1975 permet de le céder voire de le sous-traiter) et non interruption du contrat (même si faute de l'administration).

Au niveau des droits, il en existe deux principaux :

- **En matière d'exécution**, le cocontractant bénéficie de tous les moyens pour exécuter le contrat (y compris une situation de monopole).
- **En matière financière**, le cocontractant a droit à l'équilibre financier du contrat, au paiement intégral du prix de sa prestation (le contrat de marché public prévoit des avances forfaitaires et des acomptes) et à des suppléments face à des difficultés imprévisibles (théorie des suggestions imprévues, ex : roche dure en cas de travaux publics).

Le respect de l'équilibre du contrat est soumis à deux théories jurisprudentielles :

- **Le « fait du prince »** : c'est l'aléa administratif résultant de deux causes : soit l'exercice par une autorité publique extérieure au contrat de prérogatives de puissance publique à l'encontre du cocontractant (ex : taxation par l'État de matières premières nécessaires au contrat), soit l'autorité publique contractante prend lesdites mesures (ex : changement du sens de circulation sur une commune). Cette autorité publique (le **prince**) aggrave donc les conditions d'exécution du contrat. Le juge peut alors verser une indemnité compensatrice pour le préjudice subi.

- **L'imprévision :** c'est l'aléa économique dû à des bouleversements économiques étrangers aux parties mais qui imposent au cocontractant, au moins temporairement, une surcharge ingérable. C'est le Conseil d'État qui a instauré cette notion (30 mars 1916, Cie générale d'éclairage de Bordeaux) qui vise à assurer, autant que faire se peut, la continuité du contrat et le partage de l'aléa entre les parties. Trois conditions existent : imprévisibilité des faits (guerre, cataclysme naturel, crise économique), faits indépendants de la volonté des parties (Conseil d'État, 5 novembre 1982, soc. Propétrol), bouleversement effectif de l'exécution du contrat (un simple déficit ne vaut pas). Étant donné que l'on est alors dans une phase quasi « extracontractuelle », le juge va œuvrer à garder l'équilibre financier global du contrat. Il versera une indemnité d'imprévision représentant la part aléatoire, hors contrat, supportée par le cocontractant (environ 90 %). Cette indemnité d'imprévision est temporaire. Si le rétablissement de la situation est impossible, soit un nouveau contrat est passé, soit on bascule dans un cas de force majeure justifiant la résiliation du contrat (Conseil d'État, 9 décembre 1932, Cie des Tramways de Cherbourg).

3. La fin du contrat

Elle résulte de 3 situations :

- **L'échéance normale :** les parties ont exécuté leurs obligations et, à l'expiration du contrat, celui-ci s'achève.
- **La résiliation** (cf. précédemment).
- **L'annulation par le juge :** s'il est saisi d'une action en nullité d'un contrat, le juge de plein contentieux intervient. Il peut soulever d'office 2 cas de nullité, illicéité du contenu du contrat ou grave vice (consentement par ex). Autrement le juge décide soit de la continuité du contrat, soit de sa résiliation. S'il est saisi d'une exception de nullité, le juge analyse l'exécution du contrat. Il apprécie, au vu des vices soulevés, les conséquences de l'annulation sur la continuité ou la validité de celui-ci (Conseil d'État, 9 avril 2010, commune de Levallois-Perret). Pendant très longtemps seules les parties à un contrat pouvaient en principe demander au juge de l'annuler (Conseil d'État, 1er octobre 1905, Martin). En 2007 le Conseil d'État a opéré un revirement en ouvrant cette possibilité aux concurrents évincés de la passation d'un contrat (16 juillet 2007, Soc. Tropic). Ces deniers peuvent même saisir le juge en référé qui peut ordonner, à titre conservatoire, la suspension de l'exécution du contrat (référé-suspension). Ce **recours Tropic** a été confirmé par le **référé-contractuel** institué par l'ordonnance du 7 mai 2009 (transposant une directive européenne du 11 décembre 2007). Ce référé reste cependant secondaire par rapport au référé– précontractuel (institué par la loi du 29 janvier 1993 dite « anti-corruption », modifiée par celle du 30 juin 2000 et visant les obligations en matière de publicité et de concurrence) qui demeure la voie principale de contestation des procédures de passation des marchés publics.

ENTRAÎNEMENT

LES NOTIONS CLÉS

- Actes unilatéraux
- Décision exécutoire
- Circulaires, directives
- Acte réglementaire
- Retrait, abrogation
- Contrat administratif
- Critères
- Régime juridique
- Marchés publics
- Résiliation
- Annulation

CONSEILS BIBLIOGRAPHIQUES

- Les manuels précités.
- P. Delvolvé, *L'Acte administratif,* Sirey.
- C. Milhat, *L'Acte administratif : entre processus et procédure,* Ed. du Papyrus.
- Rapport annuel et site de la CADA (http://www.cada.fr).
- L. Richer, *Droit des contrats administratifs,* LGDJ.
- C. Guettier, *Droit des contrats administratifs,* PUF.
- F. Linditch, *Le Droit des marchés publics,* Dalloz.
- C. Lajoye, *Droit des marchés publics,* Gualino.
- *Les Grands arrêts de la jurisprudence administrative,* Dalloz.
- *Droit Administratif. Les grandes décisions de la jurisprudence,* PUF.
- *Code des marchés publics,* Dalloz.

Commentaire de texte

1. CE, 31/7/1912, Soc. des Granits Porphyroïdes des Vosges (extrait) : « *Considérant que la réclamation de la Société des Granits Porphyroïdes des Vosges tend à obtenir le paiement d'une somme de 3436, 20 francs, qui a été retenue à titre de pénalité par la ville de Lille, sur le montant du prix d'une fourniture de pavés, en raison des retards de livraison (...) ;*

2. *Considérant que le marché passé entre la ville et la société était exclusif de tous travaux à exécuter par la Société et avait pour objet unique des fournitures à livrer selon les règles et conditions des contrats intervenus entre particuliers ; qu'ainsi ladite demande soulève une contestation dont il n'appartient pas à la juridiction administrative de connaître ; que, par suite, la requête de la Société n'est pas recevable...* ».

CORRIGÉ

Introduction

Cet extrait d'un célèbre arrêt du CE envisage la notion de clause exorbitante du droit commun. Cette dernière est un des critères alternatifs qui permet de caractériser un contrat administratif. L'autre critère étant celui de la participation à l'exécution même du service public.

Ce fut le premier critère dégagé à cette fin par le juge administratif. Étudions d'abord la notion en elle-même (I) avant que d'en mesurer la portée (II).

I) La notion de clause exorbitante

A – Une clause inhabituelle : non usuelle entre particuliers, dérogatoire au droit privé (cf. jurisprudence donnée).

B – Vers le régime exorbitant du droit commun : CE, 19/1/1972, Rivière du Sant ; notion d'« ambiance de droit public ».

II) La portée de la notion

A – Contrat conclu par une personne publique : présence d'une personne publique au contrat + régime exorbitant (service à gestion publique) ; service à gestion privée comportant une clause exorbitante ; services publics industriels et commerciaux passant des contrats avec une clause exorbitante.

B – Contrat conclu par des personnes privées : même avec une clause exorbitante, même avec un régime exorbitant du droit commun, il reste un contrat privé (sauf conclu pour le compte d'une personne publique, Entreprise Peyrot).

SOUS-PARTIE 9

L'action de l'administration

L'action de l'administration c'est une activité d'intérêt général prise en charge par les pouvoirs publics à destination des administrés. Elle s'exerce sous contrôle des premiers et selon des règles en principe dérogatoires au droit commun. Cette action se déroule essentiellement grâce au service public et la principale activité est ici la police administrative.

23. Le service public (SP) **170**

24. La police administrative **175**

23 FICHE

Le service public (SP)

Le service public est la principale raison d'être de l'administration. Durant des siècles le service public fut le fondement de toutes les spécificités du droit administratif puis la notion a évolué.

1 La notion de service public

La notion est polymorphe. Classiquement le service public se définit par 3 éléments :

- organique : des moyens humains et matériels affectés à une même tâche par une personne publique
- matérielle : une activité d'intérêt général contrôlée par l'administration
- juridique : des modes d'action dérogatoires au droit commun

C'est le juge qui a d'abord dégagé la notion de service public (TC, 8/2/1873, Blanco qui consacre l'expression service public ; Conseil d'État, 6 février 1903, Terrier et 4 mars 1910, Thérond sur les critères du service public).

L'interventionnisme croissant de l'État (ex : nationalisations) mais aussi l'intrusion de modes de gestion privée dans la sphère étatique (ex : privatisations), ont amené une évolution de la notion de service public. De même la construction européenne a imposé l'ouverture du service public à la concurrence. Ce qui fait qu'il existe plusieurs types de service public.

La distinction principale se fait entre les services publics administratifs (SPA) et les services publics industriels et commerciaux (SPIC). En principe les premiers obéissent à une gestion publique alors que les seconds ont une logique privée. Les rapports entre les SPA leurs usagers, leurs personnels et les tiers relèvent du droit public. Ceux entre les SPIC et ces mêmes catégories sont soumis au droit privé. Il existe aussi des services publics sociaux (SPS) et des services marchands et non marchands.

1. SPA/SPIC

La distinction textuelle

La qualification donnée par la loi s'impose et fixe le régime applicable au service ainsi que le juge compétent pour trancher le contentieux. La qualification donnée par un règlement est plus relative. Elle ne lie pas le juge qui se base alors sur la nature réelle de l'activité.

La distinction jurisprudentielle

C'est le juge qui a dégagé les 3 critères pour identifier un service public :

- l'objet du service : le SPIC a une activité analogue à une entreprise privée mais ce critère a été limité par le Conseil d'État qui a considéré qu'une activité d'inspiration commerciale (l'ancien bac de l'île de Ré) avait un caractère administratif (Conseil d'État, 10 mai 1975, Desnoyez et Chorques).
- l'origine des ressources financières : si elles proviennent des redevances versées par les usagers, c'est un SPIC. Mais si elles sont issues de recettes fiscales ou de subventions publiques, on est en présence d'un SPA (Conseil d'État, 16 novembre 1956, union syndicale des industries aéronautiques).
- les modalités de fonctionnement : certaines peuvent révéler le caractère administratif du service (gestion directe par personne publique, absence de bénéfices, gratuité, monopole). En revanche une majorité de procédés de droit privé relève en principe d'un SPIC.

2. Services publics sociaux (SPS)

C'est le juge qui a d'abord consacré en tant que service public à gestion privée, une colonie de vacances du ministère de l'Industrie en raison de son objet social (TC, 22 janvier 1955, Naliato). Le contentieux de l'accident survenu à un enfant avait même été confié au juge judiciaire. Mais par la suite les juges n'ont pas confirmé et ont préféré, au cas par cas, soumettre ces services sociaux spécifiques au régime de droit public (Conseil d'État, 27 janvier 1971, Caisse des écoles de la Courneuve ; TC, 4 juillet 1983, Gambini).

Il s'avère donc que les SPS ne sont pas une catégorie à côté des SPA et des SPIC.

3. Les services marchands et non marchands

C'est le droit communautaire qui a mis en place cette distinction. Les entreprises publiques ou privées œuvrant sur le marché intérieur doivent respecter les règles de la concurrence (CJCE, 23 avril 1991, Hofner ; COM 2000-580). Dès lors les services marchands correspondent donc au SPIC mais aussi à certains SPA (logement social, cantines scolaires) qui sont soumis à la concurrence ainsi qu'au Conseil de la concurrence. Les services non marchands (sans activité économique = la majorité des SPA : justice, police, sécurité sociale) ne sont pas soumis en principe à cette concurrence mais le sont au juge administratif.

De son côté le Code du commerce soumet les acteurs économiques, y compris certaines personnes publiques, à la concurrence (art. L 410-1 et s).

2 Le régime juridique du service public

S'il est encore largement dérogatoire au droit commun (droit de la fonction publique, contrats, domanialité publique par ex), certains services s'inspirent de plus en plus de modes de gestion privée (SPIC) et recourent à des contrats civils et commerciaux. Et puis le recul voire le désengagement de l'État au profit de modes de gestion privée, s'est accéléré depuis quelques années.

1. La création des services publics

Avant 1958, le juge estimait que le service public ne pouvait en principe être créé ou supprimé que par voie législative (Conseil d'État, 13 novembre 1953, industries du commerce de la chasse). La Constitution de 1958 n'en fait pas une compétence législative expresse (l'art. 34 C. n'envisage par ex que « la création de catégories d'établissements publics et les nationalisations »). Dès lors c'est le pouvoir réglementaire qui doit en principe intervenir. Il s'avère que les administrés n'ont droit ni à la création, ni au maintien d'un service public (Conseil d'État, 18 mars 1977, chambre de commerce de La Rochelle), sauf disposition constitutionnelle ou législative. Par ailleurs ils ont droit aussi au fonctionnement normal et régulier du service public existant. En cas de carences, une voie de recours est ouverte devant le juge administratif (Conseil d'État, 21 décembre 1906, Syndicat de propriétaires et contribuables du quartier Croix de Seguey-Tivoli).

Il s'avère que, selon le Conseil constitutionnel, la création et la suppression des services publics nationaux relèvent du législateur (16 janvier 1982, nationalisations ; 25-26 juin 1986, privatisations). De même afin de respecter l'édification d'un marché intérieur européen tendant à la réduction des monopoles publics, c'est au législateur de supprimer lesdits monopoles au fur et à mesure de l'ouverture des domaines concernés (transport aérien, poste...).

La création ou la suppression de services publics locaux relève des collectivités territoriales depuis la loi de 1982. Notamment de par la notion d'intérêt public local (Conseil d'État, 23 juin 1972, soc. de la plage de la forêt, 31 mai 2006, ordre des avocats au barreau de Paris) qui permet la création de service public pour répondre à un besoin non satisfait par le privé (camping municipal, cabinet dentaire par ex). Mais l'État ou les collectivités locales ont dû longtemps respecter scrupuleusement la liberté du commerce et de l'industrie (Conseil d'État, 30 mai 1930, chambre du commerce et de l'industrie de Nevers). Sous l'influence du droit communautaire, le Conseil d'État a assoupli les règles et estimé que les activités de service public définies par la loi échappaient aux règles des entreprises commerciales (31 mai 2004, AOK).

On peut désormais dire que l'intervention économique d'une personne publique est légale si la concurrence créée est nécessaire à la satisfaction de l'intérêt général.

2. Les lois du service public

On les appelle aussi **lois de Rolland** (professeur de droit des années 30 qui les a mis en lumière) et elles sont basées sur trois principes.

a. Continuité

C'est d'abord un principe de valeur constitutionnelle (Conseil constitutionnel, 25 juillet 1979). Il suppose que la création du service public procède d'un besoin permanent : une fois en place, le service public doit fonctionner de façon continue. Selon le Conseil d'État c'est même un principe fondamental (13 juin 1980, Bonjean). Ce principe doit cohabiter avec l'exercice du droit de grève consacré par le Préambule de 1946 (interdit dans le service public avant 1946). Ainsi certains agents sont interdits de grève (Conseil d'État, 7 juillet 1950, Dehaene : policiers, magistrats, militaires par ex). En tout état de cause pour les autres agents, un service minimum peut-être imposé par l'administration (Conseil d'État, 9 décembre 2003, Mme Aiguillon).

Ces dernières années un encadrement du droit de grève a été mis en place. Depuis la loi du 21 août 2007 un service minimum a été instauré dans les transports terrestres réguliers de voyageurs. C'est la même chose avec la loi du 23 juillet 2008 sur le service minimum d'accueil dans les écoles.

b. Mutabilité

On parle aussi du principe d'adaptation du service public. Il signifie que pour répondre aux besoins de la collectivité qui évoluent, le service public doit s'adapter. Cela veut dire que personne ne peut se prévaloir d'un droit acquis au maintien d'un statut en vigueur. Agents et usagers des SPA sont dans une situation **légale et réglementaire** fixée par les lois et décrets (Conseil d'État, 12 février 1982, Université de Paris VII). Seuls les agents contractuels peuvent prétendre à une indemnité compensatrice en cas de changement de statut. Les usagers doivent supporter automatiquement les hausses de tarifs sous réserve du principe de non-rétroactivité (Conseil d'État, 25 juin 1948, Soc. Journal l'Aurore). L'administration est théoriquement libre de supprimer certains services publics (Conseil d'État, 27 janvier 1961, Vannier) sauf ceux que la loi rend obligatoire (domaines régaliens). L'État reste responsable des dysfonctionnements de ses services publics sous le contrôle du juge. C'est le juge qui concilie ce principe de mutabilité avec d'autres concernant le droit des contrats (liberté contractuelle, sécurité juridique, libre administration des collectivités par exemple Conseil d'État, 8 avril 2009, Cie générale des eaux c/commune d'Olivet).

c. Égalité devant le service public

Rappelons qu'il est issu du principe d'égalité défini par la déclaration de 1789 (art. 7). De même le principe d'égalité devant la loi a été érigé en principe à valeur constitutionnelle par le Conseil constitutionnel. Le juge administratif en a fait un principe général du droit (PGD). Dès lors ce principe implique que tous les administrés se trouvant dans une situation similaire vis-à-vis du service public doivent avoir le même traitement. Cela veut dire aussi qu'une discrimination est possible entre les personnes qui ne sont pas dans des situations comparables. Trois situations existent :

- Entre les agents publics : égalité d'accès à la fonction publique (Conseil d'État, 26 mai 1954, Barel ; 10 avril 2009, El Haddioui), égalité de traitement des fonctionnaires d'un même corps (Conseil d'État, 26 octobre 1979, Milan, 10 janvier 2005, Hardy et Le Cornec ; 26 juin 2009, Raffiet Quarello)
- Entre usagers du service public : en principe égalité de traitement envers ceux qui sont en situation identique service (Conseil d'État, 9 mars 1951, Soc. des Concerts du conservatoire). Mais l'administration peut discriminer les usagers dans des situations différentes (Conseil d'État, 10 mai 1974, Denoyez et Chorques) ou quand l'intérêt général le justifie (Conseil d'État, 24 avril 1964, SA de livraisons industrielles et commerciales). Lorsque les discriminations sont injustifiées, le juge sanctionne (Conseil d'État, 6 janvier 1967, Ville d'Elbeuf, 10 juillet 1995, Contremoulin). Désormais les collectivités publiques peuvent donc moduler les tarifs de tous leurs services publics administratifs et facultatifs selon le revenu des usagers (Conseil d'État, 29 décembre 1997, 2 arrêts, communes de Gennevilliers et de Nanterre).
- Un **corollaire** existe en rapport avec l'égalité : la neutralité (Conseil constitutionnel, 18 septembre 1986, service public de l'audiovisuel, Conseil d'État, avis, 27 novembre

1989, foulard islamique ; Conseil d'État, 20 octobre 1999, Ait Ahmad ; Conseil d'État, avis, 3 mai 2000, Melle Marteaux, foulard islamique au sein des agents de l'État ; loi du 15 mars 2004 ; Conseil d'État, 5 décembre 2007, 2 arrêts, M. Singh, M. et Mme G. ; loi du 11 octobre 2010 sur le niqab). L'obligation de neutralité impose aux agents publics, à titre personnel et dans leurs actes, d'agir uniquement dans l'intérêt du service public. Principe constitutionnel, elle n'est pas pour autant un élément constitutif de l'obligation de réserve. Également, sa neutralité implique l'impartialité. Le problème majeur en matière de neutralité, ce sont les signes religieux. La jurisprudence, on l'a vu, s'est multipliée en se durcissant. Tout signe ostentatoire est interdit à tout agent du service public. L'infraction à ce principe jurisprudentiel constitue une faute (grave) sanctionnable notamment par une mesure de suspension (compatible avec l'article 9 de la CEDHLF).

Traditionnellement on présente aussi dans les **lois de Rolland** la gratuité. Mais ce principe est devenu très relatif (Conseil d'État, 5 décembre 1984, ville de Versailles c/Lopez de Arias), voire inexistant. Le droit communautaire oblige les États européens à suivre le principe de libre concurrence et à réduire les situations monopolistiques. Il ne constitue pas nécessairement une menace pour le service public français. Il entraîne en revanche, nécessairement, des réformes de l'organisation du service public « à la française » (basé sur l'interventionnisme étatique).

FICHE 24

La police administrative

La Déclaration de 1789 énonce en son art. 12 que « la garantie des droits de l'homme et du citoyen nécessite une force publique ; cette force est donc instituée pour l'avantage de tous, et non pour l'utilité particulière de ceux à qui elle est confiée ». Cette force publique n'est autre que l'ancêtre de la police. Dès lors on mesure le rôle originel et toujours actuel de cette dernière : protéger les droits des citoyens. Les autorités de police sont, rappelons-le : le Premier ministre sur l'ensemble du territoire (Conseil d'État, 8 août 1919, Labonne), le ministre de l'Intérieur (supérieur hiérarchique des préfets et personnels de police), les préfets (préfets de police) et sous-préfets, le président du CD, le maire.

Du point de vue fonctionnel, la police désigne un service public régalien dont le but est de maintenir l'ordre public, soit préventivement (police administrative), soit de façon répressive (police judiciaire).

1 Caractères généraux

On distingue la police administrative générale (PAG) des polices administratives spéciales (PAS).

1. La police administrative générale

Il faut d'abord analyser son **but** : il s'agit de prévenir les atteintes à l'ordre public c'est-à-dire que la police administrative générale est là pour éviter tout trouble au dit ordre (Conseil d'État, 22 octobre 2003, Soc. des Sablières de la Pêche).

C'est avant tout par son caractère préventif, voire dissuasif, que la police administrative générale se distingue notamment de la police judiciaire qui a, elle, un caractère répressif (rétablissement de l'ordre public suite à infraction).

Les différentes polices

Police	administrative	judiciaire
Objet	prévention du désordre	répression du désordre
Compétence	pouvoir exécutif	autorité judiciaire
Contentieux	juge administratif	juge judiciaire

En pratique la distinction n'est pas toujours aisée. D'abord parce que, pour l'essentiel, les agents sont les mêmes et ensuite parce que les deux polices sont parfois imbriquées. Par exemple un contrôle d'alcoolémie est fait dans le cadre de la police administrative générale. Si l'automobiliste cherche à s'y soustraire en prenant la fuite ou en fonçant sur les policiers, l'opération devient judiciaire. D'autres opérations sont mixtes : la suspension d'un permis de conduire mêle droit administratif (suspension sur le champ en cas de grand excès de vitesse) et droit pénal (convocation devant une juridiction pénale, Conseil d'État, 19 mars 2003, Leclère). Le critère essentiel de distinction se trouve dans la finalité de l'opération, de l'acte, dans l'intention de leur auteur, dans leur rapport avec une infraction pénale déterminée (Conseil d'État, 11 mai 1951, Baud, 24 juin 1960, Soc. Frampar).

La **notion d'ordre public** a évolué : la police administrative générale veille à la préservation de 3 domaines classiques : tranquillité, sécurité et salubrité (art. L. 131-2 du Code des communes). Mais l'évolution de la société (transports, chômage, émigration, droit communautaire, urbanisation...) a donné de nouvelles perspectives à l'ordre public. Ainsi a-t-on vu apparaître la notion d'« **esthétique publique** » visant la préservation de l'environnement aussi bien naturel qu'architectural (Conseil d'État, 3 juin 1938, Usines Renault ; 18 février 1972, Chambre syndicale des entreprises artisanales du bâtiment de Haute-Garonne ; 5 novembre 2008, communes de Saint-Nazaire et Carene). Il y a eu aussi une prise en compte de la « **morale publique** » (ordre moral). Ainsi le caractère immoral d'un film peut justifier l'interdiction de projection par un maire (Conseil d'État, 18 décembre 1959, Films Lutetia ; 26 juillet 1985, ville d'Aix-en-Provence). De même la police administrative générale peut mettre fin à des troubles issus d'activités contraires aux bonnes mœurs (Conseil d'État, 30 septembre 1960, Jauffret ; 19 juin 1974, Broutin). C'est aussi sur le respect de la dignité humaine que la police administrative générale est intervenue (Conseil d'État, 27 octobre 1995, 2 arrêts, commune de Morsang-sur-Orge et ville d'Aix-en-Provence : à propos de jeux forains de lancer de nains).

Enfin, la protection des individus contre eux-mêmes mais aussi celle des tiers usagers de la route ont été incluses dans l'ordre public (Conseil d'État, 4 juin 1975, Bouvet de Maisonneuve : à propos du port du casque et de la ceinture de sécurité).

En revanche le juge est vigilant pour poser des limites aux autorités de police administrative tentées d'user de leurs pouvoirs à des fins autres que celles fixées par la loi ou la jurisprudence (CAA Versailles, 6 décembre 2004, communes de Pierrefitte, Stains et Villetaneuse : à propos de coupures d'électricité dans des logements sociaux ; ou encore la censure d'arrêtés municipaux anti-mendicité, tribunal administratif Pau, 22 novembre 1995, Couveinhas Jacques, ou « couvre-feu »).

2. Les polices administratives spéciales

Elles ont un objet particulier, selon l'activité, les personnes, les lieux et le but. Également elles sont régies par des textes spécifiques : police de la pêche, des jeux, des nomades, des étrangers, des aéroports, des débits de boissons, du cinéma... Elles ont comme but de préserver un aspect de l'ordre public. Les autorités compétentes sur ces polices sont différentes des autorités classiques. Par exemple c'est le ministre de la Culture qui est compétent sur la police du cinéma. C'est le préfet qui l'est sur les gares et aéroports. Mais c'est le ministre des Transports qui gère la police des chemins de fer.

Ces polices ont parfois recours à des règles spécifiques pour agir. Ainsi, face à un édifice menaçant en ruine sur la voie publique, le préfet prend un « arrêté de péril » qui oblige les propriétaires à effectuer les travaux ou à sécuriser.

Il faut préciser enfin qu'il existe un concours des polices. En matière de police générale, l'autorité inférieure peut, sous certaines conditions, compléter les prescriptions de l'autorité supérieure seulement en les aggravant et en respectant les circonstances locales (Conseil d'État, 18 avril 1902, commune de Néris-les-Bains). La coopération se fait aussi entre polices spéciales et générales. En principe l'existence d'une police spéciale n'est pas exclusive de l'action de la police générale quand les circonstances locales l'imposent. Là encore il ne peut y avoir qu'aggravation.

2 Le régime juridique

Les mesures de police ont un double caractère juridique.

1. Nécessaire

Toute mesure de police doit être prise en vue du maintien de l'ordre public. Mais pour protéger les libertés publiques des abus, le juge examine deux points principaux :

- si le trouble est vraiment grave et si l'ordre public ne peut être maintenu que par une interdiction, la mesure est légale (ex : « affaires » Dieudonné). Autrement elle est annulée (Conseil d'État, 19 mai 1933, Benjamin).
- si l'ordre public ne peut être maintenu « par une mesure moins rigoureuse » ou bien si celle-ci est « nécessaire », la mesure est légale (Conseil d'État, 14 janvier 1976, Ollivon et Mauvais)

L'administration a l'obligation impérieuse de prendre les mesures de police pour appliquer une réglementation existante (Conseil d'État, 14 décembre 1962, Doublet). Elle a la même obligation pour prendre des mesures de police initiale (Conseil d'État, 29 juin 1983, Maignan). On peut s'interroger sur l'existence de « zones de non-droit » dans certaines cités où la police n'est pas toujours en mesure de maintenir l'ordre public.

2. Limité

Essentiellement par le principe de légalité et le contrôle du juge. Seul le législateur peut mettre en place un régime d'autorisation ou de déclaration préalable (Conseil d'État, 22 juin 1951, Daudignac). En principe les interdictions générales et absolues sont illégales (Conseil d'État, 5 février 1961, commune de Mougins) sauf si des circonstances le justifient (Conseil d'État, 24 octobre 1986, Fédération française des sociétés de protection de la nature). Un principe existe : **la liberté est la règle, la restriction de police l'exception** (Conseil d'État, 17 août 1917, Baldy).

ENTRAÎNEMENT

LES NOTIONS CLÉS

- Service public
- SPA
- SPIC
- Lois de Rolland
- Police administrative
- Polices spéciales
- Autorités de police
- Limites du pouvoir de police

CONSEILS BIBLIOGRAPHIQUES

- Les manuels déjà cités.
- J. Caballo, *Droit des services publics,* Dalloz (mémento).
- J. Chevallier, *Le Service public,* Que sais-je ?, PUF.
- S. Braconnier, *Le Droit des services publics*, Thémis.
- J.-M. Rainaud, *La Crise du service public français,* Que sais-je ?, PUF.
- A. Decoq, J. Montreuil, J. Buisson, *Le Droit de la police*, Litec.
- C.E. Minet, *Le Droit de la police administrative,* Vuibert.
- B. Stahl, *Mémento de police judiciaire,* Éditions Territorial.
- A. Bauer et A.-M. Ventre, *Les Polices en France,* Que sais-je ?, PUF.

Dissertation

Sujet : L'action administrative

CORRIGÉ

Introduction

L'administration a pour mission essentielle de gérer et de faire fonctionner les services publics. Au sein de ces derniers figure la police administrative. Dès lors service public et police administrative sont des modalités d'action de l'administration. Ce sont là deux axes clefs de l'organisation sociétale. Le juge administratif est là pour assurer l'équilibre entre les nécessités de l'action de l'administration et l'exercice des libertés.

La notion de service public sera d'abord étudiée (I) puis celle de police administrative (II).

I) Le service public

A - Notion : évolution, critères, spic/spa.

B - Régime juridique : création, suppression, lois de Rolland, mode de gestion.

II) La police administrative

A - Notion : caractéristiques, organisation.

B - Régime juridique, limites.

SOUS-PARTIE 10

La responsabilité administrative

La responsabilité de l'administration s'est imposée très lentement car la France est restée longtemps sur le concept d'intouchabilité de ses services. « Le roi ne peut mal faire » disait-on avant la Révolution et, suite à celle-ci, l'État plus ou moins libéral fut encore pendant presque un siècle, irresponsable. Ce fut d'abord grâce au juge qu'a été posée l'autonomie de la responsabilité administrative par rapport au droit privé (TC, 8/2/1873, Blanco). Mais il faut attendre 1905 pour voir mis en cause un service public, celui de la police (Conseil d'État, 10 février 1905, Tomaso Grecco). Cette décision permet de mettre fin à la différenciation entre les actes de gestion de l'administration (réparables) et les actes d'autorité tels la police administrative (non réparables). C'est grâce essentiellement au juge que se développe donc la responsabilité administrative.

Il existe deux grands types de responsabilité : celle des fonctionnaires eux-mêmes et celle de l'administration.

25. La responsabilité des fonctionnaires 180

26. La responsabilité de l'administration 183

25 FICHE

La responsabilité des fonctionnaires

Les dommages causés par l'administration aux administrés proviennent le plus souvent d'un acte, d'un ou plusieurs de ses agents. Jusqu'en 1870 **la garantie des fonctionnaires** imposait l'autorisation du Conseil d'État pour poursuivre un des leurs (supprimée par décret du 19/9/1870). C'est le juge qui a posé les bases de la responsabilité différenciée des fonctionnaires, entre faute de service et faute personnelle (TC, 8 février 1873, Blanco).

1 Faute personnelle et faute de service

Faute personnelle : c'est celle que l'on dit aussi détachable du service, de la fonction administrative exercée. Comme l'indiquait le commissaire du gouvernement Laferrière c'est celle qui révèle « l'homme avec ses faiblesses, ses passions, ses imprudences [...] alors la faute est imputable au fonctionnaire [...] et l'acte, perdra son caractère administratif, ne fait plus obstacle à la compétence judiciaire » (TC, 5 mai 1877, Laumonnier-Carriol). Cette faute est, en principe, dépourvue de tout lien avec le service. Elle est commise pour un mobile personnel (ex : vengeance, haine, passion; Conseil d'État, 13 mai 1991, Soc. Mutuelles Unies). Mais elle peut aussi avoir un lien indirect, matériel ou moral, avec le service (commise pendant celui-ci ou hors de celui-ci mais avec un moyen offert par lui, ex : voiture de fonction). Le juge se base alors sur l'intention ou la gravité de la faute (Conseil d'État, 11 mai 1953, Oumar Samba ; TC, 9 juillet 1953, Delaitre et dame Bernardas). Et il peut alors faire un lien entre faute personnelle et faute disciplinaire

Faute de service : c'est la faute professionnelle qui révèle un fonctionnaire qui, comme tout être humain, peut être sujet à l'erreur. Elle a un domaine large qui permet de garantir au mieux les réparations aux victimes (solvabilité de l'administration) et de laisser une marge de manœuvre aux agents dans l'exercice de leurs fonctions. Mais une faute disciplinaire peut ne pas être une faute personnelle.

Le contentieux n'est pas le même selon la faute. Celle de service est arbitrée par le juge administratif. Celle personnelle par le juge judiciaire.

2 La responsabilité des agents face à leur administration

Le dommage à un tiers peut être issu soit d'une faute personnelle, soit d'une faute de service, soit à une combinaison des deux. On parle, dans ce dernier cas, du cumul de responsabilités de la personne physique ou morale qui peut déboucher sur des actions récursoires.

1. La théorie du cumul

Elle permet de se retourner contre l'administration dans un certain nombre de cas où a été commise une faute personnelle. Ce cumul implique qu'au moins deux fautes distinctes aient été réalisées (personnelles, de service) pour causer un seul et même dommage. Le plus souvent une faute ou une carence de service (défaut de surveillance, fermeture anticipée) ont amené l'agent à fauter personnellement (Conseil d'État, 3 février 1911, Anguet). Ainsi le procès Papon fournit un bon exemple. Les victimes et/ou leurs associations ont pu mettre en cause la responsabilité personnelle de l'ancien secrétaire général de la préfecture de Gironde, en charge du service des questions juives, mais aussi celle de l'État français, initiateur d'une politique de collaboration et de déportation (Conseil d'État, 12 avril 2002, Papon). La victime peut, à sa convenance, demander réparation soit à l'administration devant le juge administratif, soit à l'agent fautif devant le juge judiciaire. La première solution étant la plus sûre au niveau financier.

Le cumul de responsabilités est en principe initié par une seule faute, présentant les caractères d'une faute personnelle de l'agent mais n'ayant été rendue possible que par la mise à disposition de moyens, pouvoirs, instruments par le service (Conseil d'État, 26 juillet 1918, époux Lemonnier ; 2 mars 2007, Banque française de l'océan Indien). Il y a donc aussi confusion entre faute personnelle et de service. L. Blum, commissaire du Gouvernement, estima que « le service a conditionné l'accomplissement de la faute » (jurisprudence Lemonnier). Dès lors la victime peut demander réparation soit à l'administration, soit à l'agent, soit aux deux, afin d'obtenir réparation intégrale. Si le juge exige une faute personnelle commise en dehors du service, celle-ci doit l'avoir été avec les moyens du service (Conseil d'État, 18 novembre 1949, Delle Mimeur ; 26 octobre 1973, Sadoudi). On parle aussi de « faute non dépourvue de tout lien avec le service » (TC, 26 mai 1954, Moritz). Une faute personnelle détachable du service mais indirectement reliée à lui (ex : le policier qui tire avec son arme de service contre l'amant de sa femme) entraîne en principe une double condamnation de l'agent : par la juridiction judiciaire et par celle administrative.

2. Les actions récursoires

Le cumul des responsabilités n'implique pas celui des indemnités. Il a pour objet principal de permettre à la victime d'un dommage d'engager la responsabilité de l'administration toujours solvable. Quitte à ce que soient enclenchées les actions récursoires :

- De l'administration contre son agent : longtemps elle fut interdite (Conseil d'État, 28 mars 1926, Poursines) au profit de l'application du régime disciplinaire. C'est dans les années cinquante que le juge va la consacrer et admettre cette action récursoire de l'administration contre son agent quand elle a réparé le dommage suite à une faute personnelle de celui-ci (Conseil d'État, 28 juillet 1951, 2 arrêts, Laruelle et Delville). En cas de cumul de fautes ayant provoqué le dommage, l'indemnisation se répartit entre l'administration et l'agent proportionnellement à la gravité des fautes commises. Si l'agent ne peut invoquer une faute de service ou s'il n'y a à l'origine du dommage qu'une faute personnelle, la charge totale de l'indemnité est assumée par l'agent. En présence d'une pluralité d'auteurs de fautes personnelles, chaque agent est responsable en fonction de la faute commise (Conseil d'État, 22 mars 1957, Jeannier).

Le juge agit en 2 temps : condamnation de l'administration puis répartition de l'indemnité entre celle-ci et son agent (possibilité de sous-répartition si plusieurs agents).

- De l'agent contre l'administration : un agent public peut être condamné pour faute personnelle par un tribunal judiciaire, alors qu'il y a aussi ou seulement faute de service. Il peut alors demander à l'administration, et à son juge, de lui rembourser tout ou partie des sommes versées à la victime (jurisprudence Delville). La loi du 13 juillet 1983 sur les droits et obligations des fonctionnaires consacre cette jurisprudence (art. 11).

FICHE 26

La responsabilité de l'administration

On va envisager ici les notions de responsabilité pour faute et sans faute.

1 La responsabilité pour faute

Il y a d'abord ce qu'on appelle **les caractères de la faute**. Le principe majeur ici est que la responsabilité de l'administration n'est engageable que si le dommage est causé par un comportement fautif du service public. Il existe un grand nombre de fautes possibles, ce qui empêche une définition précise. On peut évoquer une carence, une défaillance voire un dysfonctionnement dans l'organisation ou le fonctionnement du service public. Ce peut être un acte matériel, juridique, une action négative (retard, abstention, négligence par ex), ou bien sûr une faute de ou du service. Il revient le plus souvent au juge d'en fixer les contours et de la déterminer. De sa jurisprudence se dégagent plusieurs axes importants :

- une faute n'est pas nécessairement constitutive d'une illégalité : par exemple l'erreur de diagnostic médical dans un hôpital public ou le défaut d'entretien d'un édifice public ;
- si toute décision illégale est constitutive d'une faute, elle n'est pas automatiquement de nature à engager la responsabilité de l'administration. (Conseil d'État, 7 décembre 1979, Les fils d'Henri Ramel) ;
- la faute doit être prouvée (avec l'aide du juge parfois) ou peut être présumée (Conseil d'État, 7 mars 1958, Dejous, 9 décembre 1988, Cohen).

Il y a ensuite la distinction **faute lourde ou faute simple**. Une faute simple (dite aussi légère) suffit en principe pour engager la responsabilité de l'administration. C'est un domaine de plus en plus vaste façonné essentiellement par le juge. On peut dire, pour simplifier, que la faute simple est la marge d'erreur accordée à toute activité publique sans qualification ou difficulté particulière : services de secours, lutte contre l'incendie, aide médical, activité pénitentiaire, licenciement de salariés protégés, activités des services fiscaux...

Une faute lourde (dite aussi grave) vise des domaines ou des situations sensibles : **certaines activités de police administrative** générale notamment celles de maintien de l'ordre (Conseil d'État, 10 février 1905, Tomaso Grecco ; 20 octobre 1972, Ville de Paris c/Marabout) mais aussi de **polices spéciales** (aérodromes, chasse) ; les activités de tutelle et de contrôle (Conseil d'État, 29 mars 1946, caisse d'assurances sociales de Meurthe et Moselle, 6 octobre 2000, min. de l'Intérieur c/commune de Saint-Florent, 3 mars 2004, Min. de l'Emploi et de la Solidarité c/4 parties, 4 espèces).

Les activités médicales méritent un développement spécifique. Jusqu'aux années quatre-vingt-dix le juge différenciait l'organisation et le fonctionnement du service assujettis à une faute simple et les actes médicaux ou chirurgicaux, relevant d'une faute lourde. Par un revirement de Jurisprudence le Conseil d'État a opté pour la faute simple en matière d'actes médicaux (Conseil d'État, 8 avril 1992, époux V) et il l'a même étendu en augmentant le champ des obligations des médecins lors de ces mêmes actes (Conseil d'État, 14 février 1997, époux Q.). Dans les années 2000, préfigurant la loi Kouchner (2002), le juge a posé de nouvelles exigences en matière de droit à l'information des patients (Conseil d'État, 5 janvier 2000, consorts Telle, Assistance publique-Hôpitaux de Paris ; 19 mai 2004, CRAM Île de France, CPAM Val-de-Marne).

Le Conseil d'État a aussi décidé d'indemniser proportionnellement à l'importance de la chance perdue (21 décembre 2007, Centre hospitalier de Vienne). En revanche le Conseil d'État estime que n'est pas une faute, l'acte médical fait à un patient contre sa volonté quand il est indispensable à sa survie (26 octobre 2001, Mme X.). Rappelons que la responsabilité hospitalière peut même parfois être engagée sans faute sur la base d'un risque exceptionnel (Conseil d'État, 9 avril 1993, Bianchi).

Autre secteur de faute lourde : **le fonctionnement du service public de la justice**. C'est une loi du 5 juillet 1972 qui instaure ici la responsabilité de l'État « par une faute lourde ou un déni de justice » en matière juridictionnelle. À l'instar de la Cour de cassation, le Conseil d'État estime que seule une faute lourde engage, en principe, la responsabilité de l'État dans « l'exercice de la fonction juridictionnelle » (29 décembre 1978, Darmont, 14 janvier 1998, Dagorn). Le Conseil d'État a consenti une évolution sur deux points sous pression du droit européen. D'abord sur la notion de délai raisonnable (non encore définie) : le service public de la justice peut voir sa responsabilité engagée, sans faute, pour non-respect du délai raisonnable pour juger (28 juin 2002, Magiera ; art. 6 § 1 de la CUDH). Ensuite le Conseil d'État estime que pour le service public de la justice, fonction régalienne par excellence, l'État est responsable des préjudices subis par les justiciables du fait de services non régaliens (Conseil d'État, 27 février 2004, Mme Popin). Rappelons ici que, depuis la révision de 2008, chaque justiciable peut saisir le CSM du comportement fautif d'un magistrat (art. 65 C.).

2 La responsabilité sans faute

Cette responsabilité, spécifique au droit administratif, est en quelque sorte subsidiaire en matière administrative. Il n'y a pas de faute à l'origine du dommage et la responsabilité administrative est engagée de plein droit. Il suffit d'un lien de causalité entre l'activité administrative et le dommage que la victime doit prouver. Cette responsabilité se partage en trois catégories.

1. La responsabilité pour risque

La responsabilité administrative est engagée dès lors qu'un risque se réalise dans le déroulement, parfois aléatoire, d'une activité de l'administration. Trois domaines sont ici concernés.

a. Les dommages des collaborateurs de l'administration

Il faut séparer les collaborateurs permanents et ceux occasionnels. Pour les premiers, au cas où leur dommage de service ne soit pas pris en charge, une loi de 1898 prévoit une réparation des accidents du travail. Comme les salariés du privé, les fonctionnaires bénéficient d'un système de réparation forfaitaire (pension et taux d'invalidité). Les collaborateurs occasionnels, subissant un dommage pendant leur tâche, sont indemnisés sur la base du risque encouru par leur participation, le plus souvent bénévole, à l'exécution du service public (Conseil d'État, 22 novembre 1946, commune de Saint-Priest-la-Plaine ; 12 octobre 2009, Mme Chevillard et consorts Bancherelle). Peu importe qu'ils aient été réquisitionnés ou aient agi spontanément. La participation doit être effective (Conseil d'État, 3 octobre 1980, Gambini, 27 juillet 1990, Bridet), justifiée (Conseil d'État, 25 septembre 1970, commune de Batz-sur-Mer) et assimilable à une mission de service public (lutte contre l'incendie, secours aux victimes d'accidents, concours à des fêtes traditionnelles).

b. Les dommages dus à la dangerosité des activités

Les administrés ou les agents peuvent être amenés à côtoyer des choses ou à pratiquer des activités dangereuses. Les premières sont constituées par les explosifs (Conseil d'État, 28 mars 1919, Regnaut-Desroziers), les armes à feu (Conseil d'État, 24 juin 1949, consorts Lecomte, Franquette et Daramy), voire certains ouvrages publics (réseaux de gaz et d'électricité, centrales nucléaires) ainsi que les produits sanguins viciés (26 mai 1995, consorts N'Guyen). Les méthodes dangereuses visent les risques sociaux dus à l'assistance éducative (Conseil d'État, 11 février 2005, Axa courtage), à l'éducation surveillée (Conseil d'État, 3 février 1956, Thouzellier), à la psychiatrie (Conseil d'État, 13 juillet 1967, département de la Moselle), aux prisons (Conseil d'État, 27 février 1985, dame Henry). Les personnes exposées à une situation dangereuse du fait des obligations qui leur sont faites peuvent engager la responsabilité de l'État (Conseil d'État, 16 octobre 1970, époux Martin : dommages subis par des fonctionnaires restés au Laos pendant la guerre ; 6 novembre 1968, dame Saulze : institutrice enceinte exposée à une épidémie de rubéole).

c. La responsabilité de l'État du fait des manifestations

Cela concerne les attroupements et rassemblements. Depuis la loi du 7 janvier 1983 et celle du 9 janvier 1986 (contentieux confié au juge administratif), l'État est civilement responsable de tout dommage issu des crimes et délits dus à ce genre d'événements (art. L. 22116-3 du CGCT ; Conseil d'État, avis, 20/2/1998, soc. ESCA). Toutefois l'État peut intenter une action récursoire contre la collectivité fautive (commune en principe). Il s'avère que le régime de réparation a été étendu aux violences urbaines (Conseil d'État, 29 décembre 2000, AGF) et de façon plus large aux dommages causés par tout rassemblement spontané (Conseil d'État, 13 décembre 2002, assurance Lloyd's). Tout ce qui n'est pas issu de délit ou crime n'est, en principe, pas couvert.

2. La responsabilité pour rupture de l'égalité devant les charges publiques

Inspirée du principe d'égalité inscrit dans la Déclaration de 1789, elle l'est aussi du Préambule de 1946 proclamant « l'égalité de tous les Français devant les charges qui résultent des calamités nationales ». Cette responsabilité joue quand l'administration fait supporter, au nom de l'intérêt général, des charges spéciales à certaines personnes. Cela implique trois hypothèses où le dommage doit être anormal et spécial :

a. La responsabilité du fait de mesures individuelles

La responsabilité de l'administration peut être recherchée dans plusieurs cas : le refus de prêter le concours de la force publique pour exécuter un jugement (Conseil d'État, 30 novembre 1923, Couitéas), la renonciation à une procédure d'expulsion (Conseil d'État, 23 décembre 1970, EDF c/Farsat), le défaut d'application d'un règlement (Conseil d'État, 7 mai 1971, ministre de l'Économie et Bordeaux c/Sastre).

b. La responsabilité du fait des lois, des règlements et des conventions internationales

L'adoption d'une loi peut entraîner des dommages et donc une réparation dès lors que celle-ci n'est pas exclue par cette même loi (Conseil d'État, 11 juillet 1990, soc. Stambouli) ou par l'activité (illégale) de la victime. Le préjudice doit être grave, spécial et anormal pour la victime (Conseil d'État, 14 janvier 1938, Soc La Fleurette). Ce principe vaut aussi pour les règlements (Conseil d'État, 22 février 1963, commune de Gavarnie, 4 octobre 2010, commune de Saint-Sylvain-d'Anjou) et les traités (Conseil d'État, 8 février 2007, Gardedieu).

c. La responsabilité du fait des travaux publics

Si des administrés subissent un dommage du fait de ces travaux ou même de l'existence d'un ouvrage, ils ont droit à une indemnité (Conseil d'État, 22 octobre 1971, époux Blandin ; 16 octobre 1992, SA garage de Garches).

ENTRAÎNEMENT

LES NOTIONS CLÉS

- Responsabilité administrative
- Responsabilité personnelle des fonctionnaires
- Cumul de responsabilités
- Responsabilité pour faute et sans faute

CONSEILS BIBLIOGRAPHIQUES

- Les manuels déjà cités.
- G. Darcy, *La Responsabilité administrative,* Dalloz.
- E. Desmons, *La Responsabilité pénale des agents publics,* Que-sais-je ?, PUF.
- J. Moreau, *La Responsabilité administrative,* Que sais-je ?, PUF.
- C. Guettier, *La Responsabilité administrative,* LGDJ.
- D. Pouyaud, *La Responsabilité administrative,* La Documentation française.

QCM

1. La distinction faute personnelle/faute de service a été posée par la loi :
❒ Vrai ❒ Faux

2. La faute personnelle est basée sur :
❒ Le Code administratif ❒ Le Code pénal ❒ Le Code civil

3. La théorie du cumul permet de se retourner contre l'administration :
❒ Oui ❒ Non

4. L'action récursoire n'est ouverte que pour l'agent contre l'administration :
❒ Vrai ❒ Faux

5. Une faute simple peut permettre d'engager la responsabilité de la personne publique :
❒ Oui ❒ Non

6. La faute lourde n'est pas envisageable en matière de police administrative :
❒ Vrai ❒ Faux

7. Le risque est inclus dans la responsabilité sans faute :
❒ Oui ❒ Non

ENTRAÎNEMENT

8. Les collaborateurs occasionnels bénévoles de l'administration sont indemnisés en cas de préjudice :
❒ Vrai ❒ Faux

9. Quel est l'intrus en matière de responsabilité du fait de manifestations :
❒ Contravention ❒ Délits ❒ Crimes

10. La responsabilité de l'État peut être engagée du fait de décisions régulières :
❒ Vrai ❒ Faux

CORRIGÉ

1. **Faux.** Cette distinction a été l'œuvre du Tribunal des conflits (TC, 3/7/1873, Pelletier).
2. **Code civil.** Ce sont les articles 1382 et 1383 qui posent la responsabilité du fait personnel en France.
3. **Oui.** Dans un certain nombre de cas où a été commise une faute personnelle. Il faut aussi une faute de service.
4. **Faux.** L'action récursoire peut se faire par l'administration contre son agent ou bien l'inverse.
5. **Oui.** La faute simple (ou légère) suffit, en principe, pour engager la responsabilité de l'administration.
6. **Faux.** Certaines activités de police administrative (ex : maintien de l'ordre) peuvent engager la faute lourde (ou grave).
7. **Oui.** La responsabilité pour risque est un des deux cas de la responsabilité sans faute (ex : activité dangereuse).
8. **Vrai.** Seuls les collaborateurs permanents sont indemnisés en cas de préjudice (système de réparation forfaitaire avec pension et taux d'invalidité). Les autres peuvent l'être sur la base du risque encouru.
9. **Contravention.** Les lois du 7 janvier 1983 et du 9 janvier 1986 prennent seulement en compte les délits et crimes.
10. **Vrai.** Les lois, les règlements et les conventions internationales peuvent entraîner, sous certaines conditions, la responsabilité de l'État.

SOUS-PARTIE 11

La justice administrative

La conception française de la justice repose sur deux ordres de juridiction : l'ordre judiciaire et l'ordre administratif. Cette dualité juridictionnelle, spécificité française, est issue de la loi des 16 au 24 août 1790. La justice administrative a reçu un statut constitutionnel (principe fondamental reconnu par les lois de la République) sur la base de trois décisions du Conseil constitutionnel (22 juillet 1980, 23 janvier 1987, 28 juillet 1989). Chaque juridiction a ses compétences propres et est indépendante l'une de l'autre. La justice administrative a une organisation spécifique et produit un contentieux spécial.

27. Les juridictions administratives 190

28. Les grands principes du contentieux administratif 193

27 FICHE

Les juridictions administratives

Elles sont de plusieurs types.

1 Le tribunal administratif (TA)

Il a pour ancêtres les conseils de préfecture départementaux créés par la loi du 28 Pluviôse An VIII. En 1926 il devient interdépartemental. Ce sont les décrets du 30 septembre et 28 novembre 1953 qui le crée tel qu'on le connaît aujourd'hui.

1. Composition

Les tribunaux administratifs sont au nombre de 42 dont 31 en métropole. Leurs membres appartiennent au corps des tribunaux administratifs et des cours administratives d'appel. Ils sont indépendants. Les tribunaux métropolitains couvrent plusieurs départements. Chaque tribunal administratif est composé d'un président assisté de vice-présidents dont les fonctions sont administratives (direction des services, affectation et avancement des conseillers) mais surtout contentieuses. Les tribunaux administratifs sont subdivisés de 1 à 17 chambres. La chambre est la formation de jugement ordinaire qui se compose, en principe, ainsi : 1 président, 1 conseiller rapporteur, 1 conseiller, 1 commissaire du Gouvernement et 1 greffier. Pour les affaires d'importance exceptionnelle le tribunal administratif peut se réunir en formation plénière (tous les membres de la juridiction).

2. Attributions

Elles sont d'abord consultatives : donner des avis sur des questions posées par les préfets et sous-préfets (art. R. 212-1 du Code de justice administrative). Elles sont surtout contentieuses. En effet l'art. L. 211-1 du CJA en fait le juge de droit commun de premier ressort du contentieux administratif. Ainsi il connaît des contestations contre les actes et décisions de l'administration sauf celles confiées au Conseil d'État. Il juge aussi du contentieux en matière d'impôts directs ainsi que celui des élections cantonales et municipales. Le CJA fixe les règles en matière de compétence (*ratione loci* et *ratione materiae*).

Le délai moyen pour traiter une affaire est d'un an et demi.

2 La cour administrative d'appel (CAA)

C'est l'échelon juridictionnel administratif le plus récent puisque créé par la loi du 31 janvier 1987. Les CAA sont entrées en vigueur au 1er janvier 1989. L'objectif premier était de désengorger les tribunaux administratifs. Elles sont au nombre de huit : Paris,

Lyon, Bordeaux, Nantes, Nancy, Marseille, Douai, et Versailles. Elles recouvrent plusieurs tribunaux administratifs et donc plusieurs régions.

1. Composition

La cour administrative d'appel est présidée par un conseiller d'État, les autres membres appartiennent au corps des tribunaux administratifs et des cours administratives d'appel. Subdivisée en chambres (3 à 10), la cour administrative d'appel statue le plus souvent en formation ordinaire (3 à 5 membres) mais aussi parfois en formation plénière pour les affaires importantes (président de la cour administrative d'appel, présidents de chambres, conseiller-rapporteur voire magistrat départageur).

2. Attributions

La cour administrative d'appel a d'abord des attributions consultatives basées sur des avis donnés aux préfets de région (art. R. 212-1 CJA). Elle a surtout des attributions contentieuses : examen des appels formés contre les jugements de plein contentieux des tribunaux administratifs (ex : responsabilité, fiscal, contrats, reconduite à la frontière), de contraventions de grande voirie (art. L. 774-8 CJA), des recours pour excès de pouvoir contre les actes non réglementaires (urbanisme, expropriation) mais aussi certains actes réglementaires. Un décret du 24 juin 2003 a étendu les pouvoirs d'ordonnance du président de la cour administrative d'appel, supprimé l'appel pour certains litiges (art. R. 222-13 CJA) et renforcé l'obligation du ministère d'avocat.

La durée moyenne de jugement d'une affaire est de deux ans et demi.

3 Le Conseil d'État (CE)

Créé par Napoléon Ier avec vocation consultative, le Conseil d'État est la juridiction suprême de l'ordre administratif.

1. Organisation

Il a un effectif d'environ 300 membres, dont une centaine œuvre hors du conseil (détachement, disponibilité, pantouflage dans le privé). Ils sont majoritairement recrutés au sortir de l'ENA et se répartissent au sein des sections administratives et de la section du contentieux. C'est le Premier ministre qui est, théoriquement, président du Conseil d'État. En pratique c'est le vice-président qui le préside. Avec les sept présidents de section, ils forment le bureau du Conseil d'État. Les autres membres sont : les conseillers d'État en service ordinaire, ceux en service extraordinaire (nommés pour 4 ans mais œuvrant seulement dans le domaine consultatif), les maîtres des requêtes, les auditeurs.

2. Fonctions

Le Conseil d'État est depuis l'origine un **conseiller de l'État**. La Constitution consacre cette fonction (QPC à l'art. 61-1, décrets en conseil d'État par ex). Ainsi, via ses sections administratives, le Conseil d'État donne des avis au Gouvernement sur la régularité juridique de textes (projets de loi) voire sur l'opportunité administrative d'autres projets. Les décrets en CE nécessitent l'avis obligatoire de ce dernier. De même la section du rapport

Droit administratif

et des études émet des rapports qui éclairent le Gouvernement mais aussi l'ensemble des pouvoirs publics.

Mais le Conseil d'État est surtout devenu un des deux principaux ordres de juridiction. Ses **fonctions contentieuses** sont exercées au sein de la section du contentieux, dont le président est assisté de 3 vice-présidents. Plusieurs formations existent. Celle de base est la **sous-section** (au nombre de 10) avec un président, 2 assesseurs (conseillers d'État), des rapporteurs et deux rapporteurs publics. La sous-section a un secrétariat. Elle est en principe une formation d'instruction. Il existe une autre formation : la **section**. Elle est présidée par le président de la section du contentieux auquel s'ajoutent 3 vice-présidents, les présidents de sous-sections et le rapporteur. La section statue sur les affaires les plus importantes ou de difficulté particulière.

Enfin il y a l'instance la plus élevée : **l'assemblée du contentieux** comprenant le vice-président du Conseil d'État, les présidents de sections, les 3 vice-présidents de la section du contentieux, les présidents des sous-sections ayant traité initialement l'affaire, les 4 présidents de sous-section les plus anciens dans la fonction. L'assemblée du contentieux juge les affaires qui présentent des difficultés juridiques spéciales ou politiquement sensibles.

Au contentieux le Conseil d'État est : juge de premier et dernier ressort (ex : recours pour excès de pouvoir contre les décrets), juge d'appel (certains jugements de tribunal administratif, ex : élections municipales), juge de cassation (de jugements des juridictions spécialisées, cf. plus loin, et des arrêts de cour administrative d'appel), juge des référés, juge du recours dans l'intérêt de la loi.

Enfin le Conseil d'État a aussi une fonction d'inspection des autres juridictions administratives, à visée essentiellement qualitative. La durée moyenne pour traiter une affaire est de trois ans.

4 Les juridictions spécialisées

Elles ont vocation à intervenir sur des domaines ou des litiges spécifiques et relèvent, soit par l'appel, soit par la cassation, du Conseil d'État. Leur fonctionnement obéit à des textes qui leur sont propres. Le Conseil d'État les a harmonisées en les soumettant à la procédure administrative générale (12 mai 1961, soc. La Huta) et en particulier au principe du droit au procès équitable (art. 6 § 1 de la CEDH), à la publicité des débats (Conseil d'État, 14 février 1996, Maubleu), et aux voies de recours (cassation).

Parmi ces juridictions citons : Cour des comptes, chambres régionales des comptes (réformées par la loi du 13 décembre 2011 et le décret du 23 février 2012 en chambres régionales et territoriales des comptes à compter du 1er avril 2012), la Cour de discipline budgétaire et financière, CSM, Conseil supérieur de l'Éducation, Conseil national de l'Enseignement supérieur et de la Recherche, Conseils nationaux des ordres professionnels. Il faut aussi en citer deux plus secondaires : la Commission des dommages de guerre (réparation des dommages dus à une guerre) et le Conseil des prises (maritimes en temps de guerre).

FICHE 28

Les grands principes du contentieux administratif

L'existence de deux ordres de juridictions peut entraîner des conflits de compétence. Ces derniers sont tranchés par le Tribunal des conflits (TC). C'est la plus haute juridiction après le Conseil constitutionnel qui est placée au-dessus des deux ordres. Il est composé paritairement de membres du Conseil d'État (4) et de la Cour de cassation. (4). Présidé par le ministre de la Justice, le TC ne siège que pour « vider le conflit », c'est-à-dire départager les opinions divergentes des juridictions administrative et judiciaire sur une affaire.

Après avoir examiné le précontentieux, on examinera les grandes lignes de la procédure contentieuse avant de voir les recours.

1 Le précontentieux

On parle aussi de la prévention contentieuse ou, comme en droit privé, des modes alternatifs de résolution des conflits. Il en existe deux principaux.

1. Les recours administratifs de droit commun

Ils permettent aux administrés de s'adresser directement à l'administration dans certaines situations (par ex. contestation d'impôts, refus de permis de construire). Il en existe deux :

- le **recours gracieux** : adressé directement à l'autorité qui a pris la décision en demandant de modifier ou supprimer celle-ci. Il repose avant tout sur des considérations d'opportunité.
- le **recours hiérarchique** : adressé au supérieur de l'autorité ayant pris la décision. La demande est identique.

Il faut préciser que ces recours sont devenus une sorte de « **préalable obligatoire** » à toute démarche contentieuse (Conseil d'État, 28 septembre 2005, M. Louis ; 10 mars 2006, soc. Leroy-Merlin).

2. Les autres modes de « négociation » avec l'administration

La majorité des administrations publiques ou des organismes parapublics ont mis en place un **médiateur** (Poste, SNCF, rectorats par exemple). Celui-ci, saisi par l'administration ou un administré, va négocier une solution amiable avec l'administration et la proposer à la personne. Il existe aussi des médiateurs sociaux (notamment en milieu scolaire). Il faut évoquer aussi d'autres modes de négociation : la **transaction** (circulaire du 6 avril 2011) qu'un juge administratif peut homologuer (Conseil d'État, avis,

6 décembre 2002, Syndicat. intercommunal des établissements du 2nd degré de l'Haÿ-les-Roses ; Conseil d'État, 11 juillet 2008, soc. Krupp Hazemag) ; la **conciliation** (peu pratiquée) ; l'**arbitrage** uniquement pour les litiges contractuels.

2 Éléments de procédure contentieuse

La procédure contentieuse obéit à des **caractéristiques générales** : c'est une procédure inquisitoire (à la différence de la procédure judiciaire, elle est pilotée par le juge), écrite (échange de mémoires), gratuite (la loi du 26 décembre 2003 a supprimé le droit de timbre de 15 euros) mais le ministère d'avocat est conseillé (obligatoire devant le Conseil d'État). En effet le droit administratif, notamment parce qu'il est jurisprudentiel, est un droit difficile à aborder pour le justiciable. Plusieurs phases existent :

- **L'instance** : le requérant doit avoir la capacité juridique et un intérêt à agir. Il faut aussi une décision préalable (sauf en matière de travaux publics). Le recours doit être dirigé contre une décision administrative. Le délai pour présenter un recours est en principe de 2 mois (art. R. 421-1 CJA) à compter de la publication (décisions réglementaires) ou de la notification (décisions non réglementaires). La requête contient : exposé des faits, moyens, conclusions, noms et domiciliation des parties. Elle doit être rédigée en français, signée et accompagnée de toute pièce justificative (art. R. 413-2 CJA).
- **Le déroulement du procès** : il est piloté par le juge qui procède notamment à l'échange des mémoires et productions de pièces. Il peut prononcer et ordonner toute mesure d'instruction. Quand il estime l'affaire en état d'être jugée, il émet une ordonnance de clôture (art. R.613-1 et s du CJA). L'instruction est en pratique faite par un rapporteur, désigné par le juge au début de l'instance. Une fois l'instruction achevée, il transmet à un commissaire du Gouvernement qui fait une seconde analyse et rédige ses conclusions.
- **L'audience** : elle est en principe publique (art. L. 6 CJA). Le rapporteur présente son rapport qui résume l'affaire. Les parties peuvent présenter des observations orales sans modifier leurs conclusions. Si un avocat est présent, il ne plaide pas mais renvoie à ses observations écrites. Ensuite le commissaire du Gouvernement développe ses conclusions sur les « circonstances de fait et les règles de droit applicables » (art. 18 loi du 6 janvier 1986). L'affaire est mise en délibéré et la décision est lue publiquement quelque temps plus tard. Elle fait donc l'objet d'un jugement qui peut faire l'objet de recours.
- **Les voies de recours** : ce sont les voies de réformation (appel, recours en cassation devant le CE) et les voies de rétractation (opposition, tierce-opposition, révision, rectification d'erreur matérielle).
- **Les procédures d'urgence : le référé-suspension** (art. L. 521-1 CJA) contre toute décision administrative, même de rejet, ou de certains de ses effets. ; le **référé-liberté** (art. L. 521-2 CJA) contre toute atteinte grave et illégale à une liberté fondamentale ; le **référé-conservatoire** (art. L. 521-3 CJA) contre toute situation dommageable susceptible de s'aggraver ou toute situation illicite pouvant durer. L'appel n'est possible que pour le **référé-liberté**. Les autres référés sont seulement susceptibles de la cassation.

3 Les divers recours contentieux

On distingue classiquement deux types de contentieux.

1. Le recours en annulation

Il vise à contester devant le juge un acte afin d'en obtenir l'annulation. Il s'agit essentiellement du **recours pour excès de pouvoir** (REP). Le REP vise donc des actes administratifs unilatéraux faisant grief (ex : décision exécutoire), d'ordre public, présentant un caractère objectif et fondé exclusivement sur des moyens de légalité. Il est soumis à des conditions de recevabilité et à certains cas d'ouverture.

- **Conditions de recevabilité** : seuls les actes administratifs unilatéraux sont susceptibles de REP (en sont exclus : les actes diplomatiques, législatifs, de gouvernement, juridictionnels, privés) et par une personne ayant capacité et intérêt à agir. Le délai de recours est de 2 mois et le ministère d'avocat est facultatif.

Il ne doit pas y avoir possibilité de recours parallèle juridictionnel.

- **Cas d'ouverture :** ce sont les différentes illégalités susceptibles d'affecter un acte administratif et pouvant entraîner son annulation. Le juge peut en soulever d'office. Il y en a 4 : le vice de forme ou de procédure et l'incompétence (légalité externe), la violation de la loi et le détournement de pouvoir (légalité interne).

Il y a deux issues au REP : il peut être rejeté soit car il ne remplit pas les conditions de recevabilité, soit car aucun moyen ne justifie l'annulation. La décision de rejet est revêtue de l'autorité relative de la chose jugée. Le REP peut aussi aboutir à l'annulation si le juge constate l'illégalité de l'acte. Cette annulation peut être partielle (si l'illégalité affecte un aspect détachable de l'acte) ou totale (si l'acte ou un de ses aspects non détachable est illégal). L'annulation implique en principe que l'acte est censé n'avoir jamais existé. Si cette rétroactivité a des conséquences excessives et fait grief, le juge peut en tenir compte (Conseil d'État, 11 avril 2004, assoc. AC ; 12 décembre 2007, Sire).

Rendu en dernier ressort, l'arrêt a l'autorité absolue de chose jugée. Le Conseil constitutionnel a jugé qu'une disposition législative qui prive d'effet un arrêt du Conseil d'État est inconstitutionnelle (29 décembre 2005).

2. Les autres recours contentieux

Il existe plusieurs types de contentieux.

- Le contentieux de la réparation : dits aussi de plein contentieux, ils visent à faire condamner l'administration à indemniser la victime d'un dommage qu'elle a provoqué. Cela vise par exemple les contrats liant les administrés à l'administration. Le contentieux contractuel permet aussi d'obtenir la nullité et la résiliation du contrat. Hors matière contractuelle, et sur la base du droit de la responsabilité, la victime d'un dommage administratif peut toujours obtenir une indemnisation.
- Le contentieux de l'interprétation et de l'appréciation de la légalité : généralement ce genre de contentieux est généré à l'occasion d'une question préjudicielle soulevée devant une juridiction judiciaire. Il peut l'être aussi par une partie qui s'oppose à l'administration sur le sens à donner à un acte unilatéral ou à un contrat. Il est ainsi demandé au juge d'apprécier la légalité (ou la validité) d'un acte ou d'en clarifier le sens.

- Le contentieux de la réformation : il vise les recours en matière fiscale, électorale, ceux contre les établissements dangereux, les lieux incommodes ou insalubres ainsi que les sanctions infligées par des AAI. Le juge peut substituer sa propre décision à celle de l'administration.
- Le contentieux de la répression : il est composé des recours réservés à l'administration lorsque celle-ci sanctionne certaines atteintes. Ce sont essentiellement des sanctions pécuniaires qui s'appliquent à deux domaines. D'abord celui des contraventions de grande voirie contre les personnes portant atteinte au domaine public (pollution cours d'eau par exemple) qui peuvent être complétées par une remise en état. Ensuite c'est le contentieux des poursuites exercées devant les juridictions disciplinaires administratives. Les personnes poursuivies peuvent subir aussi des sanctions professionnelles. Précisons que le CSA peut demander au président de la Section du contentieux du Conseil d'État d'infliger une astreinte afin de contraindre les sociétés de radio et télé à respecter leurs obligations.

À noter que le TA de Lyon expérimente depuis peu la médiation administrative.

ENTRAÎNEMENT

LES NOTIONS CLÉS

- Juridictions administratives (tribunal administratif, cour administrative d'appel, Conseil d'État)
- Juridictions spécialisées
- Tribunal des conflits
- Procédure précontentieuse
- Différents recours (recours en annulation, REP, autres recours)
- Procédure contentieuse

CONSEILS BIBLIOGRAPHIQUES

- Manuels déjà cités.
- F. Kernaleguen, *Institutions judiciaires,* Litec.
- J.-P. Scarano, *Institutions juridictionnelles,* Ellipses.
- R. Chapus, *Contentieux administratif,* Domat-Montchrestien.
- B. Pacteau, *Manuel de contentieux administratif,* PUF.
- G. Peiser, *Contentieux administratif,* Mémento Dalloz.
- S. Petit, *Petit traité du procès administratif,* Dalloz.
- Code de justice administrative.
- La justice administrative en pratique (http://www.conseil-etat.fr).

Dissertation

Sujet : Les différents recours contentieux en droit administratif.

CORRIGÉ

Introduction

Le droit administratif est un droit spécifique qui relève d'un contentieux tout aussi spécifique. Avant d'entamer un recours contentieux, il est possible d'envisager des voies précontentieuses (recours hiérarchique par exemple).

Il existe deux types de recours que nous allons étudier. D'abord le recours en annulation (I) et ensuite les autres recours (II).

I) Le recours en annulation : le recours pour excès de pouvoir

A – Conditions de recevabilité : décision préalable, délai, intérêt à agir.

B – Cas d'ouverture : illégalités externes (incompétence...), illégalités internes (détournement de pouvoir...).

II) Les autres recours

A – Les recours en réparation : indemnisation de la victime de l'administration.

B – Les recours en appréciation de la légalité et en interprétation : sur renvoi des juridictions judiciaires ou demande de l'administration ou d'un administré.

C – Les recours en réformation et ceux de l'administration : contentieux divers (fiscal, électoral), atteintes au domaine public (contraventions de grande voirie).

Conclusion

Comme pour toute décision de justice interne, prise en dernier ressort, il est possible de saisir la Cour européenne des droits de l'homme.

SOUS-PARTIE 12

Éléments principaux sur la fonction publique française

La fonction publique française regroupe l'ensemble des fonctionnaires qui œuvrent au niveau étatique, territorial et hospitalier.

Nous allons étudier des éléments généraux, puis les structures, la carrière et enfin les droits et obligations du fonctionnaire.

29. Éléments généraux 200

30. Les structures 202

31. La carrière dans la fonction publique 204

32. Droits et obligations 206

29 **FICHE**

Éléments généraux

1 Historique

Déjà sous la monarchie, on retrouve des personnes qui sont au service de la couronne et certaines qui œuvrent au service des villes. Mais si elles bénéficient d'une certaine garantie de fonction, elles sont à la discrétion du monarque et de ses représentants, sous forme de privilèges ou d'offices. C'est en 1679 qu'apparaissent les premiers fonctionnaires, recrutés sur concours ou sur titres, et dotés de droits et d'obligations.

La Déclaration de 1789 met fin à cela et jette les bases de la fonction publique. D'abord à l'art. 6 où est reconnu le droit pour tous les citoyens d'être « admissibles à toutes dignités, places et emplois publics... ». Puis à l'art. 12 est instaurée « une force publique » en charge de garantir les droits de l'homme et du citoyen. C'est l'ancêtre direct des forces de police. À l'art. 13 est mis en place « une contribution commune » (ancêtre direct de l'impôt sur le revenu) visant à entretenir une « force publique » et à payer une « administration ». Enfin à l'art. 15 est mentionné que « la société a le droit de demander compte à tout agent public de son administration ».

C'est sous « Vichy », en 1941, qu'est consacré le premier statut général des fonctionnaires sur une base corporatiste et antisémite. Il est annulé à la Libération. Le GPRF met en place un statut général des fonctionnaires qui devient la loi du 19 octobre 1946. À ce statut succède l'ordonnance du 4 février 1959.

Il faut attendre le premier mandat de F. Mitterrand pour voir consacrer un « statut général de la fonction publique » (loi du 11 janvier 1984).

2 Données chiffrées

Selon un rapport de l'INSEE (4 avril 2015), la France comptait fin 2013 5,6 millions d'agents publics (nationaux, territoriaux et hospitaliers). C'est environ 21 % de l'emploi total. Si le nombre de postes de fonctionnaires d'État (45% des effectifs) a baissé de 1,2%, celui des agents territoriaux (+ 30 000) et hospitaliers (+ 10 000) a augmenté. En France, l'emploi public croit plus vite que l'emploi total, notamment au niveau des collectivités territoriales. Les lois Maptam et NOTRe visent aussi à baisser les effectifs.

Au niveau salaire, selon le rapport 2014 sur l'état de la fonction publique, un agent de l'État touchait 2 465 euros, un agent territorial 1 841 euros et un agent hospitalier 2 242 euros. Les femmes gagnent environ 17% de moins que les hommes. On sait que les fonctionnaires les mieux payés se trouvent dans la diplomatie (ambassadeur) et à Bercy (trésorier payeur général).

Depuis quelques décennies, on constate que le nombre de fonctionnaires est trop élevé surtout dans un contexte de crise économique et de déficit, la France est le pays de l'Union européenne où il y en a le plus. Une politique de réduction des effectifs a été menée dès les années 2000 et s'est accélérée sous N. Sarkozy, plus ou moins pérenniser par F. Hollande et E. Macron. La règle principale est le non-remplacement des fonctionnaires partant à la retraite. Cette volonté s'est traduite dans la LOLF mais aussi par des changements sur le dialogue social dans la fonction publique (accords de Bercy de 2008) et par une réforme profonde de la catégorie B. Depuis 2012, les gouvernements ont procédé à une suppression d'environ 20 000 postes. Les domaines régaliens comme la justice ou la police sont préservés, voire mieux dotés (Éducation nationale : 60 000 postes ont été crées depuis 2012). Certains manquent encore de personnel : justice, police.

3 Définition

Il existe deux définitions de la fonction publique :

- La fonction publique française regroupe l'ensemble des agents occupants des emplois civils permanents soit au niveau étatique, soit au niveau territorial, soit au niveau hospitalier. Selon le statut général, le fonctionnaire est donc la personne nommée dans un emploi permanent et titularisée dans un grade de la hiérarchie. L'emploi désigne un poste de travail prévu au budget et doté des crédits nécessaires à la rémunération de son titulaire. Il existe des personnels statutaires (les fonctionnaires proprement dits des 3 catégories) et des agents contractuels.
- Dans un sens plus étroit, il s'agit de l'ensemble des agents de l'État et des collectivités qui sont fonctionnaires.

Il existe un principe d'unicité de la fonction publique (nationale et territoriale) qui permet, théoriquement, le passage de l'une à l'autre dans des emplois comparables. C'est aussi le principe de la mobilité.

30 FICHE

Les structures

1 Les trois fonctions publiques

Il existe trois fonctions publiques définies par la loi du 13 juillet 1983 qui fixe un statut aux trois catégories.

1. La Fonction Publique d'État (FPE)

C'est le titre II du statut. Elle recouvre environ 45 % des effectifs ce qui fait près de 2,5 millions d'agents répartis essentiellement dans les administrations centrales (ministères), services déconcentrés (préfectures, rectorats, universités...), établissements publics administratifs, organismes divers d'administrations centrales.

2. La Fonction Publique Territoriale (FPT)

Titre III du statut, elle représente environ 30 % des effectifs (1,8 million d'agents). Elle exerce surtout au sein des collectivités territoriales et de leurs groupements. À la suite de la réforme décentralisatrice de 2003, le nombre d'agents territoriaux a augmenté de plus de 3 %. Au sein de la FPT, il faut mentionner celle de la Ville de Paris qui regroupe près de 51 500 agents relevant des certaines spécificités statutaires dues au statut spécifique de Paris (ville et département).

3. La Fonction Publique Hospitalière (FPH)

C'est le Titre IV du statut. Elle recouvre environ 25 % des effectifs, soit un peu plus d'1 million d'agents exercent au sein des établissements publics de santé et autres établissements médico-sociaux.

Ces trois fonctions représentent environ 85 agents pour mille habitants.

2 Les catégories

Les fonctionnaires sont répartis en 3 catégories accessibles par concours externe ou interne. On y reviendra.

1. Catégorie A

Son recrutement se fait sur concours externe et interne voire sur choix. Le niveau de diplôme est en principe à bac + 3 voire 4 (voire même 5).

Cette catégorie regroupe quatre déclinaisons : A supérieure (haute fonction publique, enseignement supérieur, magistrats, officiers supérieurs, ingénieurs, inspecteurs généraux...) ; A prime (corps d'encadrement supérieur des administrations, corps d'enseignement ou de recherche) ; A type (corps d'encadrement et de conception) ; petit A ou A typique (cadres santé).

2. Catégorie B

Le recrutement se fait là encore sur concours au niveau bac à bac + 2. Ici aussi il existe trois niveaux : NES (nouvel espace statutaire défini en 2008 et mis en œuvre au 1/1/2012 fixant 3 grades) ; C II (technicien supérieur, greffier...) ; B type (rédacteur, secrétaire administratif, contrôleur impôts...).

3. Catégorie C

Les concours se passent au niveau brevet/CAP/BEP. Il peut y avoir aussi recrutement sans concours (entretien par ex). Ils sont définis depuis 1990 par le NEI (nouvel espace indiciaire). On trouve là : adjoints administratifs, agents techniques, agents de police nationale et municipale...

3 Corps, cadres d'emplois, emplois et grades

La fonction publique est divisée en **corps** qui sont classés dans l'une des catégories A, B et C.

Le corps est la base organisatrice de la fonction publique d'État et hospitalière (ex : corps des maîtres de conférences). Dans un même corps se trouvent un ou plusieurs grades ou classes (le grade correspond théoriquement à l'exercice de fonctions ou de responsabilité de différent niveau, pas la classe).

Chaque grade correspond à des emplois. On trouve ici la spécificité de la fonction publique de carrière : un grade (propriété de son titulaire jusqu'à retraite, démission ou radiation), un emploi (affectation d'un agent sur un emploi considéré). Chaque corps bénéficie d'un statut particulier.

Chaque grade ou classe comporte plusieurs échelons eux-mêmes parfois divisés en chevrons.

Dans la fonction publique territoriale le **cadre d'emploi** joue le même rôle et est constitué sous forme de filière professionnelle (administrative, technique...).

Il existe aussi ce qu'on appelle des **emplois fonctionnels** ou « discrétionnaires et essentiellement révocables » (art. 25 loi du 11 janvier 1984). La liste est donnée limitativement par les textes (décret en CE) et comporte des modalités d'accès et de sortie spécifiques selon la nature de l'emploi. Ce sont des postes administratifs ou techniques à haute responsabilité de direction proposés à des fonctionnaires ou à des non fonctionnaires. Ces emplois permettent de laisser aux autorités de nomination une grande marge de manœuvre. Ex : directeur d'administration centrale auprès du Premier ministre, secrétaire général du Gouvernement, secrétaire général de la Défense nationale.

31 FICHE

La carrière dans la fonction publique

Étudions d'abord l'entrée dans la fonction publique, puis le déroulement et enfin la sortie.

1 L'entrée

1. Le recrutement

Le mode principal d'entrée dans la fonction publique est le concours. Il peut être externe c'est-à-dire réservé aux titulaires d'un diplôme. Il peut aussi être interne c'est-à-dire visant des fonctionnaires ou agents assimilés ayant une certaine ancienneté dans le grade inférieur. Le concours a en principe deux phases : l'admissibilité (épreuves écrites) et l'admission (oraux). Il existe aussi un 3e concours (ou tour extérieur) pour les personnes non fonctionnaires ou d'une autre fonction publique et ayant une certaine expérience.

La FPT et la FPH ont des procédures de concours spécifiques (centres de gestion par ex).

2. Stage, formation initiale et titularisation

En principe les fonctionnaires recrutés sur concours sont **stagiaires** durant un an (6 ou 18 mois dans certains cas). C'est une période d'essai durant laquelle l'autorité de gestion peut aussi licencier (sous conditions) ou demander une prolongation du stage.

Elle peut aussi exiger une **formation initiale** notamment les élèves des grandes écoles. L'entrée dans le corps se fait en sortie d'école soit sur concours, soit selon le classement. La FPT et la FPH ont des périodes de stage spécifiques.

Lorsque le stagiaire a fait ses preuves, il a vocation à **titularisation**. Dans la FPT et dans la FPH il faut l'avis d'une commission administrative paritaire.

2 Le déroulement de carrière

Le fonctionnaire a d'abord droit à un **salaire**. Celui-ci se décompose en 5 parties : le traitement de base (à chaque échelon correspond un indice de traitement exprimé en points), l'indemnité de résidence (selon le lieu d'exercice), une indemnité familiale (si enfants), un régime indemnitaire (variant selon employeur, corps ou cadre ; un décret de 2008 a créé la Prime de fonctions et de résultats ou PFR), la nouvelle bonification indiciaire (pour certains agents). Chaque fonctionnaire a droit à un salaire mensuel après « service fait » (loi de 1983).

Tout fonctionnaire peut être dans l'une des **6 positions** suivantes : activité, détachement, hors cadre, disponibilité, service national ou réserve, congé parental.

Durant sa carrière un agent doit pouvoir se former à une autre tâche. La loi de 2007 a mis en place le congé de formation professionnelle.

De même chacun est en principe **évalué** (notation par sa hiérarchie) voire inspecté pour les enseignants de primaire et secondaire (pas dans le supérieur).

Enfin chaque agent a droit à évolution professionnelle basée sur 3 systèmes : avancement d'échelon (ancienneté essentiellement), avancement de classe ou de grade (au choix de la hiérarchie), l'accès à un autre corps ou cadre d'emploi supérieur (concours interne, choix). La formation continue est encore encouragée. La mobilité également.

3 La sortie de la fonction publique

Il s'agit de la « radiation des cadres » qui peut intervenir dans 4 hypothèses :

- Départ à la retraite (sur demande de l'agent, d'office, par anticipation suite à sanction disciplinaire).
- Démission.
- Licenciement (abandon de poste, insuffisance professionnelle, faute grave).
- Décès.

32 FICHE

Droits et obligations

Un fonctionnaire a des droits mais aussi des obligations.

1 Droits

Ils sont de deux catégories.

- Au niveau statutaire, l'agent a d'abord droit à une rémunération, on l'a vu. C'est la règle dite du « service fait » c'est-à-dire en fin de mois, une fois la tâche mensuelle accomplie. Il bénéficie aussi de droits à congés (annuel, maladie...), à des pensions civiles et militaires. Il a aussi droit à une protection fonctionnelle qui lui permet, au nom de la mission de service public qu'il accomplit, d'être protégé par sa hiérarchie.
- Le fonctionnaire bénéficie comme d'autres citoyens de droits et libertés : liberté d'opinion et de conscience, d'expression, syndicale, participation, grève (art. 10 du statut général ; mais certains n'y ont pas droit : préfets, policiers, magistrats par exemple). L'exercice de ces droits et libertés est placé sous le contrôle du Conseil d'État.

2 Obligations

1. Définition

Le fonctionnaire, investi d'une mission de service public, doté d'une certaine garantie d'emploi et donc de salaire, n'est pas un salarié comme les autres. Il est soumis à différentes obligations :

- Exercice exclusif de sa fonction (obligation de résidence pour certains, exercice de façon continue).
- Obligation de désintéressement (loi du 29 janvier 1993 dite anti-corruption, pantouflage autorisé sous conditions définies par CE, 6 décembre 1996, *Lambda*, et loi du 2 février 2007 sur le pantouflage).
- Discrétion et secret professionnels.
- Obéissance hiérarchique, loyauté, réserve.
- Neutralité et impartialité.
- Au titre de l'art. 15 de la Déclaration de 1789, « la société a le droit de demander compte à tout agent public de son administration ».

2. Sanction du non-respect des obligations

Quand il ne respecte pas ses obligations, le fonctionnaire s'expose à différents types de **sanctions disciplinaires** qui affectent sa carrière plus ou moins gravement. Parmi les principales :

- Avertissement et blâme.
- Radiation du tableau d'avancement, baisse d'échelon, rétrogradation, exclusion temporaire (15 jours à 2 ans), déplacement d'office.
- Mise en retraite d'office et révocation.

Il faut souligner que la procédure disciplinaire contre un fonctionnaire contient des **garanties** importantes dont 3 principales :

- Le principe du contradictoire : droit à communication du dossier avant toute décision ou sanction contre lui ; droit à un conseil de discipline.
- Motivation de la sanction.
- Appel devant le Conseil supérieur de la FPE ou FPH (commission de recours pour la FPT).

Il est à noter que certaines catégories de fonctionnaires ont des droits spécifiques en la matière (magistrats et enseignants-chercheurs par exemple).

ENTRAÎNEMENT

LES NOTIONS CLÉS

- Fonctionnaire
- Fonction publique
- Catégories
- Statut
- Carrière
- Droits et obligations

CONSEILS BIBLIOGRAPHIQUES

- J.-M. et J.-B. Auby, D. Jean-Pierre, A. Taillefait, *Droit de la fonction publique : État, Collectivités locales, Hôpital*, Dalloz.
- E. Aubin, *L'Essentiel du droit de la fonction publique*, Gualino.
- F. Colin, *Droit de la fonction publique*, Gualino.
- G. Peiser, *Droit de la fonction publique*, Mémento Dalloz.
- D. Stingre, *La Fonction publique hospitalière*, Que sais-je ?, PUF.
- E. Aubin, *La Fonction publique territoriale*, Gualino.
- F. de Closets, *Tant et plus*, Seuil.
- A. Verdier-Molinié, *Les Fonctionnaires contre l'État. Le grand sabotage*, A. Michel.
- *Code de la fonction publique*, Dalloz.

Commentaire de texte

« Les fonctionnaires sont censés consacrer "l'intégralité de leur activité aux tâches qui leur sont confiées", a expliqué la Cour de cassation, et ils ne peuvent donc exercer parallèlement aucune activité. Toute autre activité professionnelle lucrative, de quelque nature que ce soit, leur est donc interdite.

La Cour a ajouté que ce principe s'appliquait également aux fonctionnaires à temps partiel. Elle a jugé en l'espèce qu'une jeune femme, agent d'entretien à temps partiel dans une marie, ne pouvait pas, pour le reste de son temps, être commerçante et gérer une boutique. Le principe s'applique aux fonctionnaires de l'État comme aux agents de la fonction publique territoriale.

La jeune fonctionnaire qui tentait d'arrondir ses fins de mois avec son magasin avait, dans un premier temps, obtenu gain de cause. La Cour d'appel avait considéré d'une part que ses deux activités n'étaient pas incompatibles et d'autre part qu'elle pouvait avoir recours à un tiers ou un parent pour tenir sa boutique.

Mais en plus de l'interdiction d'un second travail, la Cour de cassation a ajouté cet autre principe : "la qualité de fonctionnaire est incompatible avec celle de commerçant" ».

(L'Expansion.com avec AFP, 25/2/2011)

CORRIGÉ

Introduction

Ce texte est issu d'un article tiré du site internet de *L'Expansion*. Le magazine qui en est issu analyse l'actualité économique, entrepreneuriale et financière en France et en Europe. Il s'agit ici d'un texte relatif aux fonctionnaires.

Un fonctionnaire n'est pas un salarié comme les autres. C'est un agent qui est nommé, en principe après concours, dans un emploi permanent puis titularisé dans un grade hiérarchique. Le fonctionnaire est notamment soumis à des droits et des obligations.

Parmi ses obligations figure celle de se consacrer exclusivement à son service.

À travers ce texte, voyons d'abord en quoi consiste cette obligation (I) puis qu'elles en sont les limites (II).

I) Un principe : un fonctionnaire doit se consacrer exclusivement à son service

A - Les origines du principe : CE, 1936, Coreillion (pas d'activité commerciale), décret du 29/10/1931, art. 25 de la loi du 13/7/1983.

B - La position de la cour de cassation (cf. texte).

II) Les exceptions

A - Celles de la cour d'appel (cf. texte).

B - Les autres exceptions : productions intellectuelles (livres, expertise, consulting, enseignement), professions libérales (universitaires par ex) ; conditions d'exercice (autorisation hiérarchique, contrôle du juge).

77607 - (I) - OSB 80°- BEP - MPN

JOUVE
1, rue du Docteur Sauvé, 53100 MAYENNE
Dépôt légal : janvier 2018
N° 2674025J

Imprimé en France